群星闪耀时

SVEN:
MY
STORY

埃里克森自传

[瑞典] 斯文-戈兰·埃里克森 著

孟鼎博 杨沛然 译

北京出版集团公司
北京出版社

著作权合同登记号

图字：01-2017-2504

SVEN: MY STORY BY SVEN-GÖRAN ERIKSSON

Copyright © 2013 Sven-Göran Eriksson

First published in 2013 by HEADLINE PUBLISHING GROUP

Simplified Chinese edition copyright © 2017 Beijing New World Champion Culture Co., Ltd.

All rights reserved.

图书在版编目（CIP）数据

埃里克森自传 /（瑞典）斯文-戈兰·埃里克森著；孟鼎博，杨沛然译. — 北京：北京出版社，2017.8
书名原文：SVEN：MY STORY
ISBN 978 - 7 - 200 - 13204 - 5

I. ①埃… II. ①斯… ②孟… ③杨… III. ①斯文-戈兰·埃里克森 — 自传 IV. ①K835.325.47

中国版本图书馆 CIP 数据核字（2017）第 188273 号

埃里克森自传
AILIKESEN ZIZHUAN

[瑞典] 斯文-戈兰·埃里克森　著

孟鼎博　杨沛然　译

*

北 京 出 版 集 团 公 司
北 京 出 版 社　出版
（北京北三环中路 6 号）

邮政编码：100120

网　　址：www. bph. com. cn

北 京 出 版 集 团 公 司 总 发 行
新 华 书 店 经 销
北 京 嘉 业 印 刷 厂 印 刷

*

710 毫米×1000 毫米　　16 开本　　21.5 印张　　307 千字
2017 年 8 月第 1 版　2017 年 8 月第 1 次印刷
ISBN 978 - 7 - 200 - 13204 - 5
定价：59.80 元
如有印装质量问题，由本社负责调换
质量监督电话：010 - 58572393
责任编辑电话：010 - 58572511

我们一家通常是在韦姆兰过圣诞节，照片中那只圣诞小羊自我出生就陪伴着我，现在还放在我在布霍克福斯的家中

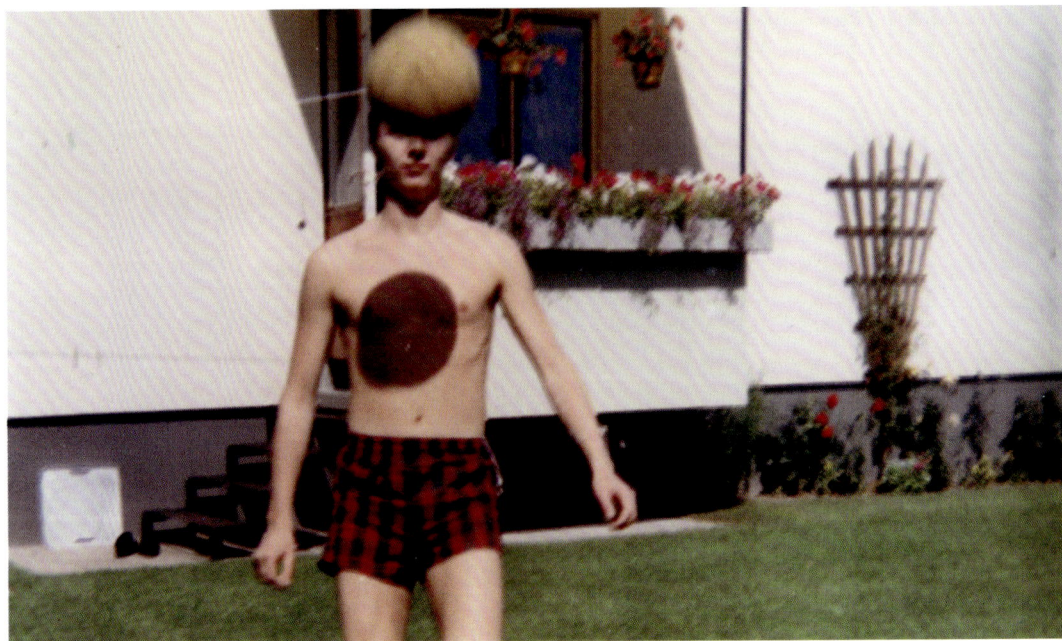

从这张照片中看来，我的控球能力是极佳的，实则不然，很有可能刚拍完照球就落地了。在我的球员生涯中，技术从不是我的强项

1964年我九年级小学毕业时的全家福，身后是我父母在图什比建的房屋。对于我母亲来说，让我接受良好的教育是最重要的，因为她小的时候没有条件继续追求学业，而父亲就不是很关心我在学校的学习生活了，不过从照片中可以看出，儿子毕业还是让他感到很骄傲的

这是1967年图什比队的首发阵容。后排最右边的就是在城里开糕点店的球队教练欧森；后排右数第三个是阿尔内·韦斯特，这个人拥有顶级球星的天赋，可惜他不想离开图什比；前排最右边的是雷夫·冈纳森，他当时的女朋友是全镇最漂亮的女孩；我在前排左手边的位置

这张照片拍摄于我和安琪大婚之日，那时我们正驱车赶往挪威的婚礼现场，这张照片是我们半路停车拍的。当时瑞典正值酷暑，我们热得浑身是汗，而那个摄影师浪费了很多时间，让我很烦躁，还与安琪吵了一架，差点儿还没结婚就要离婚了

执教代格福什队时，欧宝公司赞助了我一辆侧面印刷了俱乐部队徽和我的名字的汽车，他们也为球员们慷慨解囊，向他们赞助了汽车。在代格福什，即使我们只能踢瑞乙联赛，但所有人依然很重视足球

这是我们一家三口在我父母图什比的家附近散步的照片，我也不记得照片中的约翰有多大了，只记得我们刚搬到葡萄牙时他只有3岁。约翰童年时期精力极其旺盛，刚出生的前两年睡觉很少

站在我身旁的这位就是足坛传奇人物尤西比奥，在我来到本菲卡之前，他是俱乐部的形象大使，我上任之后把他请到了教练组，出任门将教练

这张照片拍摄于约翰高中毕业时，我们身处意大利，站在我身旁的有安琪、约翰和丽娜。当时我是拉齐奥队的主帅，而我和安琪已经分居了多年

这是我在佛罗伦萨时与格伦·海森及瑞典足球名宿库尔特·哈姆林的合影。我住在佛罗伦萨的时候常与哈姆林打网球，我们之间有过几次长达几个小时的经典较量

这是我在葡萄牙的房子的地下室，经我们一番劳作后将它改造成了一间桌球室。照片中对垒的双方是我和父亲组成的老年队，以及弟弟拉斯和儿子约翰组成的青年队，当时比赛处于胶着状态，不过我清楚地记得我和父亲赢得了比赛

这是我和南希一同搭乘她老公詹卡洛为她买的"南希一号"游艇时的合影。在希腊时，我们会在假期里乘游艇去游玩，之后我也会独自将那艘游艇租下来

这是1973年的肯尔斯科格队。我站在前排左数第三的位置，没记错的话那时我刚进入俱乐部一线队。托德站在后排右数第五个，拍摄照片时是他作为球员的最后一个赛季，随后他就在俱乐部留任兼职教练

2004年，我获得了纪念百年查尔顿竞技衬衫

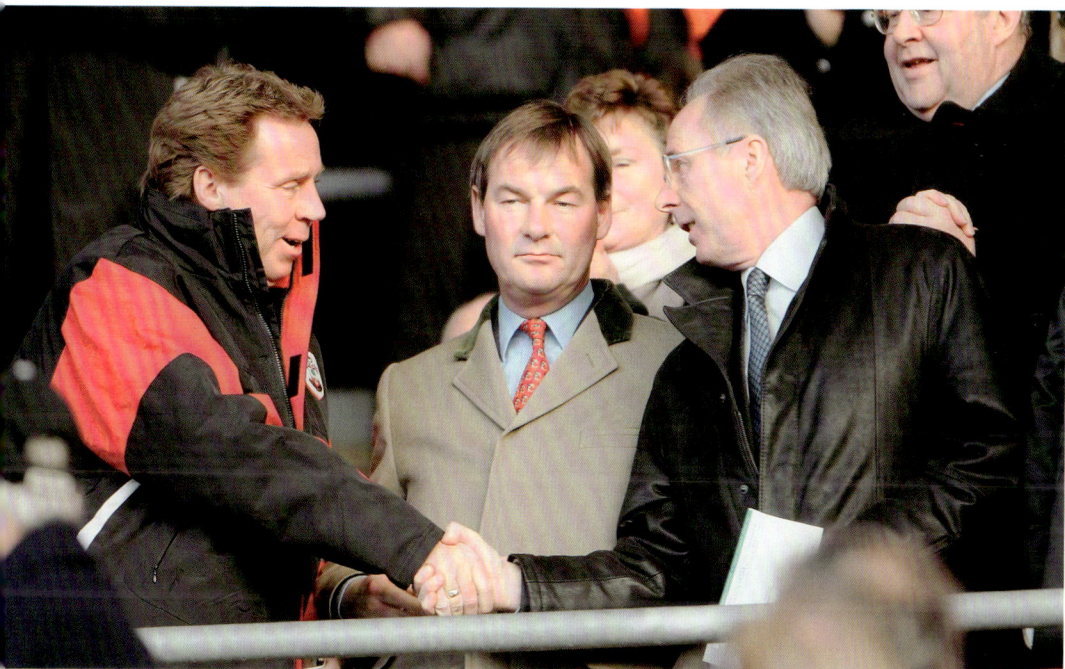

我很喜欢哈利，他是个爽朗的家伙

2005年，在英格兰足球队客场对阵美国队的友谊赛中，我在场边观看球员训练

2006年2月2日，我陪同英国首相布莱尔在唐宁街十号接见了德国足协主席贝肯鲍尔

我随贝克汉姆和杰拉德一起出席英足总发起的"现在站在一起"活动的宣传仪式

欧洲联盟杯1/8决赛次回合，罗马主场迎战米德尔斯堡，我亲自购票到现场观战

应九城置业集团之邀，我初次抵达上海与朱广沪会面

我对弗格森充满敬仰，怎么能不呢？他这些年打造了那么多支伟大的球队，我非常欣赏他的攻势足球

曼城队备战新赛季英超联赛，我在卡林顿训练场观察球员

我人生中重要的一刻，我为约翰和阿玛纳在意大利的婚礼致辞，愿他们幸福，也欢迎阿玛纳嫁到我们家

我签了一份为期2年的合约，从2007年7月6日起正式生效。我成了曼城的新帅，也是俱乐部历史上第一位非英籍教练

我和"徒弟"孙继海出席商业活动

曼彻斯特城队球迷抗议我被下课

我将要丢掉我无比热爱的工作

在道义上我有责任去拯救俱乐部。我不能让球迷和球员失望，这是我的重任

2009年7月21日，我签订了诺茨郡的合同。这是建功立业的好机会

2013年6月6日，我随球员和俱乐部官员一起视察富力基地

我与老朋友里皮

如今我又一次踏上了这片土地，却不是作为俱乐部的潜在买家，而是作为主教练，加盟广州的两家俱乐部之一——广州富力俱乐部

执教富力首秀时，我坐在场边观看比赛

走进小学，指导校园足球

2013年9月19日，我为富力切尔西足球学校正式成立助阵

2014年4月25日，2014中超第八轮赛前，我在球场指导球员

我在上海上港俱乐部公开训练时亲自上阵示范

经阿索尔的推荐，我成了上海上港俱乐部的主教练

在训练场见到富力球员孔特拉

2015年11月20日，我与上港球员（汪佳捷、孙祥、朱峥嵘、林创益）助阵青训基地签约仪式

我与富力旧将古斯塔夫·斯文森热聊

我已将毕生精力倾注于足球，毫无保留，为取得今天的成就我也付出了很多代价，但我却从未考量过这些代价是否值得

特别感谢Panenka对本书的支持

中文版序

* * *

英格兰足球名宿保罗·加斯科因曾说过："我从不预测未来，估计以后也绝不会。"相信其中的笑点不难发现，但正如他所言，在足球的世界中，对未来进行预测是一件很蹊跷的事，一旦预测失败，未来你都会被笼罩在它的阴影之下。

世界足坛中预测失败的例子比比皆是，人们刚做出预测的时候，一般是与事实情况相符的，但以后则不然。在1995—1996赛季开幕战中，曼联输给了阿斯顿维拉。当时曾在利物浦效力的中卫阿兰·汉森声称曼联之所以落败就是因为阵容中年轻人太多，他说："一帮小屁孩儿是赢不了的。"然而自那之后，他毕生都要背负着这个失败的预测，因为当时默默无闻的大卫·贝克汉姆、罗伊·基恩、保罗·斯科尔斯及加里·内维尔就是他口中的"小屁孩儿"，他们在那之后的10年中带领曼联统治了英格兰足坛，赢得了所有荣誉。

人们常会因愚昧无知而做出错误的预测，或者说希望事如己愿，就比如一些意大利和西班牙小球队的球迷们也肯定不大相信自己心爱的球队能够撂倒像尤文图斯或皇家马德里这样的强敌，但他们总是会抱着一线希望，希望奇迹发生。自鸣得意的人也很容易做出错误的预测，早在2001年的世界杯预选赛中，前德国国脚乌利·赫内斯曾在英格兰队和德国队在慕尼黑的比赛前预测德国队"确定一定以及肯定"会大胜英格兰队。当时英格兰的主帅便是我，在打破他荒谬的预测之后我也颇感欣慰，毕竟那才是我执教英格兰的第二场比赛，我们便以 5∶1 的比分取胜。

有时人们对一个新球员的判断也会因其一时惊艳的表现而受到影响，这些年间我已见识过无数被称为"少年梅西"或是"罗纳尔多传人"的新星，然而他们也仅仅是昙花一现，踢了一场出彩的比赛之后便淡出了人们的视野。

　　说到失败的预测就不得不提球王贝利，他在这个领域独树一帜，无人能比。在 1994 年世界杯时，他预言哥伦比亚将捧起大力神杯，结果哥伦比亚在小组赛惨遭淘汰；2002 年世界杯他预言巴西队连小组赛这一关都闯不过，到最后勇夺冠军的却是巴西队；他还预言在 21 世纪到来之前会有一支非洲球队夺得大力神杯，结果到今天也没有一支非洲球队能够打进 1/4 决赛。当然，贝利球员时代的成就无人能比，所以如今他也有底气想说什么就说什么。

　　然而 2006 年德国世界杯前夕，我也大着胆子做了预测，鉴于这将是我作为英格兰主帅带队的最后一届杯赛，我胸有成竹地对外宣称有信心拿下冠军。在 40 年前捧起大力神杯后，英格兰便再也无缘世界冠军，如今的阵容由贝克汉姆领衔，新老队员搭配平均，我相信这次我们有实力重塑辉煌。我当时信念极其坚定，即使韦恩·鲁尼在世界杯前 5 周脚骨断裂也未能动摇我的决心，之后迈克尔·欧文在小组赛负伤也没有让我却步。在欧文受伤之际鲁尼回到了阵容中，我想他在我们晋级下一轮之后状态应该会恢复。

　　我在那届世界杯中把鲁尼设为核心无疑是正确的，只是他从不按我所安排和期望的方式踢球。在 1/4 决赛对阵葡萄牙时，他在侵犯了对方中卫里卡多·卡瓦略之后被红牌罚下，鲁尼的下场意味着我们在比赛剩下的一个小时中要面临少一人的不利局面，而且他还是我们队中攻城拔寨的利器，也可以说是队内最佳球员。在如此重压下我们依然屹立不倒，只是最终输在了点球决胜，我不是要为我的失败找借口，但在足球的世界中，整场比赛有可能因为一个极小的细节而发生转变，这也就是为什么足球场上总有不测风云。

　　不得不说，对于球员来讲，在比赛中能保证自己不被罚下也是重要的一环，所以鲁尼自己也承认那张红牌是他"罪有应得"。但在比赛的最后关头，我的预言能否成真就要由买彩票般赌运气的点球决胜来决定了。最终，我们倒在了 12 码点，我的预言也随之告破，但告破并不代表我的预言是毫无理据的，在与葡萄牙的比赛中也确实展示出了我们的实力，整场比赛中占上风的都是我们。说句实话，那年世界杯中我认为没有任何一支球队比我们强，就连最终捧杯的意大利也比我们略逊一筹。

最终，我对英格兰的预测失败了，但其他时候我还是猜中过很多次的。早在我 34 岁在瑞典执教半职业球队哥德堡的时候，我便放话要率队在欧洲夺得锦标，果然，在 1982 年我们就夺得了欧联杯，证实了我的预测。再说 2000 年我执教的拉齐奥，当时没有几个人相信我说的要在赛季末超过尤文图斯拿下意甲冠军，最后我的预言也没有落空。

当然，有时预言的成真也是有运气成分的，我相信世界上肯定有人事先就预言过 2014 年世界杯半决赛中巴西队会被德国队狂灌 7 球，即使预测家对这一极端事件的发生仅预言了 0.02% 的可能性，但在运气的促使之下还是有人能够说中。归根结底，只要分析小心谨慎，消息来源准确，那么预言成真的可能性就会大得多。

而我现在也正要做出一个这样的预言，也许这将会比我 10 年前预测英格兰会夺冠更为大胆，一旦落空，这个预言也会随我度过余生，但我还是相信预言成真的可能性更大，因为这不是我的预感或是期望，而是基于在过去的两年半中，我在中国做教练的所见所闻。

我的预言：在 2030 年世界杯时，中国将会捧起大力神杯！

前言

* * *

在 2006 年世界杯英格兰被淘汰出局后，我有史以来第一次赋闲在家，在此之前，从来都是我还在职就有其他球队来邀请。但执教英格兰队就是另一回事了，他们在你就职时将你紧紧束缚，解雇你时把你一脚踢开。2006年世界杯在德国举行，我们在 1/4 决赛中遭遇葡萄牙，最终在点球决胜中输给了他们，铩羽而归。我随球队回到英格兰之后球队又安排了私人专机送我回图什比，我想在家中走出失利的阴影。我一直都在训练自己，让自己能从失败中走出来，因为输球虽然惨痛，但生活不能停止。可这次不同，以前带俱乐部的时候，总会有下一场比赛、下一个赛季再给你争胜的机会，带国家队则不然，机不可失，失不再来。我扪心自问，自己是否已经尽了全力？

这次失利之所以让我如此沮丧，是因为在世界杯之前，我志在带队捧起大力神杯。这个目标可不是我空口说白话，而是英足协长期以来的规划和希望。2006 年的时候，我们已经做好了将其实现的准备，至少我是这么觉得的。在世界杯开赛前 6 周，韦恩·鲁尼脚上的一根跖骨断了，老爵爷弗格森不同意他随队出征德国，为了带上鲁尼，我跟老爵爷针锋相对，这已经不是我第一次与他发生争执了。这次争执以我的胜利告终，鲁尼被征召进了国家队。其他队员无一受伤，贝克汉姆、杰拉德、欧文、费迪南德、科尔、特里全都蓄势待发，我手握精兵良将，最强之人皆在吾阵。

我们闲庭信步般地就从小组赛中脱颖而出，这种优异的表现更让我相信今年就是我们的夺冠之年。但在世界杯中，球队的状态过早地达到顶峰并不是一件好事，我们在 1/8 决赛中淘汰了厄瓜多尔，即将在 1/4 决赛中与葡萄牙一战。

有人觉得那场比赛我们被拖进点球决胜是必然的，但我以为不然，如果鲁尼没有被罚下，我们 90 分钟就可以解决战斗，即使是在如此不利的局面下，我们也坚守了一个多小时，然而大多数人都只记得结果，忘了我们是如何拼搏的。

尽管在世界杯上英格兰从未在点球决胜中笑到最后，互射点球开始时，我仍确信我们会赢。但事实证明我错了，我难辞其咎。经历了两年前欧洲杯的惨痛失利后，我早该聘用一名心理教练来帮助我们的球员调整面对点球大战时的心态，然而我却后知后觉。赛后的新闻发布会上，我向英格兰球迷表达了深深的谢意，希望他们日后能够记得我曾为球队竭尽所能，并且坦诚地面对一切结果。在此之后我回家了，一切变得风平浪静，也就在那时，我开始相信流传在英格兰主教练之间的"前任诅咒"。

● ● ●

时值 12 月，初雪刚至，像一块雪白的地毯一直延伸到福莱肯湖边。几周之后，福莱肯湖将会结冰，四下沉寂，而现在却还听得见水波拍岸。2004 年夏天的这里可不似这般平静，当时"法里亚丑闻"正闹得沸沸扬扬，海湾上停满了船，狗仔们挤破头都想要拍到一张我打高尔夫球时挥杆的照片，为此，他们中竟然有人租了一辆吊车。我母亲被烦得实在是受不了了，宁愿不享受美好的夏日时光，把午餐会搬到了室内。

自我结束上一份在泰国的工作已经有一个月了，有些人对我接下一个泰国小球队的技术总监这份工作感到诧异："堂堂英格兰队主帅竟然去泰超淘金啦！"他们觉得我的职业生涯到头了，落魄到为了泰国悠闲的生活方式，为了泰国的女人去那边工作。而真实情况仅仅是因为我想要工作，当你有一个富得流油的泰国朋友，他买了一支球队，给你一份两个月的技术顾问工作，为什么你不接受？反正我是接了，那时候我又没有其他的工作邀请。

尽管我在曼城和莱斯特城队执教时与一些泰国政客有过矛盾，但我还是很喜欢泰国这个地方的，喜欢泰国的人民、食物，还有嘈杂的环境。在曼谷时我住在城市最喧嚣地区的一间宾馆套房里，我很喜欢那个经常发生动乱的地方。当然，在我所住过的城市里，我最喜欢的要数曼彻斯特，我当时住在曼彻斯特市中心的一家宾馆，周围配套齐全，楼下满是餐厅、商店，堪称完美。

在布霍克福斯，我忙得连轴转。2002年，我在这里买下了房子，这要花将近500万英镑来搞装潢和修理。它原来是家休养所，所以主楼里现在还有部电梯。此前这里是私人住宅，塞尔玛·拉格勒夫曾在这栋楼3楼的某个房间里完成了《古斯泰·贝林的故事》的最后一章，要知道，她是韦姆兰市较著名的人之一，19岁便获得了诺贝尔文学奖。

在斯文和乌拉（我父母）家的旁边，我又单独盖了一栋带室内泳池的房子，他们一直住在这里，直到去年年初我母亲去世才搬走。现在，只有我住在这边的时候父亲才会过来，其他时候他都住在图什比市中心的公寓里，下午有空就喜欢和新交的朋友去赌马。今年圣诞全家团聚估计是不大可能了，我女朋友亚尼塞斯现在在巴拿马，她离婚已经有些年头了，前夫住在墨西哥，不想让他们的儿子出国，所以我要她来这边大概是不可能了。

● ● ●

在我出任英格兰主教练前几年，如果我没记错的话是在1993年的春天，我和我的前妻安琪驱车前往意大利北部，拜访了意大利足坛传奇人物尼尔斯·利德霍尔姆。经历了作为球员及教练的辉煌职业生涯以后，他于1992年宣布退役，定居在库卡罗蒙费拉托的一个小村子里，他和他的妻子在那里开了一个葡萄酒庄园。

我记得那天很冷，我们在森林里驱车一段路程才到他那里。这个村子看起来不像一个盛产美酒的地方，可能这也是为什么利德霍尔姆的庄园与周围的布景格格不入。对于这个地方来说，利德霍尔姆也只是一个过客，他不属于酒庄，绿茵场才是我们的归宿。

在将近10年前，他回到米兰执教，我从他手上接下了罗马队的教鞭，我和他应该是那个时期在意甲拼搏的仅有的两个瑞典人了。在同为球员时期，他比我高到不知哪里去了，他在1949年来意大利踢球之前就带领瑞典队获得过奥运会金牌，之后又为AC米兰效力了12年，其间为AC米兰夺得过4次联赛冠军。相比之下，我的球员生涯黯淡无光，最不济的时候曾在瑞典乙级联赛的肯尔斯科格队踢球，不过我以右脚脚法见长，在之后的文章中将会提到。

球员时期虽无法相提并论，但作为教练，我延续了他辉煌的成绩。确实，我当时还未能染指意甲冠军奖杯，而他却已经两度登顶，但我赢得了未来。当时我执教的桑普多利亚由罗伯托·曼奇尼和路德·古利特这样的巨星领衔，也充满了新鲜血液，而那时利德霍尔姆在1989年就退出了意甲。3年后，他又改变了主意，回到意甲在维罗纳队短暂地执教了一段时间，却以悲剧告终，他在维罗纳的执教生涯的最后一场比赛以0∶4的比分输给了老东家AC米兰。

有一次我和安琪在电视上看他解说周末的比赛，在转播中他要么忘了自己球队队员的名字，要么把张三说成了李四，还用意大利语和瑞典语混着说。我当时就跟安琪说："如果有一天我落到这步田地，连我自己的球员的名字都不记得，你一定要逼我退出足坛，金盆洗手。"

当我们终于到达他的波希米亚庄园时，他和他的妻子妮娜伯爵正在庭院里迎接我们。他们20年前就盘下了这个葡萄酒庄园，利德霍尔姆把毕生的积蓄都投到了这个庄园的修缮中，所以这里真是美得无法言状，连水泥砖都是闪闪发亮的，让安琪觉得美得有点儿不真实了。

现在他的酒厂都交给了他儿子卡尔洛来管理，我们5个人品尝了他的美酒。午饭后我和他们爷儿俩在花园里坐着闲聊，当我们聊起足球时，利德霍尔姆就开始讲述他的故事了："你们知道我在 AC 米兰踢球的前两年一脚球都没传丢过吗？当我终于出现第一次失误时，全场起立鼓掌了好久好久……"他这些老掉牙的故事我已经听腻了，卡尔洛肯定也是，但丝毫没有影响利德霍尔姆讲故事的雅兴，他是一个情绪化的人，拍拍脑袋就是一个主意，他还说他想重返足坛呢。

"你们觉得还有球队会要我吗？我现在来者不拒啊，就算有个青年梯队能给我带我也愿意！"他如是说。

我被他震撼了，这就是尼尔斯·利德霍尔姆，一个曾站在足坛巅峰坐拥一切的男人，而今却还不满足。然而我也为之感到痛心，这个曾经被我仰视的男人，如今也是英雄迟暮，只得追忆曾经的辉煌聊以自慰，我却不忍心告诉他现在已经不是他的时代了。但他儿子却开腔了，说出了让我久久难忘的几个词："Papà，basta！"（老爸，别说了！）

言语之间没有丝毫恶意，但短短几个字却让我心头一紧，直到很多年以后我才懂得这是一种怎样的心情。

· · ·

我有两台手机，一个是英格兰的号码，一个是瑞典的号码，刚才英格兰那台手机响了，是我的几个律师中的某个打来的，我现在至少要打三场官司，来电的是负责解决萨米尔·汗做我的财务顾问时对我实施诈骗的案子的律师。

我其实从来不在乎钱，完完全全不在乎，有人可能会觉得难以置信。萨米尔·汗可以说是一个挺识时务的人，他明摆着用我的钱为他自己在巴巴多斯购置了一栋海景房，有人告诉我他就买在了鲁尼家旁边。我的律师通知我法院开庭审理这桩案件的时间又延后了，我对他们这套做法很熟悉，一延后我就得再给律师费，但我手头拮据，除非我把伦敦的公寓卖了，但是南希住在里面，我得把她撵出去，南希为此又向我提起了诉讼，这就是我的第二场官司。

南希是我的老相好，我执教拉齐奥时在罗马认识了她。纵然当时她已为人妇，但她还是让我无法抗拒，但距离产生美，和她同居以后我就受不了了，在我要从意大利去英格兰的时候我就应该和她断干净，但我也不知道为什么我竟然同意带她一起过去。到那边之后我背着她买下了伦敦的这所公寓，就是为了甩掉她，我在罗马的时候也这么做过。不过我们最后还是分手了，我向她提出了条件，如果她同意在 2009 年搬出去，那么在此之前她可以免费住在我的公寓里。然而只有我觉得我们达成了共识，她直到 2012 年都还赖着不走，情况实在是太复杂了。

第三场官司是我起诉镜报集团的窃听行为，经调查后发现，几乎在我刚开始当英格兰主教练的时候，我的手机就被监听了，我和乌尔丽卡的关系也因此被曝光。这种监听一直持续了好多年，有一段时间我甚至怀疑是我家里人卖了我的信息给媒体。

● ● ●

写这本自传是我第一次跟别人讲述我的故事，但我不太确定我现在是否应该这么做，因为我一直觉得如果要讲故事，一定要等到故事有了结局才能讲，但我的故事还未完待续，而且我也实在不擅长讲自己的故事。在我们国家，吐露心声会被看作是一种软弱的表现，所以大家都不爱老说自己。半生已过，我还从未回顾过往，也许是因为我一直怀疑自己会不会从往事中有什么新感悟，但也只有回到最初，细细追忆从前，才能给我答案。希望自己不要沉溺于往事，陷得太深。

目录
CONTENTS

001 | 第 1 章　我非凡人，定将成名

011 | 第 2 章　贵人托德

019 | 第 3 章　"4-4-2" 阵型

027 | 第 4 章　被称为"天使"的哥德堡

039 | 第 5 章　本菲卡岁月

051 | 第 6 章　在罗马帝国生存

067 | 第 7 章　紫百合军团

081 | 第 8 章　球场即战场

095 | 第 9 章　橄榄树下

113　第 10 章　我乃足坛传奇

139　第 11 章　斯文狂潮

155　第 12 章　世界杯

167　第 13 章　俄罗斯的卢布

183　第 14 章　不公平的比赛

197　第 15 章　点球

213　第 16 章　去留之间

233　第 17 章　客场赢球的艺术

245　第 18 章　童话

261　第 19 章　非洲

275　第 20 章　我的头号粉丝——妈妈

287　第 21 章　亚洲猛虎

303　第 22 章　特别篇

326　后记

第 1 章　我非凡人，定将成名

我爸妈当初是瞒着我爷爷奶奶把我生下来的，当时他不敢把我降生的消息告诉埃里克（我爷爷）或伊斯特（我奶奶）。在那个年代，一个 18 岁的毛头小伙把大他 3 岁的女朋友的肚子搞大不是什么光彩的事，如果在北韦姆兰的街坊邻居之间传开了可不会受人欢迎，所以我父亲决定隐瞒有关我的事。在那个寒冷的冬夜，他被电话告知我即将出生的消息，一言不发就出了门，没有把我突如其来的降临告诉父母和兄长。

我于 1948 年 2 月 5 日在外婆家出生，那天晚上我父亲的邻居安德森开着出租车送他过去，半个小时的车程后，他到了我外婆在孙讷的家，下车时邻居还收了他 5 克朗（相当于 50 英镑）。接生的过程略有波折，脐带紧紧勒住了我的脖子，只能打电话让医生来，那时候他们都觉得我应该是活不下来了。但是第二天，太阳照常升起，我父亲照常去上班，我也已经顺利地活了几个小时。

父亲家里在福莱肯西部的斯托帕夫斯村坐拥数顷良田，父亲和他哥哥卡尔·埃里克在他们叔叔开的公交公司当售票员。我父亲就是在公交每天跑的路线上认识了我母亲乌拉，她在图什比的纺织厂工作，每天上下班往返都是坐这趟公交。我不知道她迷上了我爸哪一点，但他肯定是做了什么感动了我妈，我的出生就是最好的证明。

我父亲家在当地算是家境优渥，但我母亲家里就略显窘迫了。我外公多年前突然离家出走，再也没回来过，留下我外婆和 4 个孩子不管，从他消失那天起，家里从未提起过他的名字，多年以后我才知道他也叫斯文。我母亲和她的兄弟姐妹们都姓斯文森，在外公人间蒸发之后，除了我母亲以外，其他的人都改姓了苏登，这是我外婆的娘家姓。我母亲直到嫁给了我爸之后才改了姓氏。斯文森是一个典型的瑞典人的姓氏，我也很不解母亲为什么一直要姓斯文森，都是外婆把她拉扯大的，她基本上跟斯文森家没什么关系。

学生时代，我母亲是绩优生，老师一直强烈建议她继续求学，但外婆不同意，六年级之后，她便开始工作，帮家里维持生计。她一直对不能求学耿耿于怀，尤其是当外婆同意让家里最小的妹妹继续读书之后。不过即使到了她怀孕的时候，她在家里的待遇也没有得到改善，我出生后两周，我们就搬到母亲在图什比租的小屋住了。

那个房子里没有电，没有流动水，我平常都睡在厨房里的折叠床上，但还算好，旁边就是铁制的火炉，经常燃着火，所以很暖和。楼上住着我的小表亲，楼下是一个叫玛雅的女裁缝，我常在她干活时帮她，用手帮她不停地按她那台"胜家"牌缝纫机的踏板。

我父亲告诉我虽然他在我出生不久后便告诉了爷爷奶奶我的存在，但他还是和爷爷奶奶住在一起，直到我两岁时才搬过来和我们一起住，在那之后他和我母亲才正式结为夫妻。结婚之后家里人才同意他把我妈带回家，但似乎是隔了一段时间爷爷奶奶才真的接受了我妈，而在此之前她在我爷爷奶奶家基本只能睡厨房。

此后不久，父亲就去服兵役了，我还能回忆起他和我们告别时的场景，他把我放在母亲的床上，轻声道别。而他却不信我会记得那个时候的事，说我绝对是看了老照片才知道当时的情形，但说也奇怪，我连他当时穿的是一件面料粗糙的灰色军衣这种细节都记得。想也知道母亲当时肯定很难受，全家才刚团圆，马上又要孤身一人，但她却磨砺出了强大的内心，一个人把我照顾得无微不至。当时谁也不知，我将成就一番伟大的事业，这是她想都不敢想的，我就是她不屈服于残酷命运和艰苦生活的最大回报。

●　●　●

在父亲退伍归来之后，我们搬到了图什比的欧斯特马克斯瓦根住，我们在那边住的公寓有一厨一卧。父亲辞去了公交售票员的工作，改行当了司机，他叔叔戈特弗里德·琼森也当了公交司机，他跑的线路是从图什比到孙讷，总计 22 英里（1 英里≈1.6 千米），他开车时还让我坐在他膝盖上，似乎乘客们也不太对他抱着一个 4 岁小孩开车有意见。

我母亲总是对什么都忧心忡忡，在韦姆兰当地有个俗语"大事小情，终会如意；若不顺利，就随它去"，虽然她是个彻头彻尾的韦姆兰人，但她对生活的态度却远不似这般乐观。

母亲是信仰神明的，在家里吃晚饭前我们都会做祷告，她每晚会读祷告词给我听。我们的信仰基本上就是约束你的行为，必须学会尊重所有人，言行礼貌，待人热情。譬如我如果想拿块饼干吃，要等到大人们都吃了我才可以吃，否则就要受责罚。外婆艾德拉是个和蔼的人，但对我们要求也十分严格，作为 4 个孩子的单身母亲必须这样，母亲也继承了她这一点。

我父亲则不是一个有宗教信仰的人，在他孩提时代，村里的牧师都会到他斯托帕夫斯的家里去考他有关圣经的东西，他常常答不上来，从小就无心上学。六年级后，他终于从学校里解脱了，而不像母亲是被迫辍学，他觉得上学就是浪费时间。

毫无疑问，在母亲的严防死守下，我必须好好学习。我从小就是个言听计从的乖学生，成绩优异，没有什么特别值得一提的事。不过说老实话，当时对我和大多数男孩来说，学习并不能激发我们的兴趣，而体育运动才为我们所青睐。

● ● ●

我第一次参加跳台滑雪比赛是在一个叫格鲁姆斯的小镇里，上场时主持人戏谑地说："让我们有请下一位选手：斯文 – 戈兰·'小不点儿'·埃里克森！"当时我大概八九岁的样子，身形瘦小，所以主持人才叫我"小不点儿"。那个冬天我都在图什比 SK Bore 跳台滑雪俱乐部训练，他们那里有个

25米高的跳台，我借了一对木制的滑雪板，又大又沉，我力气太小，只能一次拿一块，慢慢从陡峭的楼梯爬到跳台顶上。我记得第一次跳的时候我都快吓死了，教练阿恩·丘斯特扶着我走到台边，装备好滑雪板。

他问我："我可以松手了吗？""不行！"我胆怯地说，当然他最后还是放了手让我跳了下去。

我完成了人生第一跳，而且我觉得我第一次比赛跳得也不错。此后的冬天，我都是在练跳台滑雪中度过的。安德斯·佩文·佩尔松大我两岁，每次都是他约好了出租车拉我们去比赛，有时候我们会在叙斯勒拜克训练，那里有个70米高的跳台。佩文是瑞典范围内青年选手中跳得较好的几个之一，但我爸第一次来看我训练时，他狠狠地摔了一跤并摔成了脑震荡。

跳台滑雪不是一项安全系数很高的运动，跳的时候运动员必须身体前倾，要求运动员既要勇敢还要有强壮的身体和高超的技巧，而我却空有一身勇气，有一次我摔伤了腰，伤得很重，那一周我基本没法坐下。但和库尔布勒克相比，我这点儿伤根本不值一提，他和我们一起练习，有一次在叙斯勒拜克训练的时候，他重重地摔在了那个大跳台上。那天雪的摩擦力不太够，库尔布勒克控制不了速度，起跳后没有完全站起来，落地时下巴磕在了膝盖上。佩文跑过去看他，情况不妙，他咬掉了自己的半个舌头，佩文赶忙安抚他说："闭上嘴巴，我们马上送你去医院。"在北韦姆兰，人们都喜欢大事化小，小事化了，这件事也就过去了。

自从放弃了跳台滑雪后，我们打起了冰球，或者是跨国滑雪，但当春天到来之后，足球便成了我们的不二之选。在学校里我们每个课间都踢球，一般都是我和托尔斯滕·谢尔格伦踢其他所有人，而我们总能获胜。我们不约而同地都会去波尔内维球场踢球，每当冬雪融尽或还残留些许之时，大大小小踢足球的男孩们都聚集在这里，那个时候女孩都不怎么踢球。

虽然家里花园的地面是倾斜的，球常会滚到街中间去，但我们还是会时不时在家里踢上两脚。当时我们住的那栋楼里住了许多人家，克拉拉·诺伦是其中一家，她儿子戈伊和我父亲一样大，在运输局上班，他以前是图什比一线队的球员，现在经常在家和我们一起踢球。他业余时间也会玩音乐，下班回家的第一件事就是练习单簧管，每次等他练完单簧管踢球的那段时间对我们来说都是煎熬。

通常我们都只踢一个球门，我们中任意一个当门将，另一个来防守。我一般都是踢中锋，戈伊一脚传中，我就负责头球破门。但是有个问题，当时没有冰箱，家里的牛奶和起司只能放在室外的小棚里，而我们的球门离戈伊妈妈放牛奶和起司的小棚太近，有时球会重重地撞在小棚壁上，牛奶罐子就会被打翻，溅得到处都是。一旦这样，戈伊就会跑去柴房里躲起来，每次他妈妈都会冲出来怒斥我一顿，让我们滚去别的地方踢。

戈伊给了我一本贡纳尔·诺达尔的自传，叫作《绿金球场》。诺达尔是瑞典史上第一个职业足球运动员，他在 1949 年加盟 AC 米兰，成为意甲有史以来较强的门将之一。我捧着他的自传秉烛夜读，感受着他在圣西罗球场留下的光辉历史，但在当时，意大利对我来说就像在天边一样遥远。

但诺达尔却不是瑞典队 1958 年打入世界杯决赛的国家队功臣之一，那届世界杯在瑞典举办，所有人都在追踪着赛况，有电视的看电视，没电视的听广播。我们家没有电视，但我敢肯定某个邻居家就有一台，因为我清清楚楚地记得那会儿有一场球我就是在远处模模糊糊地从他家电视里看的。电影院里会播放比赛中的精彩集锦，当时我最喜欢的瑞典球员就是库尔特·哈姆林，他是斯德哥尔摩人，但他在韦姆兰有亲戚，夏天的时候会来这边。在那届世界杯中，贝利是当之无愧的最佳球员，作为一名 17 岁的小将，他在巴西 5 ∶ 2 战胜瑞典的决赛中打进两粒进球，这简直是不可思议。在世界杯之后，他成了全民偶像。

· · ·

某天晚上当我在厨房的床上熟睡时，一只老鼠飞似的爬过我的胸膛，在那之后，母亲便决定了我们必须搬家。当时我父亲想买车，但母亲执意要买一栋属于自己的房子。父亲拗不过她，于是就在图什比的奥索加坦买了一小栋我们自己的房子。紧接着我母亲又去办了房产许可证，我们终于在1959年的复活节搬了进去，当时我年仅11岁。他们俩都不能申请到个人贷款来支付房款，所以只能申请利率较高的第二贷款。从一居室变四居室固然不错，但要买家具时我们就捉襟见肘了，刚搬进去的时候，我们只吃得起米粥和煎饼。

3年前爸妈生下了第二个孩子，我有了弟弟。他叫拉斯·埃里克，我们都叫他小拉斯。他身体不是很好，从小就患有哮喘，仔细一想，我一辈子都没有和他共度太长时间。他比我小8岁，当时年纪太小根本没法跟我一起运动。夏天爸妈白天都去上班的时候，我得留在家里照顾小拉斯，这可不是一个好差事，就因为他，我之后便有了"小斯斯"这个绰号。他那时候太小，发不出"斯文－戈兰"这个音，他就错把我的名字念成了"锡文·鸡兰"，说来也巧，在瑞典语中正好和我的名字押韵，但翻译过来却是"锡做的鸡"，我很讨厌他这么叫我。

我跟他说："以后别叫我'锡文·鸡兰'！"他倒是听话，"好吧，那以后就叫你'小锡锡'好了。""'小锡锡'也不行！实在不行就叫我'小斯斯'吧……"这就是我绰号的来源。

接下来的几年中，我母亲开了一个卖糖果、香烟、报纸的售货亭，人们都叫她"凶神恶煞老板娘"，图什比的人们都说她不苟言笑，这大概是因为她不喜欢那些在售货亭旁边游手好闲的小孩。我爸开起了货车，干这行比开公交收入高些，但我们手头仍然不宽裕。每个月爸妈至少要跨越国界去挪威一次，买一些黄油、调味料、主食，因为那边卖得比瑞典便宜。

就我个人而言，我那时候并不能体会爸妈努力赚钱的辛苦，还以为什么事都能迎刃而解。我那会儿一直想要一双"钻泥虫"牌的过踝冬靴，那种鞋顶上有拉链的设计在当时很流行，当时那双鞋太贵了他们买不起，但还是在我生日的时候送了我一双。在1960年夏季奥运会开始之前，父亲租来了我们家的第一台电视，两个月后直接把它买了下来，卖家把我们租电视时付的租金算作售价的一部分，相当于打了个折，图什比的人们都是这样互帮互助的。

我进入青春期以后就开始工作贴补家用，当时我在图什比的新糕点店里做学徒，斯文·欧克·"欧森"·奥尔森是那家店的老板，他也是当时图什比足球队和冰球队的教练。糕点店的工作时间是从凌晨 4 点开始，接下来几个小时的工作中，我们就一边烤司康饼和姜汁饼干，一边聊足球。有时候欧森会在烤盘上用面粉画战术给我看，久而久之，他给我讲的战术也越来越复杂。

午饭过后我就下班了，然后就赶去波尔内维踢球。因为受限于身高和体重，我在球队里不算突出，但我会勤勤恳恳地满场飞奔。我每次都会试着根据对手的打法调整我的踢法，尽可能让他们失误，只要我们一比赛，父亲都会过来看我。

我是个固执的人，对胜利有着强烈的执念。在我刚开始踢球那几年，最惨痛的回忆就是我们踢瑞典全国性的"小世界杯"时的地区决赛。那场比赛一直鏖战到加时结束都还是平局，进入了点球决胜环节，当时的规则是选定一个主罚队员，5 个点球全由这个人来罚。我们队选了我来主罚，前 4 球成功命中，都打在同一个角落，但是对手前 4 球也全部命中了。最后一球时，我决定换个方向踢，我也不知道我为什么这么想。我起脚干净利落，但门将猜对了方向，指尖够到了足球改变了轨迹，足球弹柱而出。我们惨遭淘汰，我号啕大哭，自此之后，我发誓再也不要为失利所折磨，至少不能输在点球决胜中。

●　●　●

当时图什比队踢的是瑞典第四联赛，在比赛前一日，欧森会在我母亲的售货亭对面的公告板上贴出首发大名单。我一直不解他为何这么做，也许是想带动当地的足球氛围，照这么说的话，此举成效非凡。每个比赛日前，图什比的人们蜂拥而至，聚在公告板前看欧森怎样排兵布阵，要是有出人意料的人选在内的话，一阵热议是免不了的，我常常会骑单车去看一下下场比赛的阵容，我相信迟早有一天，我会榜上有名的。

然而这一天来得比我想象中要早，有天晚上欧森意外来访，他想要告诉我爸妈我入选了图什比明天比赛的大名单。我故作镇定地应了下来，但我却彻夜未眠，第二天天一亮我就骑着车去公告板前确认我的确在榜上，这才放心下来。

时至今日，我已不太记得我首秀的表现怎样，甚至不记得对手是谁，但毋庸置疑，当时肯定有很多人觉得欧森选一个 16 岁的学生进图什比队是不明智的，但想必我踢得应该不错，因为之后我就是阵容里的常客了，我成了球队里最年轻的球员。

我 18 岁时去了当地的国立保险公司上班，圣诞期间，我和在外地工作的朋友们都会回到图什比。在平安夜我们会约在某人家中小聚，用伏特加调圣诞酒喝，打打牌，谈谈人生规划。我当时可能喝得有点儿上头了，我大声告诉他们："我终会成名的！"这引得他们一阵大笑，笑我凭什么出名，"凭什么呢？我也还没想好呢……"我也只能如此回答。

我生性低调，这样挺直腰杆豪言壮语真不是我的性格，在韦姆兰这个地方，大家互不攀比，皆为凡人。但母亲曾对我说我是与众不同的，我也一直深信不疑，我终将成名。

第 2 章　贵人托德

我的生活中并非只有足球，闲来无事我与朋友就会给女孩们打分，看美女也是我的一大乐趣。这些女孩中，有的出类拔萃，美似"令人愉悦的周六夜晚"，有的不忍直视，丑如"令人作呕的周一清晨"，这就是我们打分的上限和下限。可能这么说人家是有一点儿刻薄，但我们也仅仅是想图个乐子，要是让女孩子们来做评委的话，我们中大多都达不到"中规中矩的周三"的水平。

第二天没有球赛的时候，星期六晚上我们都会聚在糕点店的库房里，在出去玩之前小酌几杯混了苏打水的"生命之水"（一种烈酒）。通常我们中都会选一个人来开车，当时我和父亲一起买了一辆老旧的欧宝轿车，所以大多时候我都会当司机。我们有时候会去挪威的孔斯温厄尔玩，有几次我们中的几个喝得烂醉如泥。如果去埃科斯海拉德或者哈格福什跳舞的话，就会有女孩跟我们一起，我们也就不会那么狂放。这些舞厅里面不卖酒，我们就会在停车场用可乐调朗姆酒喝，冬天室外冷得要命，感觉屁股都要被冻掉了。

虽然我不是卡萨诺瓦那样的万人迷，但我还是挺受女孩欢迎的。佩文和安德斯·霍尔斯道姆跳舞很厉害，安德斯家里是当地的裁缝，他穿衣品位很好。队里的右后卫雷夫·冈纳森追到了西夫，她可是当地最漂亮的女孩，大家都想不通他到底是怎么追到人家的。但西夫从来不跟我们去跳舞，我们去埃科斯海拉德的路上会途经她家，雷夫就会半途下车，偶尔雷夫会好说歹说约着西夫一起去，我们就在车上等她 15 分钟。

我在埃科斯海拉德遇到了妮娜·佩尔松，她是我第一个确立了关系的女朋友，而安德斯·霍尔斯道姆追到了妮娜的姐姐。按我们的评分标准，她绝对是"令人愉悦的周六夜晚"的级别。她父亲鲁恩是北韦姆兰的一个著名陶艺家，还为当地因为非法狩猎麋鹿而被拘捕的人们成立了一个声援小组，他认为狩猎麋鹿是合理合法的，是获取食物的一种方法。但他嗜酒如命，有时喝得太多会出大乱子，有次安德斯和我去他家接妮娜和她姐姐，鲁恩在走廊上端着一把来复枪，大吼大叫地警告我们："你们敢碰我女儿一下试试！"

我把妮娜带回家见了父母，这是我第一次带女朋友回家，但在母亲眼里，没有哪个女孩配得上我，就连妮娜这样貌美如花的女孩都改变不了她的这种想法。

在我服完兵役后，我和妮娜就搬到了卡尔斯塔德，搬过去之后我还是在国立保险公司上班，但是是在那边的分局。我当时常跑去图什比练球打比赛，也许妮娜觉得我在足球上太过投入，我们之间出现了隔阂，最后她去了厄勒布鲁读书，我们也就此一拍两散，最终她在那边嫁给了一个体育老师。

不管是在图什比还是卡尔斯塔德，国立保险公司的工作总是那么无聊。有一天我和本特·弗吕克曼通了电话，他当时在韦姆兰广播电台工作，他问了我一个让我恍然大悟的问题，为什么我要屈就于一份我毫无兴趣的工作呢？挂电话后，我直奔上司的办公室，辞去了这份工作。

在我 21 岁时，我回到了图什比，继续读高中，我母亲对我的这个决定十分赞同。因为对她而言，教育永远是最重要的。也就是在我回去的这个时候，母亲的售货亭也不开了，她在当地医院当夜班护士，在此之前她在一个书店干了一两年。回到奥索加坦的家里，四口团聚，我和小拉斯在二楼各自有一间卧室，母亲对这样的生活感到很开心。

然而一直住在家里也不是办法，母亲还是很为我担心，尽管我已经是个成年人了，只要出去玩得晚了，她都会一直不睡等着我回家。她很少会说我，但有一次我和拉斯·桑德伯格跑去挪威泡女孩，两天没回家而且毫无音信，回来以后她让我爸狠狠地教训了我一顿，那也是唯一的我爸抬高嗓门训我，说要么我好好表现，要么就滚出去自己住，我一气之下选了后者。

考虑到日后的种种因素，我最终还是决定去学经济，为此我就得转学，转去达尔斯兰的欧穆尔，那里距韦姆兰 93 英里。这是我第一次住在韦姆兰以外的地方，我也因此去了另一支球队踢球，当时我在图什比的队友库尔特·罗斯瓦尔劝服了我，让我去加盟一支在隔壁赛弗勒市的瑞典第三联赛的球队，叫SK斯福霍拉（查）队。虽然在这个队踢球没有报酬，但他们给我包了住宿，我也是自此走上了职业足球的道路。

● ● ●

我在学校里见到了一个叫安·克里斯汀的女孩，大家都叫她安琪，当时我比她年长5岁，她年方17。我见过她几次但却没能说上话，我当时在欧穆尔就读的那所叫卡尔伯格的学校有将近1000个学生，在这样的小镇里算是一所挺大的学校了，要能认识她并不是件易事。有一天我在学校的自助餐厅和朋友打牌，安琪突然出现，在旁边看我们玩。她面对我，站在跟我对局的朋友身后，打着打着，她看了我朋友的牌，悄悄给我打暗号，告诉我应该怎么出。虽然严格意义上说这是作弊了，但她还是"帮"了我。

后来我发现安琪的爸爸卡尔·埃里克·佩特森是学校董事会的一员，这种背景可能让她的其他追求者望而却步，但却扑不灭我的热情。我约她去赛弗勒的音乐厅跳舞，随着曼舞翩翩，我在舞池中与她拥吻，之后我们便确立了关系。此后，周末我都会开着我那台老旧的"萨博"牌轿车去欧穆尔接她，开个10英里，去我在赛弗勒的家里。我当时住的公寓就是一室一厅，没怎么装修过，为数不多的几件家具也是母亲帮着张罗的。

安琪一家都热爱体育，她也是个球迷，17岁的她心理很成熟，和我志趣相投，我们也常去旅行。我曾立志扬帆游遍世界，但这个想法却不太受她待见，因为她很容易就会晕船。在1971年仲夏节的时候，她第一次和我一起回了图什比，我觉得她有点儿被两地的文化差异吓到了。她从未料想到图什比的人酒量那么好，我朋友问她是否可以共饮一杯，她欣然接受了，可能她心里想这边的人再豪放也至少会好好坐在桌边喝酒，但谁知我朋友打开了车的后备厢，拿出了他非法私藏的一桶烈酒，美其名曰"森林之星"。

之后我也带安琪见了父母，母亲做了最拿手的比萨，全图什比没有谁做得比她好吃。在见过我上个女朋友之后，母亲这次对安琪是笑里藏刀，看似和蔼可亲，但却心存顾虑，但她还是相当健谈，说得我父亲、小拉斯和我都无心再听了，我觉得她把她的毕生经历都告诉安琪了，有些甚至连我都不知道。

我高中生涯的最后一年过得轻松惬意，我比同学年长 5 岁，也更有斗志。我和安琪一同毕业了，我当时打算进大学继续深造，但同时我又是个足球运动员，我还憧憬着有一天能踢进瑞超，甚至去国外的其他职业联赛踢球。我暗自思忖，反正读大学也是为了将来好就业，那搞体育有什么不好呢？当个体育老师也不错啊。于是我就报了在厄勒布鲁的瑞典体育与健康科学学院，并且收到了录取通知书，只需要再去那边找一个球队踢球就可以了。

● ● ●

肯尔斯科格俱乐部在 1972 年时在踢瑞典第二联赛，当时 34 岁的球员托德·葛利普在那里兼任教练员一职，他那时已经为瑞典队踢过 3 场国际比赛了。肯尔斯科格是一支志在冲超的球队，斗志昂扬，我觉得这样的球队对我将来的职业发展会很有帮助。于是我就联系了俱乐部的人，他们也同意给我安排试训，我便驱车前往 28 英里外的厄勒布鲁参加试训，那也是我曾经求学的地方。然而日后我才知道，前往厄勒布鲁的这一趟我将熟记心间。

我和托德很快就熟络起来，但他也没给我特殊待遇。肯尔斯科格队的比赛和我以前所踢过的都不一样，比赛对球员的要求更高、节奏更快，我踢的是右边卫的位置，当时队里已经有 2 个经验比我丰富的右边卫了，想要踢上比赛就必须证明自己的实力，而这比我想象中难很多。

我在瑞典体育与健康科学学院的学生生涯则轻松很多，从早上 8 点上课到下午 5 点下课，上的都是生理学、解剖学之类的课程。安琪在厄勒布鲁当地的医院上班，但她并不喜欢这份工作，于是就决定好好学习之后走上讲台教书。她的学校在卡尔斯塔德，我们说好每个周末都要小聚，但说起来容易做起来难，我周六要去俱乐部的预备队踢球，偶尔周日的比赛教练会把我排进替补名单。我记得我似乎一次都没去过卡尔斯塔德找安琪，我们因此分手了，分开了数月。

每天下课之后，我都开着我的雷诺轿车去肯尔斯科格和球队训练，每天都盼望着证明自己的机会。终于在1973年春天，一个来自图什比的25岁青年，怀揣着成为职业球员的理想，在瑞典甲级联赛中踏上了人生首秀的舞台，那个人就是我。我的首秀肯定踢得不错，因为之后我就是阵容里的常客了，虽然凭当时的能力我只能说是一个中规中矩的后卫，但我却发挥稳健，极少失误。

我的右脚技术无可挑剔，我所付出的努力也不容置疑，在冬歇期里，我沿着山路跑上跑下，练就了出色的体能。防守时我一般不选择滑铲，而是紧跟对手不轻易下脚，这是当时很流行的一种踢法。从瑞典体育与健康科学学院毕业之后，我在肯尔斯科格郊区的一所学校当体育老师，之后搬进公寓，住在城里。安琪还有一年才毕业，当时我们又和好如初了，至少离得近一些我们不需要受相思之苦。不久之后，她就搬来与我同居了，我们的兴趣相差甚远，她会来看我踢球，我也会陪她去逛古董店。

大约就在那个时期，以阿贾克斯为首的荷兰球队掀起了"全攻全守足球"的风潮，在那之后，球场上两支球队的球员从局部对抗变成了11人全场对攻。在1958年世界杯决赛中，瑞典队左后卫斯文·阿克斯邦负责单独盯防巴西中场大师加林查，加林查把他晃得晕头转向，但就是没有队友来支援他。"前事不忘，后事之师"，为了避免这种窘境，荷兰人决定把团队合作放在战术的核心位置，他们把阵型压缩，防守时进攻球员回到半场防守，进攻时防守球员压上进攻，此前足坛中从未有过这样的战术。

在肯尔斯科格队，我们基本不用全攻全守战术，当时的主教练艾莫尔·莫雷是个匈牙利人，他认为在足球比赛中还是个人能力比较重要。在做客赫尔辛堡的一场比赛中，我切身体会到了1958年世界杯决赛中阿克斯邦的痛苦。当时和我对位的边锋很难对付，虽然不似加林查那般灵动，但速度却在我之上很多，在多次右路的对决中，他都从我身边一闪而过。

"斯文！上去逼他！"莫雷在赛场边对我发号施令。

于是我便迎上前去贴身盯防对手，结果他们左后卫直接起过顶球打我身后，那个边锋长驱直入直奔足球而去。

"回撤回撤！"莫雷发疯似的对我大喊。

我便收缩防守，但为时已晚，他们的边锋追到了球，在前场与我正面交锋，他都懒得做动作过我，直接人球分过，凭速度把我过了，我踢得完全不知所措。半场休息时，我在更衣室和莫雷讨论我应该如何防守，我提议把中卫拉出来一点，协助防守，莫雷略有些惊喜地说道："说不定还真行！"

我不记得最后我们是否限制住了那个边锋的突破，但我那时暗忖，踢球远不止于狂奔 60 码（1 码 ≈ 0.9 米）然后单挑对方后卫这种简单粗暴的踢法，在防守上一定有更好的方法来应对这种进攻，这种方法要求团队协作，而非单打独斗。那时的我并没有意识到，我已经开始有教练的思考模式了。

● ● ●

在 1975 年，我意识到我 27 岁还混迹于一个瑞甲中游球队，当一个中规中矩的右后卫，是不可能走进职业足球圈子的。贡纳尔·诺达尔在我这个年纪时，他已经踢了 33 场瑞典国家队比赛，进了 43 个球，正在前往 AC 米兰的路上，而且我膝盖的伤势也一直困扰着我，只能在替补席上坐着，每场比赛只能踢那么一会儿。

那年秋天，我接到了我整个足球生涯中最重要的一通电话，托德·葛利普说他辞去了厄勒布鲁队主帅一职，准备去执教代格福什队。

他问我："你是不打算踢球了吗？来我这边做我的助理教练吧！"

我一口答应了，从此便告别了职业球员的生涯。

第 3 章 "4-4-2" 阵型

在瑞典的有些地方，足球的地位高于人们的信仰，而在有些地方，足球本身就是信仰，比如代格福什。代格福什是一座工业小城，那里地域甚小，说是一个城都未免有些牵强，但世上却再难找到如此重视足球的地方。在 20 世纪 70 年代中期，代格福什有 9000 位居民，但每当代格福什队主场作战时，斯道拉瓦拉球场又会多出千人有余。

但是，全瑞典就数代格福什人最有排外情绪，本地人总是会对外来人深深起疑，就算是对从韦姆兰其他地方来的人也是如此。代格福什俱乐部里最好的球员大多是土生土长的，但为了球队更好地发展，管理层强行从代格福什外进行引援。托德是北方人，他对代格福什情有独钟，为这支球队效力 10 年有余，所以当他有机会执教代格福什的时候，他二话不说就接了下来，也不在乎球队正在瑞典乙级联赛中苦苦挣扎，俱乐部也对他表示相当欢迎。

他很轻易就说服了我加入球队，但是要让俱乐部董事会相信我是这个职位的最佳人选就比较难了，他们想要托德选个当地的助理教练，而不是一个毫无执教经验的前肯尔斯科格球员。但托德还是一口咬定就是要选我，他看到了我的潜力，而他的意见在代格福什俱乐部里还是很有分量的。

代格福什曾经有过辉煌的历史，但当我和托德开始搭伙的时候，那些光辉岁月早已远去，距代格福什上次冲超成功已经有 10 年了。但我们的阵容配置不错，球队的目标就是尽早打回瑞甲，托德对如何实现这一目标已经胸有成竹。他要引入一个叫"4-4-2"的阵型，当时很多人都持怀疑态度，但我却看到了这个阵型的潜力。让我始料未及的是，我们即将为瑞典引入足球史上最伟大的战术，尽管当时我连教练证都没有，但我确实也是其开拓者之一。

• • •

　　在今天的足坛，"4-4-2"阵型再基本不过了，但在 20 世纪 70 年代的瑞典这是前所未有的。这套体系是基于英国队的传统打法，4 个后卫，4 个中场，2 个前锋的配置，4 个后卫站成一条直线，没有清道夫也没有自由人（通常阵型里的最后一个防守队员）。"4-4-2"较之其他战术，阵型更加紧凑，攻防两端之间间距更短，成功实施的核心就是球队的组织和团队意识，在某种程度上，它完全与球场上的个人英雄主义相悖。也许正因为这一点我才如此喜欢这个战术，因为论个人能力，我从来不算突出。

　　英国人鲍勃·霍顿是第一个在瑞典引进"4-4-2"阵型的人，他在 1974 年接手了马尔默俱乐部，当时"4-4-2"阵型一经他引入，马上就为球队带来了收效，在他执教的前两个赛季，马尔默都获得了联赛冠军。但之后一年就不一样了，瑞典用"4-4-2"阵型的球队就不只是他一家了，除了我和托德的代格福什外，瑞超的哈姆斯塔德也聘用了一个擅用"4-4-2"阵型的英格兰教练，那个人就是罗伊·霍奇森。

　　托德想在阵型中安排进攻型边前卫，这在当时是很前卫的想法，我们也为此战术苦练了很久。托德一开始只让我带带训练，在很久之后才给予了我足够的信任，让我负责更多事项。当时我志向高远，求知若渴，汲取一切能够学习的经验，我想这一点也打动了托德。

　　那个赛季我们踢得不错，轻而易举地拿下了联赛冠军，但是在争取升级名额的加赛中我们 3 场全败。在瑞超中，霍奇森率领的哈姆斯塔德队第一个赛季就拿下了冠军，如法炮制了当年霍顿在马尔默的表现，"4-4-2"阵型功不可没，但人们都只注视着霍奇森的神奇表现，却没有发现"4-4-2"阵型也深深地在瑞乙联赛扎根了。

• • •

　　球场以外，我的生活也在向下一个阶段过渡。我和安琪在去挪威旅行的时候订婚了，她在校修的师范专业毕业之后就在肯尔斯科格的一所学校教书，我们也有了自己的居所。此前体育老师的工作报酬微薄，而我在代格福什任助理教练一职却赚得更少，总的来说当时我们的经济条件不容乐观。

我从不擅理财，在赛弗勒时我和安琪常去餐厅吃饭，我肆意乱点，从不看菜品的价格，包里分文不剩却点了玉盘珍馐，这也让安琪感到担忧。正所谓"山重水复疑无路，柳暗花明又一村"，每当我囊中空无一物时，总可以找母亲借，读书时还可以用学生贷款，但安琪和我不同，她宁愿在医院加班工作来赚更多的钱，而我不行，我的注意力还是放在足球上。

1997 年 2 月，瑞典足协邀请托德担任国家队助理教练，这对他来说无疑是千载难逢的好机会。在经历了几番思想斗争之后，他决定应了足协的邀请。他一走，代格福什主教练的职位就空出来了，俱乐部决定让我走马上任，我猜要么是托德为我向董事会美言过几句，要么就是因为瑞典赛季从春季就开始直到秋季结束，俱乐部没有时间再去考察聘用一个新的教练。当了一年的副手，突然我就掌舵了，但一切并不轻松，球队还挣扎于瑞乙联赛，我也尚未拿到教练证。

我任职的学校校长是个通情达理的人，他同意把我的职位改成兼职岗，也就意味着我可以一心扑到代格福什那边了。从助理教练到主教练的跨度很大，突然我就成了众人瞩目的焦点，一旦有任何纰漏，全镇的球迷定会迁怒于我。

球队经理托雷·卡尔森是建队基石之一，有一天我在球队大巴上读《快报》，托雷过来把报纸从我手中一把夺过，扔出窗外，告诉我在代格福什这种工薪阶层居多的小镇，居民大多都是钢铁厂的工人，不适合读《快报》这种措辞保守的小报。球员们客场拿下关键战役之后，都会在大巴上喝点儿啤酒，我对此甚是不满，认为他们喝得太多，托雷在这点上也与我意见相左，他对我说："年轻人，你管好球场上的事就行了！"

偶尔我会派安琪去帮我考察对手，她也在此之后对足球更加喜爱了，但我觉得这也是她的无奈之举。我们结婚的日子定在了 1977 年 7 月 7 日，这个日子碰巧所有数字都是"7"，一切都很顺利，但 7 月 7 日那天有我教练证培训的最后一节课，然而改动结婚日期定会让安琪不悦，但我们也别无选择。

我在结业论文答辩中展示了"4-4-2"阵型，以及怎样高位逼抢，压缩对手的空间。我的战术核心原则是"understöd"，这是瑞典语，意思就是 4 个后卫需要互相协作，完成防守任务。如果边卫对付不了对方的速度型边锋，那么队友的协防就显得格外重要，对懂球的人来说这是一个常识。进攻端同样要结构清晰，通常门将手抛球给右边卫，右边卫向前锋输送炮弹，前锋有两个选择，要么回撤拿球，要么准备反越位插入对方腹地，无论如何这样的配置都不能改动，即使是比赛只有 5 分钟，我方 1：0 领先，换下一个前锋同时也必须进行对位换人。在当时这种战术思想绝对是革命性的，负责提问的老师哈塞·卡尔森是一个资深足球教练，我这种战术让他耳目一新，我自然顺利地通过了考试。

我和安琪 7 月 9 日在奥斯陆的一座瑞典风格的教堂结婚了，之前没有计划要度蜜月，到那边以后才发现酒店房间全被订了。我们只得去韦姆兰找我的朋友，他父母在韦姆兰有一个避暑小屋，他们见到我们俩便笑逐颜开。那段时间天公作美，我们在韦姆兰享受了几天好天气，随后才回家准备投入新一轮的训练。

● ● ●

我在代格福什执教的第一个赛季结局和上赛季一模一样，我们拿下了联赛冠军，但加赛中又马失前蹄，求胜心切导致了我们心态波动，没能踢出平常的水平，我们似乎进入了一个心理怪圈。我想我必须要采取措施了，于是我联系了威利·莱洛，他是一个挪威的运动心理专家，曾著有《关键时刻，出色表现》一书。他告诉我的方法很简单，就是关键时刻要乐观面对，但行其事，好事终会发生。

在 12 月的一个周日清晨，我和他以及球员们约见于代格福什的市政厅，那天是球队的休息日，加练让球员们很不满，我向他们解释了加练的原因，介绍了威利之后，他们还是闷闷不乐。"搞个心理医生来干什么！"队里的左后卫老将乔翰森不屑地说。

队员们都抱着轻蔑的心态，但威利似乎不怎么受影响，他开始了他的讲话。几分钟后球员们竟然听得聚精会神，这倒让我很是吃惊。威利详细地讲述了赛前的各种细节是怎样影响球员们的情绪的，比如在更衣室里一个队员占用了队友的储物柜，球员们听得暗自点头称道。讲解过后，他又带大家做了一个放松练习，叫球员们闭上双眼，他用舒缓人心的语气挨个儿对球员们说话，我在一旁饶有兴致地看着。只见球员们睡意上涌，我猜这是某种催眠手法，随后威利继续对球员们讲述积极心态的重要性。片刻之后，他突然拍手，球员们猝然醒来，但老乔翰森还是毫无反应，就像入定了一样，威利见状，便再拍了拍手，可他还是丝毫未动。威利急了，跑上前去试图把他摇醒，这才叫醒了乔翰森。

乔翰森一脸迷茫地说："怎么就完了？"逗得大伙捧腹大笑。

接下来的赛季中我们一开始就采取了威利的理论，在赛前我都会把我想让球员注意的东西告诉威利，他录成录音带，每当客场比赛时，我们提前几个小时抵达场地，就在大巴上让球员们放平座椅靠背，听威利的录音带，再次强调压迫防守战术。

我也把威利的办法用在了自己身上，花了几个月学会了自我训练，可以让自己 10 秒之内就入睡。这种方法需要一个特定的动作，来提示大脑让身体进入休息状态，我的动作就是握紧右手。我边握拳，边做深呼吸，就可以安然入睡。

又一次，我们站在了加赛的赛场上，不过这个赛季在威利的帮助下，我们 3 场全胜，挺进了甲级联赛。我不知道其中的关键因素是不是威利的方法，但在我之后的教练生涯中，我对球员们都这么做。

●　●　●

在一个秋天的晚上，球队董事会电话通知我去参加会议，讨论下赛季球员的相关事宜。我的合同快到期了，我还暗自期待他们会很爽快地跟我续约，但关于合同他们只字未提，所以我也没开口。会议结束后我直接就走了，心里骂了他们一千遍"吝啬鬼"。

回到家时，安琪在门口兴高采烈地迎接我，说："有个好消息告诉你！哥德堡俱乐部刚刚来电说有意聘你去做主教练，还问你和代格福什签约没有！你没签吧？"我当时被喜悦冲昏了头脑，忖道："哥德堡？传说中的'天使'？他们可是瑞典顶级球队之一啊，队内不乏拉尔夫·埃德斯特罗姆、比约恩·努德奎斯特和欧拉·诺丁这样的好手。"其中肯定出了什么差错，不然他们不会对我这种新手感兴趣的，也许是他们想要一个青训队的教练，那我还不如待在代格福什。

我告诉安琪肯定是她搞错了，但第二天哥德堡俱乐部的博斯·乔翰森就给我来电了，说一线队主帅哈塞·卡尔森在执教了两年后要离任了，俱乐部确实是在找一个新的主教练，问我有没有兴趣。

当时的我仅仅是一个 30 岁，来自图什比的菜鸟教头，从未执教过瑞乙以上的联赛，而这就是我加入全瑞典最大俱乐部的经历。毫无悬念，我一口应了下来，没有征求任何人的意见，直接答应了。

此后不久，我接到了哥德堡俱乐部的董事长贝蒂尔·维斯布拉德的电话。他说格拉斯哥流浪者的主教练也在竞聘这个职位，但他 6 个月之内都无法过来上岗。然后他就到处打听瑞典有没有初露锋芒，对足球有新理念的教练，随后哈塞·卡尔森就向他举荐了我，因为之前在我论文答辩的时候他对我印象深刻，若是想找一个胸有大志又有新点子的教练，我是很好的人选。他的举荐获得了维斯布拉德的准许，于是我就被聘用了。

随后我跟代格福什董事会说了我被哥德堡聘用，马上将要离职的事，董事长说："天啊，这可是个大新闻，我本希望可以留住你继续执教的。"几周之后，我签下了合同，踏上了前往哥德堡的火车。

第 4 章　被称为"天使"的哥德堡

哥德堡在 20 世纪 70 年代的踢法被称为"香槟足球",这是一种很潇洒的踢法,在攻势足球的基础上加上了很多华丽的技巧与转身,极具观赏性,赏心悦目,但收效甚微。哥德堡在 20 世纪 70 年代降级至甲级联赛之后,用了整整 7 年时间才打回瑞超。

我 1979 年来到哥德堡,在此前一个赛季他们拿到了联赛季军,但阵容里都是些老队员。那时候"香槟足球"在哥德堡队已经根深蒂固,我怀疑我是否有能力改变这种踢法。毕竟在代格福什的时候我率领的都是一群没有什么名气的球员,培养一股凝聚力自然不是难事,但哥德堡则不一样,拉尔夫·埃德斯特罗姆和托尔比约恩·尼尔森这样的明星皆在阵中,显然要让他们听我的并不容易。

当时我与哥德堡签约一事在北韦姆兰造成了轰动,毕竟这算是瑞典足坛的大新闻了,我也因此上了很多报纸头条,在图什比也名噪一时。当我告诉父亲我接下了哥德堡的工作之后,他说:"真的是哥德堡?让我缓一下……难以置信啊!"他也是个球迷,我在图什比和肯尔斯科格踢球时他每场都会来看,后来在代格福什带队时他也无一缺席。他曾在图什比任后勤经理,每逢圣诞之际,他都会带一堆球袜、短裤、球衣回家来洗,球队给他大概 100 克朗的报酬(相当于 10 磅),有时也会送花给他。

我与哥德堡的签约之所以会成为舆论的焦点,大抵是因为整个瑞典足坛对这一签约都是一头雾水。我是一个 30 岁的无名小卒,仅有两年的瑞乙联赛执教经验,连当时哥德堡的头号球星比约恩·努德奎斯特都比我大 6 岁,没人知道我要怎么才能带好这支球队,连我自己都无法想象,我只知道当时我签约去哥德堡的时候父母也是捏了一把汗。

　　大约是在我开始执教前的那个冬歇期，我去英格兰看了伊普斯维奇和阿斯顿维拉的比赛。在过去 10 年中，执教伊普斯维奇的都是博比·罗布森，在赛前我去了他们的训练场观摩学习。过后我问他能否在赛后抽 5 分钟出来跟我聊一聊，他欣然答应，这一聊不要紧，5 分钟聊成了一个小时。他问我明天在哪里看球，我告诉他我会在球迷区站着看。"在球迷区干什么，来教练席坐我旁边看吧！"他盛情邀请我。那场比赛也在瑞典转播了，父亲看到了我坐在伊普斯维奇的教练席上，旁边就坐着博比·罗布森。

● ● ●

　　当我第一次踏入瓦尔哈拉球场时，天气阴冷，狂风大作，平地上的足球都会被吹跑。瓦尔哈拉是一座人造草皮球场，哥德堡的冬歇期就在那里训练。我极力掩饰我的紧张，不知旁人能否看出，细细想来，我此前从未如此紧张过，至少在球场上是这样的。也许是因为在代格福什的时候球队里有很多韦姆兰的老乡，那段时间我过得像在自家一般轻松惬意，但在这边我只是个外人，只是一个来自瑞典第二城市的"乡下人"。但当我放眼看向在球场上训练的巨星们，才意识到他们中很多也不是本地人，汤米和托德·霍姆格伦是北方人，球队队长功勋老将欧拉·诺丁是从一个叫斯莫兰的小村子来的，鲁本·斯文森则是韦姆兰本地人。这样看来，我也没什么好担心的。

　　我确信自己能在这里成就一番事业，这不是我逼自己相信，而是我有这样一种感觉，抑或是一种神奇的预感。我在代格福什所引入的管理、训练机制在这边一样适用，也许有些人会质疑我，但我对自己有 100% 的信心，我从不是一个缺乏自信的人。

　　但无论如何，要让球员们都信服我的足球哲学，必须对他们进行一番"洗脑"。首先，他们在我来执教之前从不使用压上紧逼的战术。其次，我 95% 的训练项目都是有球训练，也许对他们来说会是一种很新奇的方式，但也可能他们会觉得我的训练太过古板，管理太过严格。当他们在场上训练时，我会走到他们中间，如沙盘点兵一般安排他们各自的站位。守门员手抛球直接找右后卫鲁本，鲁本拿球以后有两个选择，既可以传给过来接应的拉尔夫，也可以找插进来的托尔比约恩。一旦失掉球权，中场球员必须去抢第二落点，要是球打到左路，阵型就整体从右向左移，也就是说我们打的是区域防守，这对于球员们来说也是一种从未接触过的战术，他们此前打的都是人盯人，但现在他们每个人都要负责一个区域。这种战术前卫新颖，一旦成功实施则收效显著。

● ● ●

我和安琪在哥德堡南部的房地产新区斯岔特埠买了一栋不错的房子，广型是介于城市住房和别墅之间的那种。当时安琪在当地一所中学为一个怀孕的老师顶班，但学校并不知道安琪也有 6 个月的身孕，安琪也为欺瞒学校而感到愧疚，平常工作时就尽量收腹，穿宽松的衣服，但日渐隆起的腹部让她无法隐藏。终于在 1979 年 5 月 27 日，我们的儿子小约翰出生了，安琪也辞去了学校的工作。

在那个年代的瑞典，即便是像哥德堡这样的大球队也只是半职业球队，球员们在球队虽然有薪水，但不足以让他们辞掉日常的工作，所以他们大多是半路出家的水管工或者厨子。作为哥德堡这样一支大球队的主帅，我的年薪达到了 9 万克朗（约 9000 英镑），这样的工资水平不算高，甚至还不如我在代格福什当教练并且在学校兼职体育老师时的报酬高。刚搬到哥德堡时，我和安琪还买不起新家具，只得把以前在肯尔斯科格用的老家具搬进去，那些家具都是我们自己选料上漆，用层压木板做的。但我们自己觉得很满足，不仅没有怨言，反而觉得两人同甘共苦便是世界上最幸福的事。

现在看来，当时的哥德堡俱乐部可以说是一支由工薪阶层组成的俱乐部，扎根于社会民主政治的球队。这么说确实有一定的道理，当时的哥德堡人大多是蓝领阶层，所以绝大多数球迷有"左倾"倾向也不足为奇，而且俱乐部董事会里有几位高官也在民主党派里面有关系，一些球员也是如此，比如右后卫鲁本·斯文森就被人们叫作"红小将鲁本"，他们大概是觉得球队根植于集体主义的思想与自己的政治思想有平行关系。

前瑞典首相塔格·埃兰德是我父亲那边的一个远房亲戚，他是民主党派人士，曾连任首相 20 年有余，但他们在家中不会多谈国事，我对政治也没什么兴趣。我能理解为什么有人认为足球和政治有所关联，但我认为二者属于不同领域，在我的足球哲学中也没有任何政见的影子，我只追求打造一支最强之师。当全队拧成一股绳，人人为我，我为人人，自然就会踢出好成绩，并没有多复杂。

● ● ●

我们战绩不错，但报纸上却对我们骂声一片，一些记者批评我们，说我们踢得无聊至极。那时我还年轻，面对这些压力没有经验，竟然还去读了他们写的这些垃圾报道，他们对我的工作又知道些什么呢？

我从不觉得我们必须要踢出漂亮的足球，而且对于什么是好球各人看法不同，我认为我们的踢法足够好了，因为最终决定比赛胜负的是比分，而不是你有多少次脚后跟传球或者其他花活儿。而且退一万步讲，我们也似霍顿的马尔默或者霍奇森的哈姆斯塔德那般极端地追求效率，当他们对阵时，那比赛简直惨不忍睹，只有枯燥的长传冲吊和越位陷阱。

安琪看了我们所有的主场比赛，但是去客场看球带着小约翰实在困难，所以她就用广播听球。听球时她总会紧张得无法静坐，于是她就边熨衣服边听，无论如何都要找点儿事做。如果衣服都熨完了，她就重新再熨一次，我的衬衣被她熨得毫无褶皱。

在约翰 6 个月大的时候，安琪又当了老师，我那时全身心投入工作中，就连赛季结束后也无一例外，在冬歇期我常去英格兰看球，安琪就待在家里照顾约翰。然而，照顾约翰十分折磨人，因为他总是不睡觉，我在家时和安琪分居两屋,这样的话我或者她就可以安稳地睡觉了。不久之后,安琪只能减少工作时间来照顾约翰,她的工作从全职变成了兼职,那段时间安琪被折磨得筋疲力尽,而约翰在两岁后才学会了好好睡觉。

在我执教的第一个赛季我们便赢下了瑞典杯,第二个赛季我们也取得了开门红,在第十轮输给奥斯特之前,我们打出了 5 胜 4 平的不败战绩,虽然最后我们仅排在第三名,但我觉得我们夺冠也只是时间问题了。在 1980 年这个赛季,我领悟到了中场球员在比赛中的重要性,此前我都是把中场球员看作防守中的一环,球队经理跟我开玩笑说我完全可以把乌利维球场中间那块地租出去了,因为在我的战术中基本不会用到中场的区域。

我是慢慢地才认识到了中场对进攻端的重要性,我反复思索,与托德多次交流,才悟出了其中的道理。那段时间我全天无休,都在想着足球,希望能接触到新点子,这也是为什么当初我会让威利·莱洛来试试。但可惜,在当时的瑞典不是所有人都那么开明的。

· · ·

在我们主场 0:1 输给佐加顿斯后,1981 年那个赛季以三连败开局,球迷们愤怒至极,赛后大骂:"把这个畜生撵回村子里去!"这样的骂声响彻乌利维球场,无疑他们是在针对我。这些球迷希望球队炒我鱿鱼,把我赶回韦姆兰这个"村子"里去,重压之下我隔天去找了董事会,告诉他们如果炒我鱿鱼我也是能理解的,贝蒂尔·维斯布拉德却告诉我球队希望我能留下。

在之后一次训练开始之前,我召集了球员们来训话,我向他们吐露了我的失望之情,因为他们是瑞典最好的球员,这样连输 3 场是不能接受的。"你们的优秀毋庸置疑,关键就是你们要把这一点常记心中。"我如是说。如果他们不想要我执教,我会主动辞职的。在此之后,球队开始赢球,而我的工作也不再岌岌可危,因为我们的队伍确实冠绝瑞典。

我和安琪在 1982 年年初把我们斯金特埠的房子挂牌出售,那时我也禁不住大胆地幻想，如果能在欧洲的一家大俱乐部执教会有多棒，当时的哥德堡基本不需要我这个教练了，球员们上场之后对自己的职责一清二楚。安琪也同意让我尝试一些新的机遇，一旦有球队抛来橄榄枝，什么事也阻挡不了我的发展。我们都希望能够更上一层楼，当时有这样的想法不是因为我确切地得到了别家球队的青睐，也没有任何一家瑞典以外的球队对我表现出兴趣，毕竟我还只是一个年轻的瑞典教练，没有拿过瑞超冠军，也未曾在欧洲的杯赛中有所建树。

按我们的预计房子至少得要几个月才能卖出去，但却出人意料地被人抢购了，我们忽然之间就没了住处。还好我们在城北 31 里外的斯泰农松德租了一个大农场，刚搬过去的时候地上的积雪还未融化。

我已不太记得是何时听说葡萄牙的本菲卡俱乐部有意签下我作为他们的主教练了，但是我确切地记得是伯耶·兰茨告诉我的。他或许是瑞典史上第一个职业足球经纪人，他总是叼着粗大的古巴雪茄，人们称他为"百分之十先生"或者"雪茄男"。

他年轻的时候在报社当记者，根据他自己的讲述，在他 26 岁的时候，曾在 1958 年瑞典世界杯决赛后径直走进了巴西队的更衣室，凭着自己的三寸不烂之舌跟他们一同飞回了巴西。他这一去就是 12 年，在巴西队帮着安排友谊赛，也操持其他事务。没有什么东西是他卖不出去的，据说他在苏联时曾被允许在莫斯科机场做广告。

他身兼数职，在瑞典电视台做广告的同时还是著名银行家汉斯·卡瓦利－比约克曼的顾问，也是马尔默俱乐部的指导，鲍勃·霍顿就是在伯耶的引荐下来到瑞典的。我与伯耶认识大概是我在代格福什时与马尔默的一次纪念赛上，他叼着雪茄，走进我们的更衣室祝我好运。

我告诉他："这里不能吸烟。"

他却朝我默契地笑了笑，"我懂规矩，从来只叼着，不点。"

我估计伯耶在那之后不久就陷入了债务危机，便跑到葡萄牙去了。在

1982 年春，他通过一个叫博·鲁登马尔克的人找到了我，这个人是个银行家，也是我们队的球迷。那个赛季哥德堡在国际比赛中球运很好，在晋级欧联杯之后先后将巴伦西亚和凯泽斯劳滕斩落马下，杀至决赛遭遇汉堡，在欧联杯中的出色表现也让我们在欧洲声名大噪。伯耶向我透露了本菲卡在找新教头的信息，而且鉴于我在哥德堡的出色战绩，他们对我这个新晋的瑞典教练很感兴趣。我则认为其中没有那么简单，也许是伯耶向他们推荐了我，他问我如果本菲卡向我示好的话，我是否愿意在今夏离开哥德堡，而当时根据我的合同中的一项条约，在有国外球队向我提供工作机会的时候我是可以走的。此后，伯耶便经常与我联系，之后本菲卡也跟我搭上了线，但一切都还未有定论，伯耶告诉我先保证能赢下欧联杯再说。

● ● ●

1982 年 5 月 5 日，狂风大作，大雨倾盆，我们踏入乌利维球场，在欧联杯决赛首轮主场迎战汉堡。如果用"占下风"来评价当时我们的形势的话，是完全不能描述出双方的实力悬殊的。汉堡队中群星璀璨，诸如费利克斯·马加特、曼弗雷德·卡尔茨和霍斯特·赫鲁贝施，那时候他们也在德甲中一骑绝尘，直指冠军。而瑞超赛季才刚刚开始，我们只比了两场比赛，只有我们自己相信，一群半职业的球员能有机会四两拨千斤般放倒这群德国精兵。

那场比赛并不是很有观赏性，大雨倾盆，球场烂得像菜地一样。比赛进行到 20 分钟时，托尔比约恩·尼尔森被对方粗暴地铲倒，我们被迫用掉一个换人名额，在接下来的比赛中我们的头号球星只得在场外旁观。尽管如此，我们还是掌控了场上的局势，但还是无法攻破他们的铜墙铁壁。托德·霍姆格伦拼得最凶，但却错失了 3 次破门良机，一切都预示着这场比赛将以平局收场。

但在常规时间最后两分钟时，格伦·海森在前场埋伏，高球向他传去，他抢到第一点，穿过两名对方后卫把球摆渡给了托德·霍姆格伦，托德长驱直入杀到对方点球点附近，他等球弹起，凌空抽射，攻破了汉堡门将斯坦恩的十指关，那天场地状况太糟，球差点儿没滚过门线，但最终还是进去了，我们以 1 ∶ 0 小胜汉堡。

赛后我的父母在看台上淋得湿透了，但他们还是跑上前来祝贺我。"干得漂亮！但要清楚，距冠军还差一场。"父亲从来不会被喜悦冲昏头脑。

我们大获全胜，将于两周之后在汉堡主场进行次回合较量，他们看起来毫不担心，因为他们自信能够在主场扭转乾坤。当我们抵达汉堡时，有人在球场外售卖写着"汉堡——1982 年欧联杯冠军"字样的旗子。汉堡当时的教练是恩斯特·哈佩尔，他对汉堡最后能夺得桂冠深信不疑。

此前他对媒体说："还好哥德堡的队员们都很健康，这样他们就不能用受伤来当输球的借口了。"

我在赛前叫人出去买了一面那个旗子，挂在更衣室里，其他什么都没说。之后有很多人问我在赛前是怎么训话的，给球员布置了什么战术，我只能说当时我真的什么都没说，因为根本没什么好说的，从某种程度上说我们的工作早做完了，11 个队员自己就犹如教练一般，都明白自己的任务。我交代他们要小心曼弗雷德·卡尔茨和霍斯特·赫鲁贝施的传中，海森自信地回答："没问题，放心吧，如果赫鲁贝施抢到一个头球，你今晚的饭我们包了。"

当然，说起来容易做起来难，至少在刚刚开球那会儿是这样的。踏入坐满 6.1 万名球迷的人民公园球场时，我们就像热锅上的蚂蚁一样无所适从。哨声一响，汉堡大举压上进攻，比赛进行到第十九分钟时，海森腹股沟拉伤，被迫换下，我只得把鲁本调到中卫的位置，然后让席勒去踢右边卫，但就在这个时候席勒不见了。我瞬间暴怒，大喝道："席勒滚去哪里了！"

话音刚落，席勒便从更衣室里跑了出来，他被锁在厕所里了。还是老样子，什么怪事都可能在他身上发生，但他从不会紧张，就算是在欧联杯决赛中没有热身就要踏入人山人海的人民公园球场亦是如此。

汉堡此后继续施压，在第二十五分钟时，托尔比约恩在我方半场得球，摆脱了对方一名防守队员，大脚开到汤米·霍姆格伦脚下，后者在左翼狂奔，突破之后横传至点球点附近，对方门将出击，但是判断失误了，丹·科内柳松等在远门柱的位置一脚把球射进球门，我们 1：0 在客场领先汉堡！这下他们必须要进 3 个球才能逆转夺冠了。

此后他们继续进攻，但我们成功坚守到了半场休息。下半场比赛被托尔比约恩·尼尔森接管了，他证明了我对他的评价，他就是当时欧洲最强的前锋。比赛到了第六十分钟，他在中场拿到球，狂奔 40 米，在摆脱对方所有防守队员后冷静施射，把球推入了球门远角。3 分钟后，他戏耍了对方左边卫，对方无计可施只有在禁区内把他放倒，毫无疑问那是个点球，裁判也如是判罚，这个点球一锤定音！在那之后汉堡队多多少少放弃了比赛，我隐约听到人群中那 5000 名哥德堡球迷高歌的声音。

● ● ●

我认为应该不会有我在赛后站在场中捧杯的照片，因为我不想和贡纳尔·拉尔森合影，他在赛前才走马上任，便立即成了俱乐部新主席。他在俱乐部政务方面倒是很厉害，但却从未和我打过招呼，据我所知他也没有和队员打过招呼，现在他却站在场上，在奖杯旁边搔首弄姿，而真正有功劳的却是贝蒂尔·维斯布拉德和其他董事会成员。他们中有些人为了给俱乐部买人甚至用自己的房子去抵押贷款，我为他们感到难过，他们才配享受这份荣誉。

4 天之后是瑞典对欧斯特的决赛，因为海森受伤的缘故，席勒获得了首发的机会，这次他倒是没在开赛时被锁进厕所。半场休息时我们 1：2 落后，但是下半场我们以 3：2 反败为胜，这也是我在哥德堡生涯的最后一座奖杯。在拿下欧联杯之后，本菲卡就向我发出了邀请，我立即答应了，随后 1982

年的瑞超赛季中哥德堡也成功夺冠。

　　我带哥德堡的最后一场球是在 1982 年 6 月 26 日的国际托托杯中对阵丹麦球队纳斯特维德的比赛，我们 5 ： 0 顺利拿下。那场比赛对我来讲是主场作战，但不是在乌利维，甚至没在哥德堡，而是在我的老家，图什比的波尔内维球场。

第 5 章　本菲卡岁月

在一个炎热的 6 月天，我们飞抵里斯本波尔特拉机场，飞机停在离航站楼很远的地方，窗外人头涌动，一片混乱，大约几百个人围住了飞机。我想这种阵势大概是来迎接首相或者其他政要首脑的，但他们却是为我而来的，都想看看国际大球会本菲卡走马上任的新主帅。

伯耶和本菲卡俱乐部主席费尔南多·马丁斯过来接上我便驱车前往本菲卡的主场光明球场，那可是当时欧洲最大的球场，能够同时容纳 10 万人有余。车还没停稳便有人急匆匆地带我去瞻仰球队荣誉室，本菲卡曾 24 次称霸葡超联赛，17 次赢得葡萄牙杯，并两度捧起欧冠奖杯。整个荣誉室堆满了奖杯，我从未见过如此壮观的景象，而当时我立即就明白了俱乐部对我的期望，不然他们也不会那么着急就带我去荣誉室。

马丁斯是冒着很大的风险签下我的，在前任主帅拉约什·鲍罗蒂决定退役并离开球队后，我便从这位匈牙利老帅手中接过帅印。在他掌舵的最后一个赛季，本菲卡仅拿到了联赛亚军，这样的成绩对于一家如此声名显赫的豪门来说是无法接受的，只有冠军才能配得上本菲卡的地位。同时，本菲卡也是一家保守谨慎的俱乐部，所以马丁斯选择年仅 34 岁的我作为主帅并没有让董事会很满意。在一次大会中（葡语称之为 assembléia），不少董事会成员对我的加盟颇有微词，最后马丁斯只得假装突发心脏病，被救护车拉走，才躲过了房间里沉重的甚至带有恶意的气氛。在那次会议之后，有 18 名俱乐部董事会成员用辞职来抗议签下我这一决议。

在初访本菲卡后，我便回到瑞典去接安琪和约翰，一大群观众和记者又一次在机场热情地"迎接"了我。那次安琪犯了个无心之过，穿了一件绿白相间的条纹衬衫，那可是本菲卡的死对头里斯本队的传统配色，马丁斯当时则表示下次埃里克森夫人出现在公众面前一定会穿别的衣服。

● ● ●

本菲卡和哥德堡完全不是一个水平的球队，有人说本菲卡的球迷是世界上最多的，紧随其后的是巴西国家队，但足球终究是足球，比赛还是一样的踢法。当年从代格福什跳槽到哥德堡的时候我以为我已经迈出了这辈子最大的一步，我也证明了我的足球哲学在两地都是适用的，也从没想过会有失败的可能，旁人总是杞人忧天。

本菲卡的训练场就建在球场旁边，然而当我第一次进去的时候却大吃一惊，如此浩大的阵容，都可以说人员有些冗余了。他们一线队就有45名球员，我必须得从中除去很大一部分人。球队的发展进入了一个瓶颈期，必须有新鲜的想法，甚至一场大变革才能突破，要实现这些我需要一些帮助。

球队给我配的助理教练是费尔南多·卡亚多，57岁的他曾是本菲卡的中场球员，也曾在葡萄牙国家队效力过。跟他一接触我就觉得我和他合不来，他有着老旧的想法。而我想要的人选则是托尼·奥利维拉，他和我一样大，以前也是本菲卡的中场球员，在踢了13年、总计约400场比赛之后，他于上个赛季宣布退役。他是一个聪明人，曾经在科英布拉的一所知名大学读书，他充满好奇，为足球而生，而且他还会说英语，综上所述，我便选了他做助理教练。

在赛季开始前本菲卡总会带球员们去山顶进行为期两周、强度极大的体能训练。这种方法不是很受球员欢迎，而那年当我告诉他们季前训练就在光明球场中进行时，全队上下欢欣鼓舞，这意味着他们可以多花些时间和家人待在一起。我把一天的训练分为两段，早上一段，下午一段，训练初始我们安排了很多11人对练的训练，以便我和托尼对球员进行评估，并决定炒谁的鱿鱼。每过一段时间我都会问托尼哪些球员表现得不尽如人意，是不是平时也和现在一样那么差劲。

这样的训练持续了一周，最后，我们解雇了一些边缘球员，留住了全部球星，像著名门将曼努埃尔·本托，后防中坚温贝托·科埃略，中场核心费尔南多·查拉纳，我们也顺其自然地留下了王牌射手内内，他在 14 年的本菲卡生涯中踢进了 200 多个球。

在把阵容减负之后，就该整顿球队了，就如我在哥德堡时一样，我必须白手起家。本菲卡的球员们不适应"4-4-2"的踢法，他们对区域防守、压迫防守、协防这些概念一无所知，我们便通过一对一、二对二、三对三的练习来教他们。训练的重中之重是防守，我安排两名球员相距两码而站，问他们如何利用区域防守来缩小两人之间的空当；如果左边卫拿到了球，在由守转攻的时候边锋查拉纳应该怎么接应。同样的跑动套路我们演练了一遍又一遍，如果球员们对这样的初期训练感到厌烦我也是能理解的。

但我很享受这个过程，唯一困扰我的问题就是语言不通，全队上下都讲葡语，而我的葡语水平连入门级都算不上。此前我上了四五节葡语课，请了一个瑞典的口译，他父亲以前在葡萄牙从事行政行业。他精通葡语，但却不懂球，所以有时候翻译会有偏差。我更喜欢和托尼讲英语，他总能领悟我的意思，知道我想表达什么，因为我们的共同语言就是足球。

● ● ●

当时在葡超，人们称本菲卡、里斯本竞技、波尔图为"三巨头"，近年来没有哪支球队从"三巨头"手中夺走过葡超桂冠，除了 36 年前的贝莱嫩斯俱乐部。

我们在光明球场训练时，我总是被光明球场所吸引，尤其是当全场空无一人时。然而，当我第一次坐镇主场迎战博阿维斯塔时，感觉完全不一样了，球场被围得水泄不通，球迷的呼声震耳欲聋，我从没见过这样的阵势，感觉就像被夹在一堵墙里面。在球迷的欢呼鼓舞之下，我们踢了一场好球，3 ∶ 0 拿下了对手，内内进了 2 个球。此后的 11 场比赛以我们的全胜告终，这个开局完美得令人难以置信。

我的家人也喜欢在葡萄牙的生活，当我们刚刚抵达葡萄牙时，便在海滨城市卡斯查什外面租了一栋别墅，但不久之后我们就搬到了伯耶和他老婆柏迪尔家附近，离卡斯查什更近了。对安琪来讲，搬来葡萄牙可谓是一次很大的冒险，在语言上她比我要灵光一点儿，而约翰则去安琪此前助教过的一家瑞典的学前教育学校读书了。

在家庭财政方面，我们现在的状况好多了，我也不太记得当时能挣多少钱了，但大概是以前在瑞典的四五倍，而且俱乐部还包了我们的住宿，我儿时的好友萨尔斯特罗在沃尔沃公司上班，他给我搞了一辆车。在葡萄牙开销也不是很大，当时葡萄牙还没有现在这么发达，有一种荒凉大西部的感觉。

最享受这种感觉的人就是伯耶了，大清早我就听见隔壁水花四溅，那是伯耶跳进游泳池里的声音，游完泳之后他就会去打网球。下午 6 点左右，当我工作完回家以后，他会过来叫我去他家坐会儿，来点儿威士忌。柏迪尔是瑞典北方来的，此前的职业是一名空姐，伯耶说他们认识的时候，她在一次颠簸的航班中没站稳，直接坐他腿上了。每天安琪和我与他们两口子会在一起很长时间，他们有两个孩子，分别叫乌尔丽卡和古斯塔夫。柏迪尔长得很高，一头金发，是一个很有教养的女子，会讲多门语言，而伯耶正好是一个话匣子，有讲不完的故事，他深爱着柏迪尔，原因也是显而易见的，因为她包容了伯耶所有的怪毛病。有时候我们会在我家喝一点儿威士忌，时至午夜，他就起身准备离开，还跟我开玩笑说："愿上帝与你同在，我可没时间'与你同在'了。"

我和马丁斯的关系也很不错，在他和俱乐部名下还有几家酒店。他很受球迷和球员们爱戴，每场球都会去现场，无论是坐镇主场还是远征客场。在面对波尔图和里斯本竞技这样的重要比赛前，他会到更衣室里训话："拿下比赛全队拿 3 倍奖金！"

在本菲卡有一位无人能比的传奇人物，那就是尤西比奥。他 18 岁的时

候从莫桑比克来到了本菲卡，在他 15 年的本菲卡生涯中，一共斩获了 473
粒进球，比他参加过的比赛场次都要多。他曾 11 度帮助球队夺得联赛冠军，
也是球队 20 世纪 60 年代拿下背靠背欧冠冠军的功勋老臣。我少年时期在图
什比和父亲在家看过他的这些比赛，然而关于他和贝利谁是那个年代最伟大
的球员这个问题，在我心中悬而未决，他们俩就像现在的梅西和 C 罗一样。

托尼曾和尤西比奥踢过 7 个赛季，他说尤西比奥是他见过脚指头最硬的
球员，踢球特别用劲儿。无论是点球还是位置不错的任意球，尤西比奥都亲
自操刀主罚，一罚一个准儿。

在退役之后，尤西比奥出任俱乐部大使，但马丁斯却想赶走他，我震惊
了，真要赶走尤西比奥？这怎么行！我提议把他招进教练组来，当门将教
练。最后事情按照我预想的方向发展了，尤西比奥和我们的门将本托合作无
间，在正常训练完之后，尤西比奥会和本托打赌，他射 10 个球看能进几个。
我不太记得他们俩谁赢得比较多，但就算是尤西比奥常常胜出也不足为奇，
尽管他膝盖有旧伤，但是他射出的球还是像炮弹一样。

● ● ●

此后，我在本菲卡过得顺风顺水，尤其是在 1983 年春天的时候，我要
是告诉球员们太阳是绿色的，他们也会毫不犹豫地相信我，我们步入了正
轨，向着联赛冠军冲刺，同时我们也觊觎着欧联杯，当时已经晋级到 1/4 决
赛了。我们的欧联杯 1/4 决赛对手是罗马队，在远征罗马的 6 周前，我亲自
前去考察了一番。当时罗马在意甲也是呼风唤雨，仅输了两场球，我要去考
察他们对阵卡利亚里的比赛，因为当时在葡萄牙还没有电视台转播意大利的
比赛。

我此前从未去过罗马，我在这趟罗马之旅中还偶遇了尼尔斯·利德霍尔
姆。他曾在意大利度过了完美的球员生涯，退役后做了教练，能与他共进晚
餐，畅谈足球，我倍感荣幸。我不知是不是因为与他的偶遇，这趟意大利之

旅让我印象深刻，当我回到家对安琪说的第一句话就是"我们以后一定要去罗马住！"

在两回合的较量中，我们以 3：2 击败了罗马，又在半决赛中凭借客场进球的优势 1：1 力克罗马尼亚球队克拉约瓦，我连续两年带队跻身欧联杯决赛。带哥德堡时我们"屠杀"了巨人一般的对手，但在本菲卡，我们自己就是巨人，对手是另一支巨人般的球队——比利时劲旅安德莱赫特。

在远征布鲁塞尔的海瑟尔体育场的客场比赛中，我们踢得不尽如人意。安德莱赫特在上半场就取得领先，我们在下半场还被罚下一人，所以当时的任务就是防止失球，还好我们做到了，最终在客场铩羽而归。即使没有取得客场进球，我们也有预感，会在主场逆转取胜。

大家对我们两周之后在光明球场的比赛寄予了极高的期望，自 21 年前尤西比奥带队拿下欧冠冠军之后，本菲卡还未曾再度染指欧洲洲际奖杯。比赛一开始我们就强势出击，顺利取得了领先优势，但在西班牙球员洛扎诺的一次反击为安德莱赫特扳平比分后，形势就急转直下，我们必须再进两球才能赢得比赛，也就意味着在全力进攻的同时也要保证不再丢球，要与时间赛跑。下半场开始之际我就做了两个人员调整，派上更多前锋，但颗粒未收，想要再做调整为时已晚。比赛以 1：1 告终，安德莱赫特笑到了最后。

这是我在本菲卡遭遇的第一次大败，但我也没有太过沮丧，因为这个赛季我们踢得不错，轻而易举就拿下了冠军，只输了一场球，也杀到了将在 8 月进行的葡萄牙杯决赛，在欧联杯中也只是倒在了决赛中。我没怎么看报纸的报道，但伯耶告诉我葡萄牙的媒体都把我神化了。

随后我便携全家人回到了瑞典，在安琪从小居住的欧尔城外买了一栋避暑房，在那里度过了那个夏天大部分的时间。我们也抽了些时间去图什比，以前我总会去斯托帕夫斯看看爷爷奶奶，奶奶会给我些零用钱，大概 20 英镑，奶奶说我没工作，用得着钱。而当我们那年去拜访的时候，只见到了奶奶，才得知爷爷几年前就去世了。那年在我们离开之后，奶奶也随爷爷去了。

所有瑞典人都很享受瑞典的假期，我当然也如此，只是我都不能完整地在家度个暑假，因为就算在假期里，一个职业足球教练也要不停地工作，因为假期正是买卖球员的时期，我的电话总是响个不停。

● ● ●

第二个赛季也如第一个赛季一样顺利，我们在葡萄牙杯决赛中做客波尔图 1：0 战胜了他们，在联赛中一直保持不败，直到春天才被打破不败金身。在基本确保了联赛冠军之后，在 1984 年春天，我们的工作重心都放在了欧冠上。在战胜爱尔兰鱼腩球队林菲尔德和希腊的奥林匹亚科斯之后，我们成功跻身 1/4 决赛，将要迎战英超冠军、过去 7 年之间三夺欧冠冠军的红军利物浦，他们和前几个对手完全不是一个水平。年轻时我曾和众多瑞典球迷一样支持过利物浦，而如今，我将要带队前往传说中的安菲尔德球场。

我觉得面对利物浦我们足够强大，有机会取胜，最关键的一点就是要保证第一场客场作战不要丢太多球。排兵布阵时我派出了一套防守型阵容，收效不错，但在下半场我们实在顶不住利物浦狂风暴雨般的进攻，被伊恩·拉什进了一球，但我对 0：1 的结果感到满意，只要回到里斯本，我们还是有很大的机会晋级下一轮。

到主场作战时，我则派出了以进攻为主的阵容，让内内和马尼切搭档双前锋。我们开场踢得很积极，但在 10 分钟后局势就一边倒了，利物浦边路传中，找到了点球点附近的罗尼·惠兰，虽然他的头球顶得绵软无力而且球飞向了门将的方向，但那球却鬼使神差般地从本托两腿之间钻进了球门。所谓兵败如山倒，此后局势更加不利了，在肯尼·达格利什和伊恩·拉什的逼抢下，我们在乙方半场丢了球权，他们找到了无人盯防的克雷格·约翰逊，他们一举中的，比分变为 2：0。那个进球宣判了比赛提前结束，虽然在下半场我们踢进了一球，但利物浦随后又进了两球，并以 4：1 取胜，我们倒在了欧冠赛场。

这场失利让球迷们备受打击，所有人都期望着我们能够踢进决赛。在那之后，似乎整个球队的士气都下降了，我也是如此，甚至开始觉得在本菲卡也只能走那么远了。

● ● ●

有一天训练结束之后我驱车回家时，一辆出租车停在我旁边，对我又鸣笛又闪灯，后座有个男人向我挥手，叫我靠边停车。后来才知道他是意大利大使馆的人，他帮迪诺·维奥拉捎了个口信给我，说迪诺·维奥拉想和我聊聊。

迪诺·维奥拉是罗马俱乐部的主席，大使馆那个人说这次对话是绝对保密不能外传的。他把迪诺·维奥拉的电话号码给了我，叫我尽快给他打电话，我一回到家便联系了他，接电话的是里卡多·维奥拉，他是迪诺·维奥拉的两个儿子之一。他告诉我他父亲在看了上赛季欧联杯我带本菲卡与罗马的比赛后对我很是欣赏，他们也在找一个新的教练，便想问问此时在本菲卡风生水起的我意下如何。

虽然我本可以在那次通话中立刻答应下来，但是我并没有，我也知道这次机会我不能错过。我此前也跟安琪透露过我想住在意大利的想法，那里有着全世界最好的联赛，而如今我也收到了来自意甲冠军的邀请。

虽然没有签下任何纸面合约，但伯耶也算是我的经纪人，我就把他派去罗马与俱乐部谈判，随后他就给我带回了一份来自罗马的合约。一切看来都是如此顺理成章，但还有一个问题，在意大利有一套对外籍教练的特殊规则，在比赛中外籍教练不得与球队有任何联系，甚至连坐在教练席上都不行，尼尔斯·利德霍尔姆为了躲过这一套，便把国籍转到了意大利。然而有人跟我说下赛季这个规则将会有所改变，只是现在还没有动静。

与此同时，热刺方面也与我取得了联系，热刺的主席欧文·史高拿对我很感兴趣，但也没有给我个准信，反正我也没打算接受他们的邀请，在那时我没有考虑过去热刺或者说去英格兰。然而当时令我更感兴趣的是来自著名阿根廷教练埃莱尼奥·埃雷拉的一通电话，当时他在巴塞罗那，警告我说最好不要与罗马签约，不然连坐在教练席上都不行了。

他对我说："干脆来巴萨吧！"

那时的巴塞罗那已经有 10 年没有拿过西甲冠军了，而且有一套令人惊艳的阵容，阵容中还有阿根廷天才迭戈·马拉多纳。我当然是不愿意去掺和意大利的官僚主义的，但同时又有人告诉我下赛季这种针对外籍教练的规则会有所改变，而意大利又是我向往之地。我下定决心了，我要去罗马！

但是我却很怕让费尔南多·马丁斯失望，在执教本菲卡一年后我和俱乐部续了约，而且当时跳槽到本菲卡主要是因为我和哥德堡的合同里有条款表明我可以跳槽到任何一家欧洲的大球会，但在这边却不是这样了，我很怕马丁斯不放我走，他想要我留下。伯耶和我约他在阿尔迪斯酒店吃午饭，并对此进行协商，当我告诉他罗马邀请我过去而且我也同意了的时候，他马上就变脸了，说："这可不行！"

他竭尽全力劝我留队，向我保证一定会引援，会把本菲卡建成更加强大的球队。我对此感到汗颜，感觉就像我背叛了他，背叛了球员，背叛了球迷一样。但还好伯耶和我站在一边，他就是很热衷于协商与谈判。他向马丁斯重申着我曾经为球队所做的贡献，即使我深爱这支球队，但也到了下一任教练来接过我手中的教鞭的时候了。

在我们拿下葡超冠军之后，我便去了罗马，看罗马和利物浦的欧冠决赛。我低调地坐在众多球迷中，看着我即将执教的球队戏剧性地倒在了点球点上。

第 6 章　在罗马帝国生存

迪诺·维奥拉一开始是个工程师，在"二战"后开了自己的机器零件厂，给部队输送装备，可想而知就算是在战后纷乱的时期他也一定从中获利不少，跻身意大利大亨之列。他在 1979 年盘下了罗马俱乐部，当时罗马仅在联赛中排名第十二，而且财政方面遭遇了极大的困难，凭借着维奥拉巨大的财力一切才有了好转。1983 年，球队拿下了意甲冠军，维奥拉也被选为意大利议会议员。

在那之后的一年我便从尼尔斯·利德霍尔姆手中接过了罗马队的教鞭，当我来到罗马的时候，感觉风景比我记忆中还要迷人。搬去意大利也让安琪极为开心，我们住在维亚埃雷里奥路上的一个住宅区，据说当年恺撒大帝就是从这里上前线的。

里卡多·维奥拉的老婆安娜也住在这个住宅区的一所大公寓里，我们和他们马上熟络了起来，我们常用木质烤箱做比萨，在棕榈树下共进晚餐。里卡多和安娜有 3 个孩子，最小的贾科莫和约翰一样只有 5 岁，他们俩很快就成了好友，住宅区被围墙包围着，他们可以在里面肆意玩耍。住宅区里还有一个网球场，后来还建了泳池，我们对其很是喜爱，唯一让我烦恼的就是球队的事。

● ● ●

单论阵容强度，罗马绝对可以说是当时世界上较强的球队之一，阵容中群星璀璨，有法尔考、塞雷佐、普鲁佐、孔蒂、格拉齐亚尼。他们在我上任的前一周刚结束了欧冠决赛，意甲方面，他们在前一个赛季夺冠之后在这个赛季又拿到了亚军，可谓成绩斐然。但实际上他们却对成绩感到疲乏，毫无动力，我来了之后才发现这个问题有多严重。

我带他们前往阿尔卑斯山进行季前集训，一切都安排就绪，但我却无法调动他们的积极性，例如 1981 和 1982 赛季射手王罗伯托·普鲁佐变得性情乖戾，中场大师孔蒂也失去了他的灵性，昔日巨星格拉齐亚尼也不复往年的速度。然而当我们回到罗马以后情况变得更糟了，球员们训练迟到半个小时，他们把责任归咎于交通拥堵，显然他们是在利德霍尔姆的手下松懈惯了。我们一直等到他们到齐了才开始训练，但这不是我办事的风格，我一向要求训练要高度集中、井然有序，而利德霍尔姆一度放任球员们自主训练。时间一长我才慢慢发现以前利德霍尔姆是多么迷信，他在队里雇了一个预言家，还会在大衣口袋里装一些小的动物角，因为这样可以招来神力；在赛前他会在球员们的衣服上洒从弗雷杰内带来的"圣水"，还会赶走他认为会为球队招来厄运的球员。有人告诉我在一次训练中，赫伯特·普罗哈斯卡一球踢在了利德霍尔姆头上，为此他向维奥拉要求，要把普罗哈斯卡卖掉。

当时队中还有被称为"罗马皇帝八世"的法尔考，他是那个时期世界上工资较高的球员之一。他性情沉稳，容易相处，队员们都唯他马首是瞻，可以确定地说法尔考对足球有着深刻的了解。但是他却遭遇了病魔的侵袭，在对阵利物浦的欧冠决赛中，他拒绝主罚点球，此后他在队中的地位也一蹶不振，他给出的解释是那时腿抽筋了，但人们对此并不信服。

然而对我而言最大的问题就是意甲针对外籍教练的规则并没有被改变，甚至在第一周的训练中，我被禁止临场指挥球队，连站在场边看都不行。赛季开始之后，我迫于无奈只得接下技术指导的工作，而罗伯托·克拉格卢纳成了正牌教练，我和他完全合不来，在队中他想要和我相同的地位。球队上下由我一手操持而他却是那个坐在场边指挥的人，我却只能在看台上和迪诺·维奥拉坐在一起。

球队上下斗志低落，战术也落实不好，在赛季伊始自然要吃大亏。利德霍尔姆以前也用区域盯防的战术，但在排兵布阵上没有组织好，法尔考受伤也对球队打击不小。我们赛季初的 8 场比赛未尝胜果，我开始从自己身上找原因，是不是我哪里没做好？为什么没能点燃球员的斗志？这些问题让我开始质疑自己来罗马是不是一个错误的选择，甚至开始后悔为什么拒绝巴塞罗那的邀请，来自加泰罗尼亚的他们赛季初 15 场保持不败，之后拿下了那个赛季的冠军。

● ● ●

约翰上学的第一天是我送他去的，当初我们就决定要让他去读英语学校，便选择了罗马的圣乔治不列颠国际学校。约翰在上学之前从不说英语，开学之际他对要学习一门自己不会的语言感到很紧张，甚至开始担心万一要上厕所该怎么跟老师说这种问题。我牵着他的手来到了学校，老师上前迎接我们，她一眼就认出了我就是报纸上那个罗马的新任主帅埃里克森，她跟我们解释说学校不允许家长随孩子一同进学校，最多就送到门外。随后她便牵着约翰带他进去了，之后约翰在学校里就过得很顺利，没有什么问题了。

在贾科莫的帮助下约翰很快就学会了意大利语，但对于我和安琪来讲，要学会意大利语还是很难。在葡萄牙住了两年后我的葡语水平还算不错，而现在我又必须从零开始，学一门新的语言。在家时我请人来给我上课，但在队里工作时，我需要文森佐·莫拉比托帮我做口译。他曾在瑞典的沃尔沃公司上班，精通瑞典语，但他与我在本菲卡时的口译员一样，都不懂足球，对足球的了解也仅限于书上学到的东西。但他是罗马的死敌拉齐奥的球迷，当维奥拉知道这件事之后，他马上告诉我不能留他太久，他可能会向拉齐奥泄露我们的战术机密。我为莫拉比托辩解，说他反正也不懂球，但维奥拉已经做了决定，留他不得，他让我加快学意大利语的进度。

迪诺·维奥拉眼中总有一丝孩子气，但却是一个有城府的人，他常常说些令人费解的话，仿佛一门自创的语言，人们都说他生性狡黠，对意大利人来讲，这是一种恭维的话。但一涉及足球，所有阴谋诡计在他眼里都无处可藏，他对谁都不信任。他常会去罗马的训练场戈利亚基地考察，通常都是正装出席，但从来都是披着外套。球员们一边热身，我和他一边绕着场地散步，谈谈球队相关事宜，他从不让其他人参与我们的对话，除了有一次他请了朱利奥·安德烈奥蒂同行外，这个弓腰驼背的男人以前是意大利首相，在"二战"后据说是持有一堆墨索里尼时期的机密文件。维奥拉说要把安德烈奥蒂拉拢过来，他是个有权有势的人。

6个月后，我的意大利语水平已经达到可以与球队自由交流的程度了，莫拉比托也被立即炒了鱿鱼，但在为我工作的过程中他也爱上了足球，15年后他成为世界上首屈一指的足球经理人。

· · ·

我耗时6个月才把球队带上正轨，在战术方面下了很大的功夫，如我在哥德堡和本菲卡时期一样，我们一遍又一遍地演练着防守战术。这些苦功终于在关键时候发挥了作用，在圣诞前夕我们迎来了一波连胜，但对我来说仍然是逆水行舟，球员们不喜欢我的训练方式，说我太过于重视战术。

如果法尔考没有受伤，也许一切都会不一样，此前一个赛季他与球队成功续约，成了整个意甲收入最高的球员，但他严重的膝盖伤使他错过了大多比赛，最终他只得去纽约接受手术治疗。维奥拉想提前终止他的合同，至少也要就合同事宜重新商量一下，但法尔考拒绝了他的要求，此后事态急剧恶化，最终维奥拉与法尔考撕破了脸，直到闹上了法庭才告一段落。有一次维奥拉给我看他的律师为这桩官司准备的一堆文件，堆起来足有1米高。

由于法尔考伤势严重，我任命球队中25岁的中场球员卡尔洛·安切洛蒂为队长。他为人缄默，但确实是个好人，是球队里团队合作意识最好的球员，而且他对我新奇的想法和训练方式大为赞赏，他就是那种训练完回家会反复回想今天训练内容的球员。

好景不长，我们在圣诞前夕取得的连胜很快被终结，并跌入低谷，我也仍然只能作壁上观，不能现场给出战术指示。我通常都可以在半场休息时给他们训话，但除了有一次客场比赛外，球员们表现不尽如人意，我有太多话要交代他们，我走下楼梯，直奔更衣室，突然一个男子拦住了我，他拉开了外套，我看见他带着一支手枪，包在皮套里面，我无可奈何，只能悻悻而去，回到看台上。

在优胜者杯的比赛中我们晋级到了 1/4 决赛，却被拜仁轻松淘汰了。在1985 年春天，我们又一次遭遇 8 场比赛未能取胜的窘境，赛季结束时我们仅仅排在联赛第七的位置。而维罗纳在那年夺得意甲冠军也让我们的球迷大为崩溃，那个赛季是我做教练后最灰暗的时期，但我告诉自己下个赛季一定会好起来。

● ● ●

在盼了很久之后，针对外籍教练的规则被修改了，自那之后我也能坐到教练席上指挥比赛了。尽管上个赛季成绩惨淡，但维奥拉还是对我很有信心，因为他意识到球队急需改革重建。法尔考也离开了球队，回到了巴西，维奥拉也要找人接替他的位置。

意大利各大球会的老板都是有权有势的人，对顶尖球员的争夺可谓是腥风血雨。当时意甲最大的俱乐部是都灵的尤文图斯，他们当时是欧冠霸主，他们的老板是手下持有菲亚特公司的阿涅利家族。在那时，尤文图斯的巨星之一是波兰球星兹比格涅夫·博涅克，他深受尤文图斯主席吉亚尼·阿涅利的喜爱，因为他在晚场比赛中出色的表现，阿涅利用"夜空中最亮的星"来称赞他。

维奥拉想要从阿涅利手中抢过博涅克，也想方设法与博涅克取得了联系，博涅克对转会事宜持开放态度，得知这个好消息后维奥拉、里卡多和我一行人前往意大利北部与他和他的经理人会谈。博涅克开着向队友米歇尔·普拉蒂尼借来的法拉利出席会议，当时维奥拉指着那辆车对我说："如果我们拿下联赛冠军，我也给你搞一辆这样的。"

如果能把博涅克招致麾下，我相信夺冠不是问题，他就是我们苦苦寻找的那种攻击型中场，集速度和技术于一身，一心一意踢球的好球员，然而他是极度自负的，自负到我从未见过这样的人。

在关于外籍教练的规则更改之后，我便炒了克拉格卢纳的鱿鱼，这样球队就完全由我掌控了，我要清楚地把任务安排到每个球员头上。我引入了安热洛·索尔马尼做我的助理教练，他是个意大利和巴西混血儿，曾经在巴西的桑托斯俱乐部和贝利搭档前锋，后来我也发现他是一个既忠诚又有实力的教练，与我相交甚好。

在1985—1986赛季的糟糕开局之后，一切都好转了，报纸上对我们不吝溢美之词，说我们踢出了意大利最华丽的足球，所有人都关注着不可战胜的罗马，任何球队、任何人都无法阻止我们前进的脚步。那个时候伯耶来拜访了我，随后消失了几天，回来的时候给我带了一份新合约，我以为他想要让我与罗马续约，但却是一份来自尤文图斯的邀请。这让我一时难以相信，一年间，我跌入过险些被罗马解雇的低谷，而现在却站在了被意大利最大的俱乐部邀请的巅峰，我感到荣幸之至，但我也清楚地知道我不能离开罗马，因为我带的罗马是意大利最强的球队。我向他们表达了谢意，婉拒了他们，在此后主场迎战尤文图斯的比赛中，我们3：0取胜，那是我第二次与吉亚尼·阿涅利碰面。

他用一口听来令人烦躁的都灵口音跟我说："埃里克森先生，我认为你是一个顶级的足球教练，但不是一个明智的人。"在拒绝了尤文图斯的工作邀请后，我想我可能成了世界上第一个对阿涅利说"不"的人。

在联赛仅剩两轮时，我们4：2拿下了比萨队，而尤文图斯与桑普多利亚战平，我们排到了积分榜首位，我离世界第一联赛冠军仅有一步之遥。

· · ·

我和里卡多·维奥拉成了密友，他既聪明又风趣，要做一个名副其实的维奥拉家的儿子绝非易事，但他还是很成功，像他的父亲一样。我和他常常在家里的红土网球场打网球，场场都是史诗级对决，他认为他网球打得比我好很多，但我常能打败他，我总是能大量跑动，总能打出擦网球，虽然不算光彩，但是效果斐然，而里卡多对我这种打法很是不满。他叫园丁去网球场浇水，他觉得这样他会占些便宜，搞得我们在全意大利最湿滑的球场打球，但无论如何，我总能打败他。

有时我和安琪会和里卡多夫妇出去吃晚饭，路人都会认出我来，常常有人向我要签名要合影，我倒是不厌烦，但安琪很介意，人们都叫她埃里克森夫人，她不喜欢这个叫法，但她还是喜欢晚上和我一起外出去找朋友。我们偶尔会和里卡多与安娜去家旁边的饭店吃饭，有时我们也会独处。

● ● ●

贪污腐败、操控比赛这些现象已经在意甲泛滥多年，其中最臭名昭著的一次当数 1980 年的"托托内罗"丑闻，至少有 20 名球员、多支意甲和意乙的球队参与到该丑闻中。该丑闻最终导致 AC 米兰和拉齐奥降级到意乙，其他涉案球队也接受了在下赛季被减分的惩罚，相关球员也被禁赛至少 3 个月，多则 6 年，其中保罗·罗西就被禁赛了 2 年，复出之后在 1982 年的世界杯荣膺最佳射手，帮助意大利成功登顶。

罗马当时没有被卷进"托托内罗"丑闻，但球队却遭到了起诉，称他们在 1984 年欧冠半决赛第二回合中收买裁判。当时罗马的对手是来自苏格兰的球队邓迪联，第一回合他们主场 2：0 击败了罗马，随后就有人起诉，称罗马用 1 亿里拉（意大利货币）收买法国裁判米歇尔·沃特罗德，以确保在第二回合比赛中能反败为胜，果不其然，罗马 3：0 拿下了比赛，最后的关键进球是通过裁判判罚的一个颇有争议的点球踢进的。

我来到罗马以后对当年的起诉有所耳闻，但不知真假，因为和我没什么关系。但这件事的影响却久久没能消失，我不大记得是什么时候，我问了里卡多关于球队当年是否收买了裁判，他沉默地点了点头，无奈地告诉我说此事属实，他也在多年以后向公众澄清了事实。

在赛季只剩最后两轮时，我们与尤文图斯积分相同，以净胜球的优势占据榜首。单看赛程表的话，剩下两场对我们来说难度都不大，拿下就能确保冠军，第一场是主场对阵鱼腩球队莱切，他们已经确定在本赛季会被降级，所以从理论上来说他们应该毫无斗志，而尤文图斯却要迎接与 AC 米兰的一场恶战。1986 年 4 月 20 日，当我们踏入人山人海的奥林匹克球场时，全场球迷的呐喊声震耳欲聋，红黄相间的罗马队旗四下飘扬。在赛前，迪诺·维奥拉和罗马市市长巡场一圈并向观众挥手示意，我对他们这种似乎已经锁定冠军的态度不甚满意。

开场我们踢得不错，第七分钟，格拉齐亚尼头球建功，看台沸腾了，我们牢牢控制着比赛，创造了不少破门良机。但形势急转直下，对方下底传中，在点球点附近，我方的两名防守球员像失了魂一样不知所措，莱切队一名队员见机插上，在门前数米的地方把球顶进我方大门。10 分钟后，莱切队获得点球，轻松将点球罚进，半场结束时，我们 1 ：2 落后。在都灵方面，尤文图斯和 AC 米兰都未能打破僵局。

回到更衣室后我怒不可遏，我们离冠军奖杯仅几步之遥，取得梦幻般的开局，并控制了场上的局面，竟然会没来由地落后于人。"这是怎么回事！"我不禁质问他们，但博涅克却若无其事地看着我说："别担心啦老大，下半场就干掉他们。"

我搞不懂他什么意思，竟然叫我别担心？我们将与冠军失之交臂啊！但可能因为博涅克本来就是一个自信，甚至有些傲慢的人，所以才会这么说。

哨声一响，下半场开始了，我们开局踢得不错，但 10 分钟后我们便遭受了重挫，莱切再下一城，我们两球落后。在那之后，我们对他们的球门形成了围攻之势，但他们的门将有如神助，高接低挡，力保球门不失，然而留给我们的时间已经不多了。终于随着普鲁佐的一记近距离头球，我们扳回一城，比分变为 2 ：3，但却保持到了终场哨响起。然而尤文图斯在都灵 1 ：0

轻取 AC 米兰，米歇尔·劳德鲁普为球队建功。更衣室一片死寂，球员们似乎都没缓过神来，在接受电视采访时我对莱切能够带走 3 分表示祝贺，但心里怎么都想不通我们是怎么输的。

当晚里卡多·维奥拉来我家找我，说有要事商谈，他告诉我有人怀疑我们的 5 名球员可能参与了这场比赛的半场比分博彩。难道他的意思是说球员们故意放水了？我告诉他这不可能，也许是因为我在图什比这样爱足球的地方长大，球员放水故意输球这种事对我来说是闻所未闻的，这些可是我的球员啊！但我渐渐回想起博涅克半场时对我说的话："别担心啦老大，下半场就干掉他们。"我不禁开始琢磨他话里的深意，半场开局踢得不错，早早取得领先，但他们故意放水让对手轻而易举踢进 2 球。莱切可是一支注定要降级的球队，博彩公司对他们在半场领先开出的赔率肯定不小，这也就意味着如果有人下注买他们半场领先，肯定能捞到不少油水。难道他们就是这么打算的，先放半场水，下半场再拿下比赛，但事出突然他们失手了？下半场开局再丢一球之后他们就无力回天了。我受到了巨大的打击，眼前一晕，在瑞典这种事绝不可能发生，可这里是意大利，比赛涉及太多金钱交易，难道这就是这边的规矩？

第二天迪诺·维奥拉来找我谈话了，他确信有球员参与了非法赌球，经查实，果然有人对这样的半场结果下了血本。比赛一开球之后，博彩公司对莱切上半场领先的赔率急剧下跌，维奥拉决心找出证据，证明这 5 名赌球球员的违法行为。在之后的几天我忙得晕头转向，与俱乐部的律师们开大大小小的各种会议，他们想从我这里了解内情，但我却对此一无所知，只是感觉其中必有蹊跷。

最终，我们也没能找到证据，对他们也无法罚款。在接下来的周末我们远赴科莫，准备踢本赛季的最后一场，但最终我们败下阵来，丹·科内柳松踢进了比赛的唯一入球，他是以前我在哥德堡执教时期的前锋，之后转会到了科莫队。尤文图斯则在客场击败了莱切，以 4 分的优势排在榜首，拿下意甲冠军。

　　这次事件的阴影在我心中久久未能散去，我曾想过要离开罗马。虽然联赛失利，但那时我们踢进了意大利杯的决赛，在联赛结束一个月后对阵桑普多利亚。因为墨西哥世界杯在即，那年的意甲早早收官，队中很多队员被国家队征召，像博涅克和孔蒂都不能出战杯赛决赛，我只得派出一个以队中极具潜力的小将为主的阵容。在首回合我们作客桑普多利亚主场１∶２告负，但在一周后的次回合我们２∶０取胜，夺得奖杯。

　　这次夺冠让我回心转意，感觉球队的前景很光明，有着一群天赋异禀的小将。在那之后我就再也没有回想过对阵莱切的失利，虽然我对意大利足坛浪漫的幻想已经破灭，但我总得做出选择，要么退出意大利足坛，要么就学着接受，包容这里的好与不好。如果要留下，我就不能再对球员怀有疑心，不能再四处调查他们有无操控比赛的行径，这件事也该翻篇了。

● ● ●

　　用灾难来形容我在罗马的第三个赛季并不为过，那些年轻球员的发展偏离了我的预想，而且塞雷佐也离队而去，上个赛季在他身上发生了与当年法尔考一样的事，他与迪诺·维奥拉决裂了。

　　有一天我抱恙在家，躺在床上，这时助手索尔马尼给我来电话，说出大事了。迪诺·维奥拉如往常一样训练后去更衣室巡视，他总想对球队了如指掌。这时塞雷佐与他当面对质，说维奥拉欠了他钱，维奥拉的回答显然让他不满，最终言语冲突上升到了肢体接触，他当着一群不知所措的队员的面揪住维奥拉的衣服，一把把他提了起来。

　　到了这一步只可能有一个结果了，第二天维奥拉对我说这个赛季适当的时候可以起用塞雷佐，但是在下个赛季前必须赶走他，他眼里完全容不下塞雷佐了，我也明白说什么都没用。我事后问了塞雷佐当时的情况，他说他当时失去理智了，当他抓住维奥拉那一刻他就知道自己在罗马混不下去了。之后我们把塞雷佐交易到了桑普多利亚，他在那边效力了５年之久，最终在帮助球队击败巴塞罗那夺得欧冠冠军后他选择了退役。

为了顶替塞雷佐，我们从比萨队引入了丹麦中场克劳斯·博格伦，他勤勤恳恳，却无法与塞雷佐相比。那时我比较中意英格兰球员，有人向我推荐了利物浦的约翰·巴恩斯，但每个球队只允许使用 2 名外籍球员，而我们已经有了博涅克。

然而那时的博涅克已经丧失了士气，变得不思进取，死气沉沉。之后他向我提议说他想踢自由人的位置。自从在本菲卡时我就只对"4-4-2"阵型进行了研究，但我现在的理念比当年灵活多了，认识到需要根据手上可用的球员来安排战术体系，所以我也同意让他尝试踢自由人的位置。但这样的调整效果并不理想，在一场对阵 AC 米兰的比赛中，两队战至 1：1 平，球传向了本方禁区里的博涅克，不知为何他漏球了，一名 AC 米兰的球员赶上前去笑纳了这份大礼，最终 AC 米兰拿下了比赛，赛后博涅克向我解释说他以为裁判之前响哨了。

屋漏偏逢连夜雨，普鲁佐也显露出了不思进取的一面，孔蒂又受制于自己的薄弱环节，我把他交给了一个叫理查德·史密斯的荷兰理疗师，这个人以手段强硬著称，但对于孔蒂他似乎也束手无策，因为每天 7 点被叫起来开始训练，每天训练 3 次的方法孔蒂不是很受用。

● ● ●

当球队挣扎于积分榜中游时，我和安琪回瑞典去过圣诞节了，当时怀胎 8 月的她和约翰先回到了那边。我们在图什比与我父母一同欢度圣诞，之后又去了欧尔。安琪突发疾病，医生查出她血压太高，必须在卡尔斯塔德的医院住院观察，医生认为早产对安琪不好，于是就用药降低她的血压。那时冬歇期结束我必须回意大利，准备客场对桑普多利亚的比赛。

1987 年 1 月 2 日，早晨只有零下 27 摄氏度，安琪在医院准备迎接我们的第二个孩子丽娜的降生。3 天后，我们与桑普多利亚的比赛以 0：0 的闷平告终，我立即赶回瑞典，当飞机抵达时突然下起大雪，我们只得降落在若肯因。若肯因距卡尔斯塔德有 155 里，当我驱车抵达时，丽娜已经安睡在保温箱中，她足有 2.2 千克，差一点点就有 51 磅。

回罗马后，尽管球队在连续 10 轮比赛中面对的都是中下游球队并且未尝败绩，但我很清楚，必须使用特殊手段才能扭转赛季的颓势。我给迪诺·维奥拉下了最后通牒，如果要我继续执教的话，必须把普鲁佐、孔蒂和博涅克卖掉。他的反应可想而知，这可是队中的三个明星球员，尤其是如果卖掉他从阿涅利手中抢下的博涅克，就相当于承认自己买下博涅克是个错误。

他明确告诉我这不可能，但我清楚地意识到靠老队员已经不行了，况且安切洛蒂也将要离队了，维奥拉觉得他膝伤太重，基本已是一名弃将。过去几年安切洛蒂遭受了不少挫折，连早上起床的勇气都没有了，但我对他还是评价甚高，尝试过劝维奥拉不要卖他，但在赛季末他还是把安切洛蒂卖到了 AC 米兰。随后安切洛蒂在 AC 米兰效力了 5 年，帮助球队赢下了大大小小的荣誉。

在对阵 AC 米兰的比赛告负之后，我向俱乐部辞职了，估计我的辞职让迪诺·维奥拉松了一口气，但这是我职业生涯中第一次，也是唯一一在没有下家的情况下辞去工作，之后发生的事让我根本无暇顾及接下来该何去何从，也是第一次让我把足球相关的事宜暂且放到一边。

●　●　●

丽娜从小就嗜睡，每时每刻都在酣睡，过了一段时间后，安琪慢慢开始担心这样是不是有什么问题，因为丽娜完全不长身体，而原因显而易见，就是因为她都不怎么吃东西，我们只能用吊针的方法来喂她。

安娜·维奥拉帮我们安排了一个儿科医生来家里给丽娜检查身体，医生说虽然没什么生命危险，但保险起见还是建议我们带她去儿童医院多做几项检查。去医院后，医生给她拍了心电图，结果一出来医生就发现丽娜心脏有问题，但却无法确诊是什么病。为了探明究竟，他们在丽娜体内植入了一种摄像头，用来抓拍她心脏的照片，但能操作这一系列手术的医生要两天后才能回来。

等医生回来的这两天对我们来说简直是度日如年，我和安琪整天在家里，睡在丽娜身边陪着她。当我打开电视时，突然看到了迪诺·维奥拉正在接受采访，讲到一半他转向镜头，专门向我及家人进行了问候，他说："无须多言，他们能领会我的心意。"

最后医院查出来丽娜的心脏有很严重的缺陷，必须马上做手术，我和安琪被这番诊断吓得瞠目结舌、思绪混乱，丽娜还只是个婴儿，怎么能受得了做手术呢？如果要做，又要在哪里做？罗马最好的医院在哪里？医生给的建议是让我们乘最早的班机回瑞典，去那边再给丽娜做手术。

隔天一早我们就带着丽娜回到了瑞典，去了哥德堡的萨尔格伦斯卡医院，当时给丽娜诊断的是瑞典游泳国家队的队医本特·埃里克森。通过诊断我们得知，丽娜患有全肺静脉回流异常，她的心脏只有一半是正常的，所有血液都流向了那一半，这种病在当时是极为罕见的。在瑞典每年平均只有 2 个新生儿会患这种病，而且通常都是出生后第一周、第二周就被诊断出来，医生说像丽娜这样未接受手术治疗还能活过 5 个月的还未曾有过。后来经检查发现，原来丽娜的两个心房之间有一个能使血液流通的小孔，正是这个小孔鬼使神差般地让丽娜活了那么久。但丽娜还是急需手术治疗，医生说成功率约有 7 成。

埃里克森医生联系了一位名叫约兰·赛多的医生，他在哥德堡的一家私人医院工作，人称"瑞典心脏手术一把刀"。在与埃里克森医生通话后，他答应隔天一早就帮丽娜做手术，随后便骑上单车，一路飞驰赶到萨尔格伦斯卡医院。

1987 年 5 月 19 日早晨 7 点，手术人员从我们手中接过丽娜。鉴于手术过程漫长，可能午餐后才会结束，医生建议我们暂时离开医院，下午 2 点左右再回来，不然我们一直着急地等着也不是办法。听了医生的建议，我和安琪上了车，绕着哥德堡四处走走看看，其间简直度日如年。我们去看了一些住在哥德堡时的老邻居，他们都在城外买了新房。

　　下午 1 点左右，我们回到了医院，静坐等候手术结束。看着时间慢慢过去，2 点、2 点 15 分、2 点 30 分……手术室的灯迟迟没有熄灭，安琪开始坐立难安，连我也有些心神不定。突然，一阵急促的脚步声从楼梯上传来，我瞬间就预感到手术成功了，因为医生不可能会三步并作两步地来向家属传递噩耗。

　　由于丽娜四肢血管太细，医生只得从头皮给她注射针水。整个手术过程中她只能躺在病床上，以防大量出血，旁边连着与肺部和心脏相关的机器。她心脏里的两根血管都集中在一侧，另一侧则一根也没有，赛多便切开其中一根血管，把它连到没有血管的那一侧，这一系列复杂的操作让我叹为观止。当我们见到丽娜时，她还因麻醉而在熟睡，身上插着数不胜数的泵和管子。我们都不忍心看她，看在眼里，疼在心里，但所幸她坚强地活了下来。

　　经历此劫之后，丽娜便有了两个生日，一个是出生日 1 月 2 日，一个是再生日 5 月 19 日。

第 7 章　紫百合军团

在丽娜手术之后，我赶回意大利与佛罗伦萨签下了新合约，出任俱乐部新主帅。佛罗伦萨也就是人们口中的"紫百合军团"，成立于意大利的佛罗伦萨市，1980 年被来自托斯卡纳的贵族弗拉维奥·彭特罗收购。彭特罗买下俱乐部之后，对球队的队徽和传统队歌进行了改动，此举当时让诸多球迷感到不满，但在球队引入了阿根廷球星丹尼尔·帕萨雷拉、丹尼尔·贝尔托尼等一系列大牌球员后，对俱乐部质疑的声音也逐渐趋于平静。在彭特罗买下球队的第二个赛季中，意甲冠军角逐变成了尤文图斯和佛罗伦萨的双雄会，但最后以尤文图斯摘桂告终，佛罗伦萨位居第二。

此后形势急转直下，佛罗伦萨再未能排入积分榜前列，彭特罗家族也先后雇了多名教练，但最终没有一人的任期能超过一年。我于 1987 年出任佛罗伦萨主帅，当时队内中场大师安东尼奥尼因为受伤病困扰，不得不离队而去，看到这样的局势，彭特罗基本打消了夺冠的念头，对球队的要求仅是能踢出好球，出战欧洲赛场便足矣。

其实我心里对执教佛罗伦萨是否是个明智之举很是怀疑，从我执教代格福什之后，我的教练生涯节节高升，但这时我却觉得自己在走下坡路，有种事与愿违的无奈感，和有着雄心壮志的我简直判若两人。但我当时确实也没有其他工作机会，我曾与皇家马德里沟通过，看能不能在那边执教，但他们也没向我提出签合同，而我也想继续住在意大利，毕竟意甲还是当时欧洲最好的联赛。

经历了在罗马时期的兵荒马乱之后，稳定的生活对我的家庭来讲十分重要，丽娜在手术后长胖了些，俨然一副幸福的小婴儿模样，但她之前也在鬼门关走了一遭。安琪也需要安宁一段时间，在我回到意大利后都是她在医院照顾丽娜，同时还要管着约翰，那个夏天对她来说太过煎熬了。来到佛罗伦萨之后我们一家总算过上了平静的生活，安琪也对这个地方颇有好感，而且这里的人们也为足球而狂热，虽然不比罗马，但足球氛围还是很浓厚的。

$$\bullet \quad \bullet \quad \bullet$$

自我开始执教以来，已经与麾下很多大牌球星打过交道，哥德堡的托尔比约恩·尼尔森，本菲卡的查拉纳，罗马的法尔考、博涅克、普鲁佐，这些都是天赋异禀的球员，但在我的职业生涯中带过的最具天赋的球员当数罗伯托·巴乔，以后可能也不会再有机会带比他更出名、更有天赋的球员了。

巴乔 15 岁时便第一次代表维琴察队出战一线队比赛，1985 年，年仅 18 岁的他转会来到了佛罗伦萨。然而此后的第一个赛季他就饱受膝伤折磨，第二个赛季也只踢了 5 场比赛，而如今，这是他在佛罗伦萨的第三个赛季，这颗明日之星正在冉冉升起。他信奉个人英雄主义，在场上作为 9 号半球员，自由地游走于射手身后衔接中前场。要让他融入一套固有体系并不容易，但对于这样的球员就不能给他太多限制，这样他才能去尽情挥洒，做自己最擅长的事——为球队攻城拔寨，赢取胜利。

执教之初巴乔仍是伤病缠身，我不能逼他太紧，球队想让他身体强硬一些，便为他请来了一名叫卡洛·维托里奥的短跑教练给他当私人体能教练。维托里奥曾是意大利短跑传奇人物皮耶特罗·门内阿的教练，在意大利体坛享有很高的声誉，但他对足球却是一窍不通。然而在他训练巴乔一段时间之后，他似乎对这个陌生的领域摸索清楚了些，他想帮助一线队训练，这当然最好不过，但我还是建议他先去帮助青年梯队训练。但此后不久，青年队的训练机制产生了戏剧性的变化，所有队员的训练都变成了间歇跑，青年队的主教练都快急死了。随后维托里奥只在球队待了一年，但却与巴乔交情不浅。

在比赛中，巴乔前面的射手是阿根廷球员拉蒙·迪亚斯，他眼中闪烁着对进球的渴望，具有射手的敏锐嗅觉。他在场上不是那种踢得很拼的球员，也许有人会说他踢球懒散，但我从不喜欢用懒散这样的词来说一个球员，在我看来那只是提不起劲来，虽然迪亚斯不是那种很勤奋的球员，但他对此有着自己的一套理论，他曾对我说："教练，我不想在防守时拼命追着球跑，这样我拿到球之后哪里还有体能去进球？"

我对懒散这类言辞的不屑应该与我对自己的训练方式的看法有关，在球员时期我比任何人都刻苦，因为自知天赋有限，不努力就不会有长进。所以我很瞧不起那些身怀超人天赋，却没有足够的渴求和志向来把天赋运用到极致的球员。

• • •

那个赛季的第二场比赛便是我们客场挑战在 1986 年 2 月被媒体界巨头西尔维奥·贝卢斯科尼买下的 AC 米兰。从比赛一开始他们就牢牢地掌控了场上的局势，但我们英勇奋战，防守固若金汤，终于在比赛还剩 15 分钟时由迪亚斯在一次反击中踢入一球，几分钟后巴乔成功破门，把领先优势扩大到了 2 : 0。在我印象中，我们整场比赛中仅推过对方半场两次，就造就了两粒入球。赛后，彭特罗带着一向浮夸的贵族气息，走向贝卢斯科尼，说道："不过是正常的管理球队罢了。"

但对贝卢斯科尼来说，他管理球队的方式远不止"正常"。AC 米兰当时正在赶超尤文图斯成为意甲之王的路上高歌猛进，贝卢斯科尼为此投入了巨大的财力物力，队中多纳多尼、埃瓦尼、巴雷西、马尔蒂尼这样的大牌比比皆是，而且还在赛季前引进了卡尔洛·安切洛蒂，以及荷兰巨星路德·古利特和马尔科·范巴斯滕，连教练也换了，阿里戈·萨基走马上任，然而他们最初的人选本来是我。

1986 年春，我在罗马风生水起，而贝卢斯科尼当时一买下 AC 米兰便联系了我，约我在罗马密会。一天午夜，我驱车前往事先约好碰头的一家杂货店的停车场，有一辆车会在那里等我，带我去贝卢斯科尼的府邸。车子开到他的豪宅前，他便亲自迎接我进去，与我会面的还有阿德里亚诺·加利亚尼和阿列多·布拉伊达。待我入座，我们便开始聊足球。

贝卢斯科尼向我展示了他的雄心，要把 AC 米兰打造成史上最伟大的俱乐部，不仅要冠绝意大利，更要称霸世界足坛。他建立了一个超现代的体育研究实验所，并且为球队开设了专门的电视频道。据他所说，要想完成这番伟业，球队必须配备一个思想前卫的主帅，而不是像现任主帅尼尔斯·利德霍尔姆这样守旧封建的人。他听烦了迷信邪术的那一套，现在只相信科学，这才是现代足球需要的东西，利德霍尔姆就是腐朽文化的缩影，而我正是未来足球的代表。

"我们正在考虑换帅事宜，"贝卢斯科尼说道，"而且我们对签你颇有兴趣，不知你意下如何？"我坦诚地告诉他我很心动，他便指着加利亚尼和布拉伊达说："如此甚好，那么关于薪酬的问题你就和他们谈吧。"

加利亚尼问我罗马给我开多少钱，现在我不记得具体数目了，我只记得他听后觉得这笔钱根本不值一提，但他却告诉贝卢斯科尼还有一个棘手的问题，就是我与罗马尚有一年合约，得知此事之后贝卢斯科尼脸色突变，显然这是让他始料未及的。

他悻然说道："那我怎么能偷走维奥拉议员的心腹呢？"作为一个传媒巨头，贝卢斯科尼也对进军政坛充满野心，他决计不想得罪迪诺·维奥拉这样有权有势的人，所以这笔交易也随之告吹，我留在了罗马，利德霍尔姆也得以在 AC 米兰继续任教，一年后才被炒了鱿鱼。之后 AC 米兰任命前球队队员法比奥·卡佩罗出任临时主帅，两个月后萨基才正式上任。在萨基的带领下，AC 米兰曾两度有机会染指欧冠奖杯，但他们仅把握住了一次，我不禁设想，若是我在位的话必当两夺冠军。

• • •

在我执教佛罗伦萨时期，我们锋线由巴乔和迪亚斯领衔，强劲有力，而后防却是我们的软肋，队中老将帕萨雷拉在我到来的前一年转会去了国际米兰，球队的自由人位置就一直空虚，我打算签入格伦·海森，他当时正值职业生涯巅峰，足以填补我们后防的空缺。但球迷们还是对帕萨雷拉念念不忘，常用格伦和这位阿根廷传奇球员做比较，这么看来格伦也是很倒霉。

球队正处于一个需要重组修建的时期，佛罗伦萨与其他意大利球队一样，都惯用三后卫的防守阵型，两个中卫用来盯人，身后站一个自由人。当时我打算向球队引入"区域防守"的概念，4 名后卫一字排开，各司其职，防守划分的区域，对每个进入自己防区的对方球员进行盯防，仅此而已，简单易行。

但有时简单的事却也最难办成，区域防守的概念在格伦·海森的脑中已经根深蒂固，但他的搭档塞勒斯特·平从未接触过除了人盯人以外的防守方式。平身材魁梧，是个稳健的防守队员，他总能把你指派的盯防对象看好，但他也只会这么做，叫他防守一个区域的时候，他就会显得不知所措，失去位置感。

在当时的意甲，有一名球员无疑是世界最佳，无论是用人盯人或是区域防守都不可能防住他，他就是迭戈·马拉多纳。短小精悍的他来自阿根廷，在 1984 年从巴塞罗那转会到那不勒斯之后，凭借着出色的表现成为球迷们心中信奉的神。在 1986 年的世界杯中，他凭着一己之力把阿根廷带上王座，之后 1987 年的意甲赛季，他又作为球队领袖，带领那不勒斯赢得了队史上第一座意甲冠军奖杯。如果说巴乔是我执教过的球员中的佼佼者，那马拉多纳就是我所见过的球员中最优秀的，根本没有必要夸赞他的强项，因为他没有任何死角，无可挑剔。

我曾带队与他领衔的那不勒斯 4 天之内在他们主场交战两次，第一次是在一个周三进行的意大利杯比赛，鉴于仅仅是杯赛的原因，教练让马拉多纳保留体力，没把他列入名单，当时那不勒斯的重心主要放在联赛上面。那场比赛踢得就像一场表演赛，我们最终以 3：2 拿下了比赛。在赛后，马拉多纳上前拍着我的肩膀向我"保证"，周日的比赛会与今天的比赛大不相同，想要取胜没那么容易。

之后果然如他所说，两场比赛的难度大相径庭。那天的圣保罗球场被球迷围得水泄不通，像以前本菲卡的光明球场一样，活像一口沸腾的大锅，马拉多纳就在众多球迷面前上演了大师级的表演。上半场时间刚刚过半，马拉多纳在左边路把我们的边卫斯蒂法诺·卡罗比耍得找不着北，卡罗比气急败坏，冲到教练席对我大吼："那你倒是告诉我怎么对付马拉多纳啊！"

我火冒三丈："我怎么知道！废了他的腿！"说实在的，我认为队中不管是卡罗比还是谁都无法看住马拉多纳，他所向披靡。在一次角球进攻中，他接到队友开出的战术角球，背对球门，脚下生风，用一个杂耍般的倒钩动作传出了一个完美的传中。最终那不勒斯4：0拿下了比赛，而且在之后意大利杯的次回合比赛中也击败了我们。

● ● ●

弗拉维奥·彭特罗家里有两个兄弟和一个姐姐，分居在比萨城的各个方向，偶尔会约我过去聊聊足球，但他们都是独自约我，从未聚在一起过。有一次，我和他的两个兄弟中的一个一同吃了早餐，与另一个共进了晚餐。他们会和我聊聊巴乔的近况或者有没有中意的球员，如果我引起他们某一人的兴趣，他们就会让我向其他几个保密。总的来说他们一家人都彬彬有礼，为人慷慨，只是偶尔对别人的事情有些太过好奇。

球队的主管经理是来自都灵的皮尔·塞萨雷·巴雷蒂，他曾经是《都灵体育报》的一个著名记者，对意大利足坛了如指掌，虽然我们的足球理念颇有差异，但我对他还是满怀敬意的。他对俱乐部总是充满热情，每天都在办公室工作一个对时，从早上7点到晚上7点，随后又去与球迷组织会面。他能言善辩，大多球员或经理都不愿出席此类场合，但他是例外。他身经百战，每次都能在会上保持绝佳状态。

巴雷蒂还是一个业余飞行员，有一次他和一名教员从都灵进行飞行练习，当天天气状况恶劣，在起飞之前他和球队秘书通了电话，秘书劝他说如果天气不佳则最好改日再飞，但巴雷蒂说他的飞行执照如果要得到认证就必须有足够的飞行时长，除此之外他也根本没时间来飞行了。

然而，那却是俱乐部的人最后一次和他取得联系，他在都灵起飞的时候能见度极低，此后再未见其踪影。当晚，我守在电话旁静候消息，但时间一点点流逝，却没有丝毫巴雷蒂的音信，其间还有人传来他已经顺利着陆的信息，可惜也只是谣传而已。第二天早上，噩耗终于传来，巴雷蒂和他的教员因飞机撞在山上，已被确认身亡。

隔天，巴雷蒂的葬礼被安排在都灵举行，彭特罗一家人、球队球员以及教练组全体成员皆出席了。葬礼上，巴雷蒂静卧在棺材中，盖板没有盖上，这般景象我还是第一次见。这一切看来都是那么虚幻，他还穿着坠机那天的飞行服，几天前我还与他交谈，他这样一个精力充沛的工作狂现在却死寂地躺在棺材里，想到这点就让我悲伤起来。那个赛季因巴雷蒂的离去蒙上了一层阴霾。他走后我们第一次在主场告负，以 1 : 2 输给了国际米兰，那之后的 13 场比赛中，我们仅仅以 1 : 0 赢下了主场对阵我的老东家罗马的比赛。巴乔虽然仍保持着不错的竞技状态，但那个赛季也只攻进了 6 粒球。最终，我们以第八名的身份告别了那个赛季，也错失了踢欧联杯的机会，但却没有人为之感到沮丧，因为这样的成绩已经算是达成目标了。

● ● ●

搬到佛罗伦萨这件事让约翰很是苦恼，年仅 9 岁的他只得告别他在罗马时的挚友贾科莫。他自幼淘气，也极为执拗，就拿他不愿意学乘法表来说，这可苦了安琪了，她常向我抱怨说陪约翰练习乘法是多么折磨人。

约翰对足球也是嗤之以鼻，当他六七岁时，我把他安排进了罗马的青训营。有一天教练教孩子们如何用左脚踢球，但约翰就是坚持用右脚，教练威胁他说，若不听话用左脚，就罚他绕球场跑一圈，约翰毫不示弱，说跑就跑。当他跑完回来，教练问他想不想练习左脚了，他抵死不练，只得又被罚跑球场，他和教练一直就像这样僵持下去。训练结束时我去接他，他告诉我再也不要踢球了，他可不是光说说，此后他真就再也没碰过足球。

在约翰结束了这边的学业后，安琪便带着他和丽娜回了瑞典，我也在赛季之后回家找他们。那个暑假，我们多数时间都是住在欧尔的家里，安琪的父母也同我们住了很久。我和安琪的娘家人相处甚好，她父亲卡尔·埃里克是个体育迷，尤其认为自己对足球了若指掌。他持一种观点，认为当时足坛的球员都射术不精，在射门时身体总是后仰，我不屑与他争论，他当惯了一校之长，总认为自己什么事都是对的。晚间时分，我们会聚在一起，玩一种叫"五张抽"的扑克游戏，安琪的爷爷也会参与，约翰打牌就是他教会的。住在欧尔时，我父母偶尔会带着弟弟拉斯一起来看我们。

假期结束回到佛罗伦萨后，有一位不速之客来拜访了我，就是罗伯托·普鲁佐，他说维奥拉解雇了他。和我上次见他时相比，他消瘦了不少，33岁的他还不愿意自此挂靴，还想再踢一个赛季。毋庸置疑，他绝对是个出色的球员，一个可谓是现象级的得分手，此前在意甲拿过3次射手王。而如今，他却登门拜访，想要问我是否有意通过自由转会签下他，并且对薪资的要求也是低之又低。我当然没有拒绝，尽管他整个赛季只有一场比赛是首发出场，但后来还是证明了我的这个决定是正确的。

我在球队做过最棒的一笔交易，则是从比萨队签下了巴西防守型中场邓加。在上个赛季的比赛中我就为他的出色表现所折服，他踢前锋，把我们的防守队员压得喘不过气，最终以2：1击败了我们。邓加没有出众的速度，但他总是勤勤恳恳地满场飞奔，从不轻易放弃球权，他也是一个做领袖的好材料，少言少语却备受尊重。

在1988—1989赛季，我们强化了阵容，但在冠军的争夺中，我们早早便掉队了，但要抢占一个欧联杯席位还是很有希望的。

• • •

之后，我的父母飞抵佛罗伦萨，和我们住了半年有余，父亲此前在图什比的沃尔沃公司任看管人员，现在临近退休，特向公司请假出游，而母亲早就不去工作了。可想而知，他们慢慢开始感觉到孤独了，所以我也就请他们过来和我们住上一段时间。他们住在我们那栋楼的另一个公寓里，母亲在家可以熨烫衣服、烹饪晚餐，父亲可以替安琪开车送孩子们去上学，这样再好不过了。

瑞典传奇球员库尔特·哈姆林当时也和家人住在佛罗伦萨，与我们家走得很近，他时常与我一同打网球。他们家在意大利开了一所贸易公司，他的妻儿都在里面工作，而库尔特·哈姆林整天泡在网球场，因为他认为自己最擅长的是打网球，而每个人都应该致力于自己最擅长的事，我父亲也对他很是欣赏，他们可以算是同龄人了。但不久之后，父亲开始对佛罗伦萨的生活感到厌倦了，在这个陌生的城市，听着陌生的语言，不由得开始想念瑞典的生活，每天清晨 6 点，他总想要边喝瑞典咖啡，边读《韦姆兰日报》。终于，6 个月后，我的父母还是回了瑞典。

其实，我父母的这趟来访搞得我心神不宁，具体也说不上什么原因，但总觉得虽然我与他们还算亲近，却远比不上安琪和她的父母那般亲密无间，她每周都会多次和他们通电话，所以我也决定要多与父母电话联系，基本上每天都要这样。我想大概是因为自己对把父母留在瑞典生活而感到愧疚，但转念又否定了这种想法，我致电他们也只是稀松平常的问候，这是每个儿子都该做的。

• • •

虽然早早被争冠集团甩在身后，但我们这个赛季明显有了长足的进步，尤其是在主场的比赛，尤文图斯和国际米兰都曾是我们的手下败将。这个赛季巴乔实现了质的突破，和博格诺沃组成了所向披靡的锋线，而邓加的加盟也对我们的中场是一个极好的补充。在赛季收官之际，为争夺仅剩的一个欧联杯名额，我们与罗马狭路相逢，剑拔弩张。

在赛季末的某场比赛前，具体是哪场我不大记得了，我们的体育总监纳尔迪诺·普雷维蒂来我办公室与我私聊了一番。由于此前我初到罗马的第一个赛季他也是球队体育总监，我们共事过一段时间，我对此人印象甚好，他在意大利有很多人脉关系。普雷维蒂来找我是想问我之后那场比赛的事，他言下之意就是对手是块硬骨头，平局的结果能不能接受，我坦诚地告诉他平局就很不错了，但是如果能取胜就最好。话音刚落，他颇有深意地看着我说："如果拿个平局就足够的话，也许可以找找关系……"我一下就懂了他话里的话，于是边摇头边拒绝了他。

那次是第一次有人问我想不想打假球，我想都没想就拒绝了，早在罗马时期我就知道意大利假球盛行，但我绝不想与其有任何瓜葛。

● ● ●

赛季还剩 3 场比赛时，我们在积分榜上领先罗马 4 分，接下来的一场就是做客奥林匹克球场对阵他们，如果我们全身而退，拿到 1 分，那么欧联杯的名额就十拿九稳了。那场比赛被推迟到了 6 月 11 日才踢，因为之前欧冠比赛的缘故，意甲联赛都被推迟了一些。

虽然罗马掌控着比赛，但直到下半场末段时还保持着 1∶1 的比分，那宝贵的 1 分眼看就要到来。在比赛行将结束之际，我们的前锋佩莱格里尼在罗马的半场得到球权，邓加在后方大声向他要球，想要把球权保住，但他没有回传，带球直奔对方禁区，一脚爆射，没有打在球门范围内。罗马门将快速发出球门球，找到了巴西球员雷纳托，他一脚射门，但没能难倒我们的门将，被拒绝在了门外，说时迟那时快，脱手的球飞向了罗马队员鲁迪·沃勒尔，这名德国前锋头球将球顶进球门，以 2∶1 的比分终结了比赛。

赛后在更衣室中，邓加火冒三丈，佩莱格里尼一进来他就走上前去，二话不说一记勾拳打在他下巴上将他击倒。此时更衣室鸦雀无声，虽然大家都大为吃惊，却没人同情佩莱格里尼，如果他没有一意孤行我们就能顺利地拿到 1 分，确保出战欧联杯。在随后的几场比赛中，我们竭尽全力也只拼到 1 分，而罗马拿到了 3 分，在赛季末与我们积分相同。但当时还没有引入净胜球的规则，两队就要进行最后一场加赛，也就是他们所谓的"决胜局"。

加赛定在 1989 年 6 月 30 日进行，足协选择了佩鲁贾作为中立场地。那时队中有一个难题，和巴乔搭档打进了球队绝大多数进球的博格诺沃受伤了，也就意味着我要派普鲁佐首发登场。此前的比赛中普鲁佐只有一场入选首发阵容，而且账下还没有入球，但他能够积极地影响球队，而且态度极为端正，在训练之后常会留下来陪年轻球员练习射术。

比赛开始阶段，巴乔左路起球，找到了埋伏在远门柱的普鲁佐，他头球建功，为我们首开纪录。此后罗马大举压上，创造了不少良机，却没能把握住，最终我们凭借普鲁佐的进球成功挺进欧联杯。

赛后迪诺·维奥拉与我握手时明显是很生气的，他对我说曾经我在罗马时想赶走那 3 名球员无疑是正确的，但有一件事他将永远记恨于心。我不解地问道："什么事？"他冷冷地回答："今天普鲁佐为你们赢得比赛这件事。"

那次似乎是我最后一次见到迪诺·维奥拉了，两年之后他便因肠癌不治而离世。回到更衣室后，我向球员们诚恳地致谢，我知道这可能是我最后一次作为他们的主教练向他们表达谢意了。

第 8 章　球场即战场

在 1989 年春，本菲卡找到了我，想给我一份合同让我回葡萄牙继续执教他们，自那之后我就常思考一个问题，是否真的能以退为进？我本不想离开意大利，但我也自知，如果继续在佛罗伦萨耗着，我将会变得高不成低不就，在中游水平徘徊多年。佛罗伦萨本来就是一支中游球队，除非斥巨资改造，不然永远都将这样，我可不想一辈子为了欧联杯名额奋战，况且我曾经已经赢过这个奖项。虽然在葡萄牙我也两度拿过葡超冠军，但本菲卡有欧冠资格，在这点的吸引下，我接下了他们的工作。

但现在有一个问题，当年任助理教练的托尼现已是本菲卡的主帅了，我接下工作之后便与他通了电话，问他我的到来是否会导致他失业，如果是的话，我就拒绝本菲卡的邀请。托尼告诉我球队当然会舍他留我，我便暗自决定在合约上加一项条款——我若加盟，托尼必须出任我的助理教练，因为我知道对托尼来说本菲卡意味着什么，球队文化已经融入他的血液。

严格意义上来讲，重返葡萄牙对于我和安琪来说，都算重归故土，早在住在佛罗伦萨时我们便在葡萄牙置办了房产。在我第一次执教本菲卡时，我们常常驱车去欧洲最西边的罗卡角，在途中我们总是对那里的一栋房子垂涎三尺，我们还在佛罗伦萨时，有天伯耶给我来电，说罗卡角的那栋房子现在正在挂牌出售，我看都没看就决定让伯耶帮我去跟房东议价，最后达成了协议。

乔迁之后，我们对这栋 3 层复式房屋进行了彻底的改造，有的地方甚至改造了两次。比如之前的地下室被我们改造成了一个室内泳池，客厅换上了大扇的窗户，直面大海，坐拥海景，我们甚至还想要在后院建一个健身房和桑拿房，但是空间太小，挖掘机开不进去，工人们只能用人力来挖土，他们推着手推车装满土来来回回少说走了一千趟。

伯耶在我的新家旁边买了一块地，地上有一片阴凉地，他打算在那盖起房屋，但就是申请不到动工许可证，最终也没能建成，不过这也可能是因为伯耶的脾气再不似从前那般蛮横霸道了。

· · ·

在我离开本菲卡后的这几年，葡超联赛的局势从以前的三足鼎立变为了现在的双强争霸，在里斯本竞技落伍之后，每年就剩本菲卡和波尔图争夺联赛桂冠了。现如今，本菲卡的阵容精良，拿下联赛冠军是很有希望的，但5场比赛后波尔图就占了上风，尽管如此，我们那个赛季的重心不是联赛，我们志在拿下欧冠奖杯，在欧洲最具声望的比赛中崭露头角。相对于当今的欧冠来讲，当年欧冠的参赛队要少得多，因为只有为数不多的几支拿到各自联赛冠军的球队才能有幸参与到欧冠的争夺当中，而且当时没有小组赛，都是直接进入淘汰赛捉对厮杀，鹿死谁手几场比赛后便见分晓。

早在1961年、1962年两年，凭借尤西比奥的出色发挥，本菲卡曾两夺欧冠奖杯。在那之后，本菲卡曾4次打进欧冠决赛，3次是在20世纪60年代，1次是在1988年托尼半程接管球队之后。托尼当时率本菲卡迎战古斯·希丁克执教的埃因霍温，最终在点球大战中输给了他们，也许球队认为如果当时是我执教的话情况将大不一样，所以这才将我又一次招致麾下。托尼已经相当不容易了，带领球队20年间第一次闯入欧冠决赛，此后的联赛又勇夺冠军，但这般表现仍是不尽人意，球队把带领本菲卡走向欧洲之巅的重任放到了我肩上。

在1985年欧冠决赛利物浦对阵尤文图斯的比赛中，31名尤文图斯球迷不幸罹难，该起事件被称为海瑟尔球场惨案。在那之后，所有英国球队都被禁止参加欧洲范围内的球赛，少了英伦劲敌后，在首轮和第二轮的比赛中，我们都抽到了较弱的小球队，而最被人们看好的皇家马德里也在第二轮被AC米兰淘汰出局。在1/4决赛中，我们当时的对手来自仍属于苏联的乌克兰，他们便是第聂伯罗俱乐部，首回合中我们在主场 1 ：0 小胜对手，而次回合更是以 3 ：0 在客场完胜，跻身半决赛。当时晋级的还有诸如 AC 米兰、拜仁慕尼黑，以及我们即将面对的对手——来自法甲的马赛。

首回合比赛安排在马赛主场进行，我记得当时我们往球队大巴里塞了很多红酒，然后让他们开着大巴去马赛机场与我们碰头。对于葡萄牙人来说，美酒与美食不可或缺，大多球员都会在午餐或晚餐时斟上一杯红酒来佐餐，这本是稀松平常，在意大利也是这样，但对于葡萄牙人来说，要他们喝法国红酒是根本不可能的，他们要喝就只喝葡萄牙酒。

当时的马赛拥有世界一流的阵容，队中有诸如让·蒂加纳、迪迪埃·德尚、让－皮埃尔·帕潘这样华丽的进攻组合。在 1989 年至 1993 年间，马赛曾 5 年蝉联法甲冠军，他们的球迷极度狂热，以至于他们的主场维洛德隆球场被人们列入欧洲魔鬼主场之列。但我们可不犯怵，毕竟光明球场才是全世界最令人闻风丧胆的主场。

大家心知肚明，马赛在主场必当大举进攻，所以我们必须做好防守，而且重中之重就是争取一个客场进球，所以我还是派出了两个前锋。结果虽然我们 1 ：2 告负，但还是如愿以偿地取得了一粒宝贵的客场进球。

次回合回到光明球场，气氛依然火爆，我们全力压上，但却越踢越绝望。终于转机出现了，在第八十分钟，我们角球开到马赛小禁区附近的人群中，远在教练席的我们什么都看不清，只能粗略地看到球飞到了我们的前锋瓦塔脚下，随即进门。一切似乎就发生在一瞬间，几名马赛球员围住裁判疯狂抗议，但裁判判定进球有效，时至今日我还记得我们的前锋马茨高举双手狂奔庆祝的场景。我们最终顶住了马赛的反扑，1 ：0 拿下了比赛，成功晋级决赛。

在赛后我才了解到关于我们进球的争议，马赛球员称瓦塔进球前有手球嫌疑，回到更衣室后我问他到底是怎么进的球，他没有理会，只是低着头看着地板。我告诉他我不会为此生气，反而我对我们进了决赛而感到欣慰，瓦塔便起身向我们重演了他如何用手臂把球撞进球门的，我记得我当时对此毫无意见，好像还拍了拍他的肩膀，以示鼓励。

在之后的新闻发布会上，马赛主帅杰拉德·吉利和我一同在回答记者们的问题，突然马赛主席伯纳德·塔皮怒气冲冲地冲了进来，这位最近刚刚收购了阿迪达斯的大亨怒不可遏，嚷嚷着马赛遭遇了不公平的待遇，声称球队将不会善罢甘休，会为此提出正式抗议。但所有人都心知肚明，他自己也知道，比赛结果是雷打不动的，裁判就是没看到瓦塔手球，那个球就是判进了，马赛就是被淘汰出局了。

3年后，马赛又一次站在欧冠决赛赛场，并且如愿以偿，1：0击败了AC米兰。但凑巧的是，就是在他们夺冠那年，伯纳德·塔皮在法甲联赛中贿赂裁判的行径被人查了出来，于是1993年的法甲冠军头衔便被撤销，但所幸的是他们得以保留欧冠冠军的荣誉。说来也是讽刺，如今在发布会上怒斥我们，说我们不诚信的塔皮，日后也因此被关到了高墙之内。

● ● ●

1990年的欧冠决赛定在5月23日在维也纳的普拉特球场举行，安琪自然是要来现场观看的，托德·葛利普也将出席。决赛对手是卫冕冠军AC米兰，此前一届欧冠他们4：0击败了布加勒斯特星队夺得冠军。不得不说，AC米兰拥有当时世界上最豪华的防线，毛罗·塔索蒂、亚历桑德罗·科斯塔库塔、弗兰克·巴雷西和保罗·马尔蒂尼组成的铜墙铁壁让人望而生畏；中场方面，他们有弗兰克·里杰卡尔德和卡尔洛·安切洛蒂；而锋线则由路德·古利特和马尔科·范巴斯滕组成，只看纸面实力的话，击败他们简直难于上青天。

但我坚信我们可以取胜。在这个赛季末段，AC米兰战绩下滑，在输给了尤文图斯和国际米兰之后，积分榜上那不勒斯超越了他们并最终摘得桂冠。由于世界杯的缘故，意甲早早收官，所以AC米兰足足有一个月的时间来养精蓄锐，备战欧冠决赛，但他们长期未战，我料想他们会找不到状态。

我对对方主帅萨基也非常了解，可想而知他会打攻势足球。

从战术层面来讲，我们踢了一场好球。在防守端我们没有给对手太多施展的空间，完全控制住了古利特和范巴斯滕的发挥，AC 米兰并没有创造出很好的机会。但问题是我们也没能占到便宜，锋线上差了一口气。虽然马茨这个赛季进了 40 个球，但在面对巴雷西和科斯塔库塔这种世界级后卫的时候就显得束手无策了。上半场以 0：0 的闷平结束。

半场休息时我们更衣室里斗志昂扬，尽管没能攻破 AC 米兰的大门，但球员们对自己的表现很满意。在赛前 AC 米兰可是被极度看好的，但目前为止双方仍然平分秋色。我们需要做的就是想方设法打穿他们的防线，胜利就近在咫尺。我看马茨在场上效果不大，便交代了以速度见长的中场球员瓦尔多，让他像演练过的那样插上进攻。

下半场的开局还是和上半场一样，我们阵型保持得很稳，但是司职中卫的阿尔代尔站位过于靠前，里杰卡尔德绕到他身后，接到队友的头球摆渡，面对门将单刀赴会。他一蹴而就，用我给瓦尔多安排的后插上战术为 AC 米兰首开纪录。领先之后 AC 米兰摆起了大巴，我换上了瓦塔，让他去踢前锋，但进攻端还是破门乏术。最终 AC 米兰赢下了比赛，而本菲卡连续 5 次倒在了欧冠决赛的赛场上。

我们对这个结果很失望，赛后很多人都指责我们在进攻端投入兵力太少，但我和托尼都深知我们已然竭尽全力。马格努松和瓦塔在葡萄牙足够犀利，但与古利特和范巴斯滕相比就相形见绌了。可这种与欧冠奖杯失之交臂的感觉让我十分懊恼，只有为数不多的球员和教练能够站在欧冠决赛赛场上，机不可失，失不再来。但转念一想，42 岁的我作为一个教练还很年轻，我确信终有一天我会高举欧冠奖杯。

● ● ●

决赛之后我带着全家回了瑞典，整个赛季本菲卡联赛只输了两场，但最后我们还是以 4 分之差位列波尔图之后，仅得亚军，我在本菲卡的这个赛季双手空空一无所获。

之后我在世界杯行将开始之际回到了意大利，为瑞典电视台担任解说嘉宾，这是我职业生涯中第一次解说比赛，除此之外我别无他事可做。我和电视台一个叫斯塔凡·林德堡的播音员辗转于意大利各地看球说球。这段时间过得很愉快，我们在所到之处都受到了热烈欢迎，因为在意大利，埃里克森这个名字家喻户晓。但是在电视台工作并不是我的志向所在，我不是一个口若悬河的人，每每要批评一个球员或教练时我都会感到难以开口，也许是因为作为教练，我明白比赛的真实情况远不止是电视里看到的那样。

1990 年的世界杯瑞典被寄予了很高的期望，在预选赛中瑞典排在英格兰之前晋级世界杯 32 强。当时瑞典国足的主教练是我在哥德堡队执教时的队长欧拉·诺丁，他已经带瑞典国家队很多年了。在世界杯前他和他女朋友曾到我在瑞典避暑的家里找过我，跟我说了他准备在世界杯中实施的战术和规划，我听后为之赞叹，他殚精竭虑地准备赛前工作，对瑞典在此次系列赛中的表现信心满满。可事与愿违，瑞典在小组赛中以 3 场 1：2 的失利提前告别世界杯，欧拉也在赛后辞去了国足主教练一职。我对此感同身受，他已经为瑞典设计了细致入微的战术，但人算总是不如天算。

● ● ●

暑假期间我率本菲卡前往安哥拉和莫桑比克两国出游，球队与这两个前葡萄牙殖民地有不浅的渊源，当地有着很多本菲卡球迷，而且队中的瓦塔和阿贝尔·坎波斯都是安哥拉球员，俱乐部传奇球星尤西比奥来自莫桑比克。

我和安琪与尤西比奥夫妻两人相处甚久，尤西比奥喜食辛辣，常随身携带一罐塔巴斯克辣酱，还喜欢跟我们分享早些年他在贫困潦倒的莫桑比克踢用报纸裹成的球的趣事。他老婆此前是一名莫桑比克著名运动员，有着惊为天人的美貌，虽然近些年尤西比奥总被爆出与诸多女子的花边新闻，但每每问及此事，他都会一笑而过。

在莫桑比克时发生的一件事让我永世难忘，我们当时要在首都马普托进行一场友谊赛，当抵达球场时，数不胜数的赤膊男青年向我们欢呼。我同尤西比奥坐在大巴前端，窗外的噪声震耳欲聋，当大巴停稳，尤西比奥走出巴士时，所有人默契地不作声了。尤西比奥站在巴士的阶梯上，高举双手，向下面的人群致意，一个大约 12 岁的男孩走上前来，缓缓伸出双手，与尤西比奥相握。人群瞬间沸腾了，这种阵势就仿佛在那个男孩真切地摸到尤西比奥之前，人们都不敢相信伟大的尤西比奥就在他们眼前，他在非洲竟有如此影响力，这是我未曾料到的。

● ● ●

我仅离开葡萄牙 5 年，回来才发现这里的足坛也充斥着越来越多的肮脏交易以及贪污腐败，关于裁判的丑闻层出不穷，而我们的劲敌波尔图也比原来强盛了不少。在输掉欧冠决赛之后，全队的士气似乎受到了极大的打击，我们那个赛季联赛也没有夺冠，也就意味着在我回来后的第二个赛季我们就没有欧冠可踢了，只能心不甘情不愿地出战欧联杯，这样的态度是不可能获胜的，第一轮遭遇罗马我们便被斩落马下。

葡超的冠军争夺还是一如既往的波尔图本菲卡双雄会，在赛季末双方第二次交手时，我们在积分榜上暂比他们多一分，也就是说接下来这场比赛的赢家极有可能成为联赛冠军。

球队在开赛前一个半小时抵达波尔图主场，人潮涌向了我们的巴士，更有甚者向我们车窗玻璃上扔石头，所幸的是玻璃没有破。队员们为了保护自己全都拉上窗帘，蹲到了椅子下面，即使这样，所有波尔图球迷都知道，他们的死敌就坐在这辆大巴里。围住大巴的人越来越多，我们只得硬着头皮下车，拿上装备，走过大巴到更衣室的一小段路。于是，在疯狂号叫的球迷"夹道欢迎"之中，我们走到了更衣室，回想起来，那场景依然是惊心动魄。

走到更衣室时门竟然是锁上的，我叫安保人员帮我们开门，但他们却置之不理。这时，葡萄牙足坛最具影响力的人，波尔图主席平托·达科斯塔出现了，向我们解释说根据规定，客队的更衣室要在开赛前一个小时才会开放，"我个人很尊重埃里克森先生，但很抱歉，球场即战场。"他如是说。

经过了漫长的等待，更衣室的门总算打开了，但一进去我们就发现不对劲，整个更衣室被人用某种化学药品搞得乌烟瘴气，人在里面完全不能呼吸，球员们只得去走廊上换装备。我向一个波尔图的工作人员询问能不能至少让我们进球场去，而他却说达科斯塔先生下令，客队只能在开赛前半小时进入球场。等到我们进入球场，所见场景又让我们大吃一惊，场地极为湿滑，根本无法传球，为了让球场面积缩小，他们还重新画了端线，而且他们把我们的教练席基本放在了与点球点平行的位置，并对其进行了加固，我们便无法随意移动。

不出意外，比赛火药味十足，裁判出示了多张黄牌，但双方都未能进球。比赛进行到第八十分钟，我派上奇兵塞萨尔·布里托，他上场1分钟后便头球建功，进球4分钟后便梅开二度。最终裁判吹响了终场哨，我们2：0拿下了这场比赛，波尔图球迷恼羞成怒，大肆暴动，直到深夜才结束。而我们这边却一片欢声笑语，角色球员布里托昙花一现，被载入了本菲卡的史册，他就是那晚的明星。自那之后，本菲卡便朝着球队第二十九个联赛冠军前进，这也将是我的第三座葡超奖杯，而且还能重返欧冠赛场。然而时过境迁后我才知道，我当时就该带着辉煌的成绩辞职离去……

· · ·

大约就在那个时候，足球经纪人这个行业开始兴起，然而伯耶的事业却一蹶不振，在经济上遭遇了巨大危机，还开始酗酒。他一喝酒就露出一副丑陋嘴脸，他老婆柏迪尔自那之后连与他外出进餐都不愿意，安琪也对其心存芥蒂，我们两家便断了来往。

在这次经纪人行业的兴起中，以色列人皮尼·萨哈维抓住了机遇，功成名就。他曾到本菲卡拜访过我，说他最近与苏联的一些人打通了关系，不仅和俄罗斯名帅瓦列里·洛巴诺夫斯基成为了挚友，手下还有两名优秀的球员，一个是效力于莫斯科斯巴达克队的瓦西里·库尔科夫，一个是基辅迪纳摩的谢尔盖·尤兰，之后我都通过他把这两人收入麾下。

但我在本菲卡的第三个赛季可谓是噩梦一场。鲁伊·科斯塔和保罗·索萨被提升到了一线队，倒是给球队中场注入了新鲜血液，但我们锋线太过羸弱，而且防守端我也不知要怎么组织起有效防守。从俄罗斯新签入的尤兰还未能适应球队的节奏，他一直想回基辅迪纳摩，在那边他就是球队的核心，虽然他享受高质量的生活，但却总为钱的事而担心，他对银行持怀疑态度，甚至要把钱藏在床垫下面。

从赛季开幕战输给博阿维斯塔之后，我们便一蹶不振，在欧冠中虽然表现略比联赛好些，但第二轮就抽到了英伦劲旅阿森纳，英格兰的球队在结束了 5 年的禁赛之后，又一次站在了欧冠赛场上。次回合在海布里球场的比赛中，阿森纳早早取得领先优势，但凭借巴西球员伊萨亚斯的入球我们扳平了比分，我当初为了签入他可是费了大功夫，他既懒散又超重，签约时遭遇了很多阻力。比赛结束时和首回合比赛一样，比分定格在 1：1，比赛进入了加时阶段。加时赛中库尔科夫为我们先拔头筹，随即伊萨亚斯梅开二度，我们3：1取得胜利，根据当年欧冠新出台的规定，我们挺进了下一轮的小组赛。

但我们的前景并不乐观，小组赛中我们与巴塞罗那、布拉格斯巴达、基辅迪纳摩分到了一组。小组赛第一场中阿瓜斯便腿部受伤，在客场输给基辅迪纳摩之后，我们连续 3 场比赛与小组对手战平。晋级唯有一丝希望，必须在最后一场战胜巴塞罗那，但当时的巴塞罗那实力超群，在足坛名宿约翰·克鲁伊夫的麾下，有着赫里斯托·斯托伊奇科夫、米歇尔·劳德鲁普、罗纳德·科曼和佩普·瓜迪奥拉这样的球员，堪称精兵良将。之后的比赛中，我们以 2：1 败下阵来，从欧冠角逐中被淘汰出局，巴萨在那个赛季最后战胜了桑普多利亚捧起了欧冠奖杯。

• • •

毋庸多言，属于本菲卡的王朝已经作古，我也准备好要迎接新的挑战与机遇了。即便在本菲卡度过了一个备受煎熬的赛季，埃里克森这个名字在欧洲乃至世界范围内仍是家喻户晓的。有一次我与美国足协主席苏尼尔·古拉迪进行了会谈，我们当时是在巴黎的一家餐馆共进午餐，他是一个精力充沛的人，饶有兴致地问我是否有兴趣在 1994 年美国世界杯时执教美国男足。说实话我一点儿兴趣都没有，因为美国虽然是世界豪强，但在足球领域却并不如此，而且他们开出的薪资远远配不上我这个等级的教练在欧洲执教的工资水平，搞得好像能执教美国队是我的无上光荣似的。

与之相比，拜仁慕尼黑给我的工作机会则诱人得多，这支德甲王师上个赛季也过得不甚如意，前任主帅雅普·海因克斯仅仅带队两个月，因球队在德甲仅排第十名而被迫下课。他们当时正在寻找合适的人选，当时任拜仁俱乐部总监的是传奇人物卡尔－海因茨·鲁梅尼格，他远赴葡萄牙与我会面。安琪在家为我们准备了午餐，鲁梅尼格就在那时向我说明了来意，想聘我出任主帅一职。这个邀约实在诱人，我实在难以抗拒，虽然德甲近几年在世界足坛退下了神坛，但在 1990 年时德国可是世界杯冠军，拜仁也是享誉盛名。在结束了与卡尔－海因茨·鲁梅尼格的会面之后，他们给了我几天时间让我好好考虑再做答复。

但我内心深处还是向往意大利的生活，早在我在本菲卡的第三个赛季开始之前，国际米兰就联系了我，问我是否有意执教他们，但当时俱乐部总监加斯帕·拉莫斯说服了我，我答应至少再留队一年，然而事实证明这个决定是错误的，现在又一次站在这个十字路口，我绝不会再重蹈覆辙，冥冥之中我与意大利仿佛有着千丝万缕的联系，我在那里还有未完成的心愿，我一定要捧起意甲冠军奖杯。所以之后桑普多利亚向我抛出橄榄枝的时候，我当机立断地答应了，要知道，他们也是一支有着雄心壮志的球队。

在摩纳哥的洛伊斯酒店，我与桑普多利亚老板保罗·曼托瓦尼会面了，当时桑普多利亚的两大巨星罗伯托·曼奇尼和詹卢卡·维亚利也随他一同前来，他派了一架私人飞机来接我。曼托瓦尼说队中的两大巨星都坚信我就是俱乐部主帅的最佳人选，所以带他们来主要是想让我和他们当面聊聊。此前我还没有见过影响力如此巨大的球员，但我与他们俩很快便相处甚欢。当时的桑普多利亚可谓是各项赛事的大赢家，上个赛季刚拿下联赛冠军的他们今年想要再续辉煌，夺冠是唯一目标。

我答应了曼托瓦尼的提议，现在只需谈妥薪水问题就好了。曼托瓦尼说准备开和前任教练博斯科夫相同的薪水给我，边说边从口袋里拿出一张纸巾，在上面写下了具体数额，我接过来一看，暗自对他开出的薪水感到满意。但曼托瓦尼却一把从我手中抽走了纸巾，揉成一团扔了，对我说道："看来你对这个价位并不满意。"于是他又拿出一张纸巾，又写了一个比之前价位高出很多的薪水给我，我接过纸巾，瞟了一眼便点头表示同意。于是乎，合约达成，我又将踏上意大利这块热土。

第 9 章　橄榄树下

安琪对足球的热爱一直高涨，基本上我们的每场比赛她都会去看，总的来说，我们夫妻俩的生活都是围绕着足球，而且安琪也很享受这些比赛，在她看来唯一不好的一点就是居无定所。虽然她能理解这是我的工作所需，也只有很少的一部分教练会一直待在同一个地方，但在理解的同时她还是难免有些介意。在得到去桑普多利亚工作的邀请之后，我从未和她讨论过是否应该接下这份工作，因为一直以来我们夫妻俩都是工作在哪就往哪跑。但安琪却对葡萄牙恋恋不舍，我们前不久才置办了那套理想的居所，而如今又到了收拾行囊浪迹他乡的时候了。

在刚搬到桑普多利亚俱乐部所在的热那亚市的那段时期，我们的居住环境并不理想，虽然是一套海景公寓，但也差强人意，于是又在城郊买了一栋房子，安琪在佛罗伦萨时结识了一个做房产中介的朋友，那个人帮着张罗了买房事宜。这套房子虽有些年头却还算是宽敞，房前还有一个大花园，而且距离桑普多利亚的伯格里斯克训练场仅有 5 分钟车程。尽管如此，安琪还是很难适应在热那亚的生活，这一趟搬家实在太折腾了，年轻时候东奔西走还可以说是闯荡天涯，但 10 年光景如同白驹过隙，安琪不免失去了闯荡的情怀，却多了几分凄凉，她和我不同，我心系足球，四海为家也无大碍，但安琪要的远远不止这样的生活。

这样的生活对我们来说算是一种消耗，连回家后的放松享受也被生活磨得所剩无几，我对安琪随之而来的抱怨早有心理准备，在经历了这么多生活中的不如意之后也难免如此。但接下来情况并没有好转，反而愈演愈烈，我总是饭间离席去接俱乐部主席的电话，一打就是 1 个小时，等我回来饭菜都凉了，安琪后来都不愿意和我坐下吃饭。有时太过生气她会对我破口大骂，我都选择默默转身离开，因为我实在不喜欢吵架。每逢周末，我总不在家，周六的训练结束之后我得和球队的人一起住酒店，备战周日的比赛。

该来的还是会来，安琪忍无可忍了，她直接问我能不能退出教练圈，说我不一定要告别足坛，干点别的跟足球有关的事也行，只要别当教练就好，只要能回家陪她而不是和球队一起住就好。她这么一说倒是使我愣住了，我从没想过会金盆洗手不再执教，如果不做教练了我又该何去何从？这毕竟是我从 25 岁就开始从事的行业，而如今 20 个年头已经过去了。后来安琪一口咬定说我们离开葡萄牙去意大利的时候达成了协议，只在意大利待两年，然后就回葡萄牙开始新的生活。我对此毫无印象，我相信自己绝不会答应退出教练圈这种事。

● ● ●

自我在摩纳哥与曼托瓦尼相会之后，我们便惺惺相惜。他此前是石油大亨，在 20 世纪 70 年代后期的石油危机中，他是为数不多的几个有本事运油到欧洲的人之一，这就是他的发家史。在 20 世纪 70 年代末他买下了当时在意乙联赛苦苦挣扎的桑普多利亚俱乐部，之后他便倾注大量财力发展球队，桑普多利亚才得以咸鱼翻身。球队随后冲超成功并在 1991 年夺得意甲冠军，之后的一个赛季他们还杀到了欧冠决赛，最终惜败于巴塞罗那。曼托瓦尼对我承诺会给球队更多运转资金，而我只要负责带领球队赢得联赛以及欧冠双料冠军。

在我与桑普多利亚达成协议并离开本菲卡之后，我回了老家一趟，在季前赛开始前一周的时候，曼托瓦尼给我打了一通电话，告诉我俱乐部内部的情况发生了突变，他的财力再不能与米兰双雄以及尤文图斯匹敌了，虽然球队的水平会下降，但也只有卖掉维亚利这个选择了，此外他还说："我知道这有违我之前对你的承诺，如果你现在反悔了，想跳出合同，我无话可说，但如果你能留下来我们将万分感激。"

我深感失望，但还是跟他说容我考虑一下，毕竟我此前设想的是带领一支有冲冠潜力的球队创造辉煌，而如今没有了维亚利的实力和曼托瓦尼的财力，想要实现这些目标的难度不可同日而语了。但与此同时，桑普多利亚队中确实有不少潜力股，也许这正是打造一套全新体系的最佳时机，而且这也快到季前赛阶段了，其他球队也没有意向把我招致麾下，加之曼托瓦尼的坦诚让我为之折服，于是我便在 1 小时后回电他说我决定留在桑普多利亚，他也很高兴，向我表达了谢意。在很久以后我才知道，造成俱乐部如此退化的原因太多，不仅仅是财政的问题，曼托瓦尼的身体状况也不容乐观，而我那时对此一无所知。

● ● ●

意大利语中我认为最精辟的一词就是"rompipalle"，字面意思就是欲望极其旺盛，对一切欲求不满的人，但这个词是个褒义词，至少我是这么理解的。我这辈子见过最称得上"rompipalle"的人便是罗伯托·曼奇尼，每每说到他的这种品质，我总是怀着满腔赞美之情。

我在罗马时期法尔考曾跟我提起过一个叫"小曼"的年轻球员，他推荐我把他买下。1982 年，小曼 17 岁时从博洛尼亚转会来到桑普多利亚，10年过去了，当年的小曼成了今天意甲人人闻风丧胆的锋线杀手曼奇尼。当我接受桑普多利亚时，曼奇尼是大家公认的头号球星，尤其在维亚利走后这点更为明显。曼奇尼和巴乔的风格相仿，属于组织核心型的球员，他球商极高，总能洞察到场上他人无法看到的机会。在训练场上他也是大家的领头羊，而且也对新的想法持开放态度，总想参与到所有环节中。在赛前，他会专门与后勤人员联系，确定很多细节事项，细到袜子是否放在了该放的地方这样的小事。当然，他偶尔也会惹怒我，但只要我一发作他就会向我道歉，诚恳地说："对不起，教练。"要对他这么优秀的人生气也不容易，他受到了所有人的爱戴，曼托瓦尼则是他的头号拥趸。

曼托瓦尼在热那亚东南部拥有一栋豪宅，那里是他的私有土地，房子位于山上，俯首即可观望海景，我们常在他家的阳台上共进午餐。在他家门廊的位置有一幅巨型画像，上面画着他们家的家谱，密密麻麻都是名字，在画像中部有他和他老婆的名字，两个名字中间贴了一张曼奇尼的照片，我相信此举肯定让他妻儿颇为不满。每当我们客场作战，曼托瓦尼都会在赛前向我询问曼奇尼是否会登场，他却从未对维亚利如此关切，即使维亚利拿到意甲金靴也无济于事，在他看来，维亚利只是一个奔跑的进球机器，而曼奇尼却是球场上的艺术家。

在我接手球队之前，除维亚利之外还有一些大牌球星也离队而去，比如巴西球星托尼尼奥·塞雷佐，在他与迪诺·维奥拉决裂之前他也是我在罗马执教过的球员。为了弥补他的空缺我们签下了弗拉基米尔·尤戈维奇，他此前随贝尔格莱德红星队夺得过欧冠奖杯，我们也试图用包括恩里科·基耶萨在内的几名年轻射手来填补维亚利的位置。在后卫方面，我们引进了英国球员德斯·沃克，他速度奇快，我认为他与我们以强硬著称的中卫皮埃特罗·维尔乔沃德会合作无间。

联赛开始后，我们在连续拿下几场胜利之后被佛罗伦萨当头棒喝，他们队内的阿根廷球星加布里埃尔·巴蒂斯图塔梅开二度，最终以 4：0 将我们斩落马下。在那之后，德斯·沃克便一蹶不振，在英国踢球时他可以用速度生吃对手，一连突破几名球员，但这套在意大利是行不通的，他球风软弱，让他吃了不少亏。维尔乔沃德在赛季过半时曾这样训斥过德斯·沃克："在意甲踢中卫的位置，你竟然一张黄牌都没拿过！"

在意甲联赛的争夺中我们早早就掉队了，锋线上的几个潜力新星都没有提出来，整个赛季曼奇尼只打进了 15 粒进球却是队内的头号射手，我们那个赛季也仅仅排名第七。赛季结束后德斯·沃克便回到了英格兰，我们需要引入一位合适的人选来替代他，但比这更要紧的是引入一名世界级的进攻球员。那个夏天我曾不断向曼托瓦尼施压，想要他多签几个人，终于在转会窗口即将关闭之际，他给我打了电话，说买进了 3 位世界级球员：路德·古利特、大卫·普拉特和阿尔贝里戈·埃瓦尼。

"埃里克森先生，这下您总该满意了吧。"他随后如是说。

● ● ●

我到桑普多利亚的第一个赛季时，约翰在家附近的一所美国学校就读，丽娜也随着哥哥一起在那里开始了学业。在随后的那个学年中，约翰提出想去罗马的一所寄宿学校读书，这是年仅 14 岁的他自己拿的主意。家庭方面，我和安琪的关系越来越僵，从那时起，我发现世上女人千千万，其中不少看起来都要比安琪更有吸引力。

其中一人便是格拉齐耶拉·曼奇内利，这位来自意大利的女郎皮肤黝黑，身材曼妙，她的孩子比约翰大一两岁，他们在同一个学校上学，我便是在那里遇见了她。初见时只是打了招呼，别无任何其他的动作，但我强烈地感觉到她对我有意思，一个离异的单身女性那种微妙的微笑是再明显不过的信号了。

在 1993 年秋的一天，我照常送丽娜去上学时遇到了格拉齐耶拉，便与她聊了几句。我当时没想那么多，但还是邀请她共进晚餐，在她作答之前我就预感到她会欣然接受我的邀请。那时我还没有手机，没法给她留电话，于是我们便约在热那亚城外的一家餐馆见面，以防走漏风声。安琪那时带着孩子们出去了，我虽然意识到我也许不该这么做，但欲望和好奇战胜了理智。

格拉齐耶拉是一名任职于热那亚医院实验所的科研人员，在与她初会之后，我们就开始定期约见，基本每周会见一次，而且有时还是在她家中。这样的生活让我产生了搬离与安琪的住所，与格拉齐耶拉同居的念头，而不去思考未来会怎么样。

．．．

那年秋天，曼托瓦尼住院了，我们此前就知道他一直不太健康，他是个老烟枪，我想他的呼吸系统肯定有问题。曼托瓦尼总会感叹亚利桑那州的宜人气候，他在那边买下了一座大农场，经常会过去住，偶尔他也会去瑞士，去那边找他老婆，他们有两儿两女，两个儿子分别叫作恩里克和菲利波。有天我去医院探望他，那时他已经住院数周，知道自己大限将至，便委托我帮他办妥一件事，让我一定要确保俱乐部不要被他的两个儿子接管，因为他不认为他们能胜任管理球队的重任。

保罗·曼托瓦尼于 1993 年 10 月 14 日去世，他的葬礼安排在热那亚的一栋教堂进行，请了当地一个叫马里奥的牧师来主持。曼托瓦尼对葬礼的看法很独特，他不希望人们为他的离去感到悲痛，而希望能把葬礼办成一个人生终结的庆典。我们也选择尊重他的意愿，从新奥尔良请来了一支爵士乐队在教堂外待命，当人们抬着他的棺材沿着城镇的街道游行时，乐队就开始演奏。几乎全热那亚的人都来到了街上，为曼托瓦尼送行，这位心胸宽广的大人物，深受全镇人民的爱戴。在游行中，人群里有人问我这种阵势是不是某位国家领导人去世了，我莞尔一笑，告诉他："是的，去世的这位是我见过最好的主席。"

在他走后，我紧守着对他的承诺，和他的两个儿子讨论了球队未来的走向。我向他们一五一十地说了他们父亲的原话，但毫无用处，足球已经融入曼托瓦尼的两个儿子的血液中，没过多久，恩里克就接管了桑普多利亚，而菲利波和他的一个姐姐也开始为球队工作了。恩里克天资聪颖，做事一丝不苟，对生意也是了如指掌，但他这种新人与意大利足坛是格格不入的，这里的俱乐部都是由一群长者们掌管，对传统观念极为重视。我和恩里克一直保持着职业的工作关系，但怎么都比不上我与他父亲的感情，而且随着时间推移，曼奇尼和恩里克的关系越来越差，也许是因为恩里克对曼奇尼心存嫉妒，想不通凭什么曼奇尼一个外人的照片会被贴在家谱的中间。

· · ·

在动乱的时期过去之后，球队运行一切正常，在赛季初的 9 场比赛中，我们赢下了 6 场，并且其中 4 个客场比赛我们都统统拿下。曼托瓦尼走之前的引援起到了奇效，从 AC 米兰转会来的埃瓦尼虽然沉默寡言，却在队内建立了威信，从尤文图斯买过来的普拉特是个随遇而安的人，在球队算是即插即用，效果立竿见影。然而最佳引援当属古利特，来自荷兰的他早在 6 年的 AC 米兰生涯间就功成名就，自一转会过来就进球如麻。在曼托瓦尼去世两周后我们便坐镇主场迎战他的老东家，他与 AC 米兰主帅法比奥·卡佩罗关系不算融洽，上场后心无旁骛，只想向卡佩罗证明放走自己纯属一次失误。

我个人也想击败卡佩罗，虽然他是一个名副其实的好教练，但他在欧洲最好的球队养尊处优般的待遇让我不太服气。是贝卢斯科尼造就了当时鼎盛的 AC 米兰，而自卡佩罗从萨基手上接过教鞭之后，贝卢斯科尼便派他周游列土，研习足球，我执教本菲卡时他也来观摩过我们的训练。

我们出师不利，一开场阿尔贝蒂尼便为 AC 米兰首开纪录，不久之后凭借布莱恩·劳德鲁普的进球，他们把优势扩大到了 2：0。就在我们感到绝望之际，下半场球队便焕然一新，一开场便扳回一球，之后曼奇尼创造了点球良机，一蹴而就，在比赛接近尾声时，古利特在前场接到队友的长传，他潇洒地用胸部把球停下，在禁区弧顶一脚抽射，打得质量极佳，米兰门将奋力扑救，指尖捅到了球，但球力道太大还是飞进了网窝。古利特欣喜若狂，忘我地开始庆祝，他似乎把所有对 AC 米兰的怨念都聚在了脚上，把过往的不顺一脚踢开，帮助我们 3：2 取得了胜利。

赛后，我上前向卡佩罗致意，通常情况就是客气地说一声感谢之类的就罢了，但卡佩罗走到我面前没有向我致谢，而是狡辩称在古利特打进制胜球前 20 秒我们有犯规动作，裁判应该判罚任意球。任意球？这简直是无稽之谈，我故作微笑并告诉他我并不认为有这等事。

. . .

圣诞来临，安琪带着两个孩子回了瑞典，我则留了几天才回去，待了几天之后又匆匆独自赶回意大利，因为在 1 月 2 日我们有对阵拉齐奥的比赛。有天晚上安琪打电话给我而我没接到，一般那个时段我都在家，但那天我却和格拉齐耶拉在一起。安琪当晚一直在给我打电话，我直到第二天早上才与她联系，她问我去了哪里，我却不知如何作答。她想了想，直截了当地问我："你是不是在外面有人了？"我诚实地告诉她确实如此，电话两端进入了一段沉寂，"你去死吧！"安琪骂道，随后便挂了电话。

几天后安琪回意大利了，我与她吵得不可开交，她伤心又气愤，而我也能理解，她怪我当初没种，不敢早告诉她有外遇。之后安琪说我答应她以后再也不见格拉齐耶拉，但我印象模糊，不大记得自己是否这么说过。不管答应与否，我还是继续着与格拉齐耶拉的地下情，我觉得安琪察觉到了，她约了我弟弟和托德来意大利劝我，但他们两个都没跟我说什么，因为本来也就没什么好说的，木已成舟，何苦白费心机。安琪和我虽然还是同床共枕，但两人之间却隔着无形的距离。

. . .

尽管我的婚姻生活一团乱麻，但足球终究是事业，我不会让私事影响到我的职业生涯，在熬过了曼托瓦尼离世的痛苦以及随后的动荡时期后，球队在该赛季表现上佳，新老球员比例均匀。我们先后主胜国米、客斩罗马，整个球队的信心随着胜场的累积越来越高涨，古利特之后告诉我，如果球员们早点知道原来自己有如此实力，我们绝对有可能争夺冠军。虽未能折桂，我们也拿到了季军，差亚军尤文图斯 3 分，距冠军 AC 米兰仅有 6 分之差，并且以 64 个进球总数傲视意甲群雄，在杯赛中我们也收获颇丰，决赛以 6：1击败安科纳夺得了冠军。我们度过了一个堪称完美的赛季，之后因为世界杯的缘故，联赛便早早结束了。

那个夏天我们随队前往遥远的亚洲，游历了中国和日本，与中国男足在
1994 年 5 月 25 日举行了友谊赛，当天北京的那所球场被球迷围得水泄不
通。赛后中国方面又邀请我们到紫禁城赴晚宴，曼奇尼对中餐不感兴趣，作
为一个土生土长的意大利人，只有意大利菜才对他胃口。

在中国时安琪与我通了电话，电话里她说她知道我还在和格拉齐耶拉搞
地下情，我才知道原来是球队的牧师马里奥向她告了密。马里奥的哥哥是我
们家的园丁，他常会来我们家找他哥哥，还会和孩子们踢球。有次我不在家
的时候，他告诉安琪他对我们的婚姻问题略知一二，若要知详情还请安琪等
到去教堂忏悔时再说，于是安琪便去了教堂，马里奥告诉她我在外面有了女
人，安琪随即问他是否知道那人是谁，马里奥说是一位住在家附近的人，安
琪一点就通，马上就知道了他说的就是格拉齐耶拉。

我和安琪的关系到这也算是告吹了，她想带着孩子们回瑞典，这本来没
什么，反正此前我和她也分居两地，但还在罗马寄宿读书的约翰对此并不知
情，安琪执意要亲自前往罗马接回约翰并把事情全盘托出。到这时我也不得
不告诉约翰我们准备离婚了，要对一个 15 岁的孩子讲通这样的事着实不易，
相比起 11 岁的丽娜，约翰一时还接受不了这个事实。我也只得安慰他，说
我仍然并且永远都会是他的父亲，他需要我的时候我都会在他身边。事已至
此，我必须搬出家中，与他们告别了。

● ● ●

在 1994 年夏天，我带着格拉齐耶拉一同前往美国，出任瑞典电视台世
界杯的解说嘉宾。我仍然对媒体的工作不太感冒，但通过这种方式来体验世
界杯这样的盛大赛事也别具一番风味，别人会为你准备好出行方式，提前置
办好球赛门票，而我只需到场解说，岂不美哉。当时我与瑞典的一位资深主
持人游遍美国各地，才领略到这是多么广袤的一片土地。在离开美国前最后

几天，我带着格拉齐耶拉在科德角租了一座小木屋，当时我和她在一起的新闻只在意大利传播开了，还没有传到其他地方，倒不是说我怕消息扩散会造成轰动，只是顺其自然而已。

那一年意大利闯入了世界杯决赛，却在点球大战中惜败巴西，巴乔曾在我执教佛罗伦萨时期在国家队崭露头角，而如今已是头号球星，整个世界杯他都表现杰出，只是最后意外地罚丢了决定冠军归属的那个点球，如此一个伟大的球员遭遇这样的遗憾，我为此深表同情。

瑞典那年表现也不错，在三四名决赛中 4：0 击败保加利亚后夺得季军，领军的主帅是接替了欧拉·诺丁的托米·斯文森，托德·葛利普则作为助理教练为他出谋划策。与洛杉矶进行三四名决赛后，我接到了瑞典队庆功晚宴的邀请，托米·斯文森为晚会致辞，还提及了我，说我对于瑞典足球有着极其重大的意义，我对托米这个人颇为赞赏，他很善于在球队中调节氛围，让大家一团和气。我认为他带队打出这样的成绩也有托德的一份功劳，他在战术方面的高超水平对球队大有裨益，瑞典取得世界杯季军这样的成绩，他应当享有与托米相同的功劳。总的来说，这趟美国之行是很愉悦的，当我们飞回瑞典领空时，甚至还有两架战斗机分居左右两侧为我们保驾护航，直至我们在阿兰达机场安全着陆。

● ● ●

回到意大利后，我们自信十足地开始迎接新赛季，毫不夸张地说，上个赛季全意大利数我们表现最佳。但赛季开始前古利特提出想重回 AC 米兰，这对我们可不是什么好消息，毕竟他是队内射手王，更重要的是在精神层面上一直积极地影响着整个球队，所以当我得知他想回归 AC 米兰和卡佩罗的怀抱时，不由得大吃一惊。为应对这样的情况，我们引进了数名新援，包括门将沃尔特·曾加，他极为自信，一进到球队就顺利融入体系，当然最好的引援要数从罗马租借过来的塞尔维亚球员西尼萨·米哈伊洛维奇。

米哈伊洛维奇自加盟以来就开始司职球队左边锋，但较同位置的球员他不算速度很快，于是我便把他调到了左后卫的位置，他虽不情愿但也答应了。米哈伊洛维奇性情倔强，对什么都有意见，但我从他加盟就对他颇加赞赏，因为他的左脚技术在我见过的球员中数一数二，将来也不大可能有谁能超越他。他每次插上进攻到对方底线，都可以一脚传中，找到 6 码外的曼奇尼，这样的精湛技艺不单单是有天赋就能练就的，他是付诸了几百甚至几千个小时在训练场苦练任意球和传中才达到了这样的精度，每次训练开始前及结束后，米哈伊洛维奇都会重复练习任意球。也有人说他应该花点时间练练他的右脚，但在我看来一个球员就应该尽最大可能磨炼他的优势项目，这样才能练就一项无人能匹敌的绝技。

有次比赛前，我们太多球员因为伤病和停赛无法出战，尤其是中卫的位置，我与米哈伊洛维奇商量，看他是否能踢中卫，"我？中卫？怎么可能！"他一听便立即回绝了。但我还是一意孤行，把他安排在中卫的位置上，果不其然，他表现出色，在之后的比赛中我也如此对他进行安排。他为我效力多年，也赚了很多钱，从刚加盟时拿的微薄报酬涨到了球队工资最高水平，后来他每次上场进球，都会狂奔到教练席给我一个热情的拥抱。

那个赛季我们开局踢得不错，但之后在做客面对尤文图斯和罗马时我们都 0：1 落败，古利特离队造成的困扰始终没能解决。几个月后，我接到了古利特的一通电话，说他又在 AC 米兰待不下去了，问我能不能把他租借回桑普多利亚，我欣喜若狂，他的加盟必将为我们的进攻起到推动作用。果然一转过来他就进了不少球，但之后他遭遇了长达数月的进球荒，他也不似那般对进球如饥似渴，连整个人的气场都变了，原来一颗闪耀的巨星如今也慢慢褪去了光芒。

● ● ●

随后我独自搬进了一座海景房，房东是一位年老的女士，我向她租下了一楼的房子。走过客厅和卧室,一座大花园便映入眼帘,花园内有烤肉架和晚餐桌,从花园尽头的大门出去可以走到岸边,基本可以直接从那跳入海中。花园里种满了橄榄树,枝繁叶茂,把阳光尽数遮挡,需要对它们修剪一番,然而房东女士并不想出钱让人来做,我便主动出钱解决了这个问题。园丁三下五除二便把树剪得不剩多少,高度大约齐胸,当房东女士看到这些改动后大为吃惊,说花园颇具但丁《神曲》中的风格。

安琪带着孩子们去了佛罗伦萨,此前她就对那里情有独钟。我和她离婚的事宜拖了一年才彻底办妥,我以前对我的财政情况从不关心,然而到了这个节骨眼金钱纠纷却成了我和她离婚的待办事宜中最重要的一环。她请了一个律师来解决这些问题,也就意味着我也得找一个。此前我们在意大利和瑞士的银行中都有存款,最终判定两人对半均分这些财产,我得到了葡萄牙的房产,她则得到了欧尔的避暑别墅以及一些现金。

她爸爸也掺和到了我们的财产纠纷中,此前我们在瑞典度暑假时我便与他发生过争执。她的父母都对我们最后破裂的关系感到失望和惋惜,她妈妈梅特对我破口大骂,我对此也能理解,但当她父亲卡尔·埃里克开始就钱的问题对我说三道四的时候我就忍不住了,签订协议时,他提出了很多琐碎的问题,还要求我签下文书,保证以后不会觊觎家里留给安琪和她哥哥的避暑别墅。我又怎么会对一幢老旧的避暑别墅感兴趣呢?只是他指责我对安琪和孩子不负责任不够关切的那些言论实在让我感觉屈辱,我便告诉他:“你大可放心,我对钱的事情不像你这样锱铢必较。”这话一说,他倒是不作声了,此后一段时间我都没和他们说话,但时间一长,情况也有所好转,她的父母也能设身处地为我着想,梅特也指责安琪一有机会就带孩子跑回瑞典:“你都已经结婚了,还几个月都不陪在你老公身旁,他也只是忙于工作啊。”

安琪搬走以后我日子也不好过,周日孩子们偶尔会来热那亚看我们主场的比赛,每逢周一只要我有空,我都会开 2 个小时车,跑去佛罗伦萨看他们,然而我还是吃了安琪的闭门羹。多数时候我会带孩子们去外面的饭店吃个晚饭,但常常会搞得气氛很尴尬,丽娜年纪太小什么都不懂,但约翰却对我和安琪的事一清二楚，一开始他与妈妈统一战线，对我很是生气，在我送他们回去之后，安琪都会吼叫着骂我。

事到如今，有时我也会后悔，因为我于心有愧。我记得有一次去看他们的时候闹了不愉快，回到热那亚后约翰给我打了电话，无论如何都要让我想办法让一切回归正常。还好，时间流逝，情况也有所好转，安琪也不会把我拒之门外，我们一家也能坐在一起吃个晚饭了。

● ● ●

季前赛杯赛的胜利让我们顺利跻身 1995 年的优胜者杯，这是自 1980 年我执教哥德堡之后第一次带队参加这项杯赛，当年在优胜者杯 1/4 决赛中，哥德堡被阿森纳打得体无完肤。然而这次，我将率领桑普多利亚面对波尔图，他们的主帅是博比·罗布森，他是足坛中的大好人，当年就是他邀请我这个默默无名的瑞典教头与他一同坐在教练席观看与伊普斯维奇的比赛。

首回合我们一球告负，在次回合客场挑战波尔图时，我走向他们俱乐部主席平托·达科斯塔，问他是否记得多年以前他拒绝让我率领的本菲卡进更衣室的事，他却一笑了之，我心中暗自发狠，我将会是笑到最后的人。果然之后的比赛我们 1∶0 取胜，比赛进入了点球决战，五罚全中的我们顺利晋级半决赛。等待我们的强敌是阿森纳，首回合在海布里球场，他们的后卫史蒂夫·博尔德连入两球，其中一球还是我们的门将曾加送的大礼。随后的比赛中，我们强势反弹，攻进了两个极为关键的客场进球，虽然比赛以阿森纳 3∶2 取胜而告终，但我认为我们下场比赛赢的机会很大。

不少在意大利的桑普多利亚球迷都相当激进，他们站在靠近场边的地方，在我们主场路易吉·费拉里斯球场营造了令对手心惊胆战的压迫感，与阿森纳的比赛一开始时，球迷们近乎疯狂地开始煽动气氛，为我们助威。开场不久，曼奇尼便为球队建功，球迷欣喜若狂，因为加上这一个进球，凭借客场进球优势我们将会晋级。但阿森纳绝不会投降，在下半场，伊恩·赖特为他们扳平了比分，胜利的天平又一次改变了倾向。时间一分一秒过去，当比赛进行到第八十分钟时，我派上了从未为一线队出战过的 19 岁射手克拉迪奥·贝鲁奇，这次换人起了奇效，几分钟后他就进球了。在比赛行将结束之际我们再入一球，以 3 : 1 领先阿森纳，一切都预示着我们将笑到最后。

但常规时间仅剩两分钟时，阿森纳在我们禁区前沿获得任意球机会，准备操刀主罚的是我曾在本菲卡执教过的斯特凡·施瓦茨，他左脚主罚，发力充分，势大力沉，直接打进球门右边底角，这个进球为他们扳平了客场进球的劣势，最终在加时赛互交白卷后，双方进入了点球决胜。此前面对波尔图时我们点球五罚全中，但这次没那么走运了，阿森纳有着世界上扑点球技术数一数二的门神大卫·希曼，米哈伊洛维奇第一个主罚就被他拒之门外，之后尤戈维奇的点球也被他扑出。虽然马斯佩罗和曼奇尼都操刀命中，但希曼扑出了隆巴多的第五个点球，成功送阿森纳晋级决赛。我们距离决赛仅一步之遥，但我认为自己已经尽力，没犯什么错误，作为主帅是无法左右点球决胜的结果的，至少我是这么觉得的。

● ● ●

在曼托瓦尼撒手人寰后，桑普多利亚只卖不买，在我执教的第四个赛季开始前，大卫·普拉特便被卖到了阿森纳，维尔乔沃德和隆巴多则去了尤文图斯，古利特也远走他乡，切尔西成了他的新东家。建队基石已走，我只有选用希望之星来顶替他们，比如克拉伦斯·西多夫和克里斯蒂安·卡雷姆布，这两名球员是菲利波·曼托瓦尼发现的，他凭借着神通广大的人际关系后来也成了一名职业足球经理人。

19 岁的荷兰小将西多夫祖籍是苏里南人，自幼便在阿贾克斯的著名足校训练，我们便成功地把他挖了过来。他脚下技术出众，但仅限于此前在阿贾克斯训练的短平快的传切配合。他认为我们的打法太过偏重防守，就这个问题我与他讨论过很多次，而且有时我让他坐板凳他便闷闷不乐。之后他也懂得了足球不只是阿贾克斯教他的一味疯狂猛攻，参透这点之后，他的球技也上了一个新台阶。当我们那年春天 3：0 客场战胜尤文图斯时，他攻进一球，并当选为当场最佳球员。

卡雷姆布司职中场，他是一个在南太平洋小岛新喀里多尼亚长大的法国人，在我所见过的球员中，就数他能承受的训练量最大，在进行间歇跑训练时，全队无人能望其项背。我问过他是如何能跑那么多还不嫌累的，他说他家里人多，每个孩子每天都各有任务，他便负责跑去几里外的商店买面包，就这样周而复始日复一日，他往返于家与商店之间，越跑越快。

在这年轻的一代中，唯有恩里科·基耶萨真的踢出来了，他单赛季入球 22 个，与曼奇尼搭档组成了联赛中令人闻风丧胆的锋线组合。对于基耶萨来说，曼奇尼更像是一个父亲一样的人物，原因是什么我不知道，但绝对不是曼奇尼的榜样作用。有一次在客场与国际米兰的比赛中，裁判漏判了一个我们的点球，曼奇尼便向裁判破口大骂，撕掉队长袖标，暴怒离场，发誓说再也不踢了。在我百般劝说后，曼奇尼回到了场上，但他上场只是为了找保罗·因斯寻仇，对着因斯就是一个飞铲，裁判出示红牌将他罚下，随后追加了 6 场停赛的惩罚。那个赛季我们仅排第八名，距榜首的 AC 米兰 21 分。

● ● ●

我在桑普多利亚已经执教了 4 个年头，比我在任何球队执教都要久，虽然我清楚球队不会再有太大的长进，也不能和意甲顶尖球队相比，但我在这里过得怡然自得，我把生活的节奏掌控得很好。我常常会约格拉齐耶拉共进晚餐，当时除了两个孩子之外，我不受任何责任的束缚。这样的生活让我很满意，也就是为什么在我执教的第五个赛季前，当我得知球队把基耶萨和西多夫分别卖到帕尔马和皇马的消息时，我平静地接受了这样的事实。

我们随即进行了引援，买进了日后球队头号主力胡安·塞巴斯蒂安·贝隆，当时他年纪尚小，只是一个刚从博卡青年队出道的 21 岁的阿根廷中场小将。我曾执教过如法尔考、邓加这样的南美中场球员，但与他们相比贝隆在进攻端强出不少，他视野极为宽阔，与曼奇尼不分伯仲。然而在球场外我与他有不少摩擦，大家都知道贝隆喜好聚会，是夜店常客，在他转会过来一段时间后，我就收到过很多次说他夜间逃出去的报告，我便严肃地告诫他："别把你喜欢聚会的习气带到球队中来，要搞就在家里搞。"

这个赛季较之前来说有所进步，我们排到了联赛第六，领先尤文图斯12分，挺进下赛季的欧罗巴联赛。但我的野心却远远不止于为欧联杯席位而战，在桑普多利亚度过了5个年头后，我知道是时候离开了。较之过往，我当时完全过着不同的生活，我虽然离开了家人，但我却莫名地觉得这段执教桑普多利亚的经历是我人生中最快乐的时光。当我从海景房搬走时，房东女士还对我依依不舍，说我对那些橄榄树的裁剪是再好不过了，在修剪以后它们才会茁壮成长。

第 10 章　我乃足坛传奇

随着我在桑普多利亚最后一个赛季接近尾声，经纪人阿索尔·斯蒂尔联系了我，早在 10 年前我执教罗马的时候他就向我推销过约翰·巴恩斯，然而我没有买巴恩斯，随即他便转会去了利物浦。那时我和斯蒂尔就算认识了，而在随后的几年中我们总会在不同的地方不时碰面，虽然此前我和他还没有做过生意，但这次联系我，他是为了给我提供一个工作机会，英超的布莱克本想要聘请我出任主帅。

自英伦大亨杰克·沃克 1991 年接管俱乐部以来，他便投入了大量财力在布莱克本的建设上，也收获了不错的成效，在 1995 年，布莱克本赢得了球队 80 多年以来的第一座英超冠军奖杯，然而之后的一年球队仅仅排在积分榜第七位，再后来也是节节下滑。如今杰克·沃克想再造辉煌，像他这样的人只要尝过胜利的甜头就会止不住地想要再度品尝。他约我于布莱克本城外的他女儿家会面，此前他因为债务问题离开英格兰很多年，搬到了海峡群岛的泽西岛居住，在那边开办了他的泽西欧洲航空公司。他和我讨论了俱乐部发展的蓝图，并表示想要引入新鲜血液强化阵容。一切听着都合乎我意，于是经过阿索尔的一番谈判之后，我与布莱克本签下了合同。签订之后沃克便带我乘私人飞机前往泽西岛，在途中，他咬着舌头故作亲切地对我说："既然是朋友了，以后就叫我约翰尼吧！"说着就拿出一瓶尊尼获加威士忌与我共饮。

在到泽西岛之后，他又安排了飞机送我回意大利，回去之后我便告知曼奇尼我接下了布莱克本的工作，问他是否有意与我一同远征英伦。他对英国足球很感兴趣，但当我告诉沃克我想带上曼奇尼的时候他却对此持怀疑态度，怕曼奇尼转会费太高，他支付不起。我告诉他不需支付转会费，但曼奇尼对薪水的要求会很高，可是他绝对物超所值。可惜沃克还是没有被我说服，他不愿意斥巨资购入曼奇尼，驳回了这桩转会。我对此很是失望，这给我在布莱克本的开局蒙上了一层阴影。然而在那之后，我又接到了一通电话。

电话那头是塞尔吉奥·克拉尼奥蒂，这位声名显赫的大人物就是著名食品集团丝瑞奥的老板，也是拉齐奥俱乐部的主席，他来电的目的可想而知，就是为了聘请我到拉齐奥执教。克拉尼奥蒂自20世纪90年代初购入拉齐奥之后便开始注入大量资金，他一直都志在赢得意甲冠军，这也是我10年以来梦寐以求的荣耀。我清楚地知道，这是我人生的转机，我必须拿下这个工作，尤其是在杰克·沃克拒绝了我引入曼奇尼的提议之后，我加盟布莱克本的想法产生了动摇，但我要怎么从签订的合同中跳脱出来呢？于是，我决定致电杰克·沃克，约他出来面谈。

我们约见在米兰机场，我向他说清了想要推掉布莱克本工作的原委，他听完目瞪口呆，说我这个决定会让布莱克本骑虎难下。他当时竭尽所能劝我留队，我想如果我再坚持一下他会为了我引进曼奇尼。

命运总是爱开玩笑，在我陷入了选择哪个俱乐部的甜蜜的烦恼时，罗伊·霍奇森正好被国际米兰解雇了，这也许有几分讽刺意味，但作为一个英国人，霍奇森简直是布莱克本新帅的不二人选，我想都没想就向杰克推荐了霍奇森。在一番思量之后，他也意识到我去意已决，便答应了我的请求，撕毁了合同并祝我好运。

● ● ●

回顾历史，拉齐奥在意大利足坛算不上是一家豪门，甚至在罗马也不能称雄，仅有的一次夺得联赛冠军是在1974年，但克拉尼奥蒂决心要带领拉齐奥冲上意甲之巅，其他结果都不能接受。前任主帅茨德内克·泽曼在连输两场之后便被球队炒了鱿鱼，当时球队的传奇门将迪诺·佐夫作为临时出任的救火主帅带完了赛季余下的比赛，现在到我上任了，俱乐部上下以及球迷的期望早已爆棚。

在我上任之初，球队上下死气沉沉，几个球队功勋老臣已经多年未能品尝胜利的滋味，即使现在球队财政情况明显改善，但人们心中对拉齐奥的定位还是一支弱队。在我执教佛罗伦萨以及桑普多利亚多年之后，球迷们给我取了个外号——"万年老二"，媒体中也不乏这样的言论，说埃里克森永远都拿不了意甲冠军，我对此深恶痛绝，便痛下决心在拉齐奥成就一番事业，为球队扭正风气。

当时拉齐奥队内头号球星是射手朱塞佩·西格诺里，在 5 年的球队生涯中，他一共打进 100 球有余，在意甲多次荣膺最佳射手，他以别具一格的罚点球方式著称，罚点球前从不助跑，难以预测。他深受球迷爱戴，可惜我和他之间却有隔阂，他的风格与我的足球思想格格不入，而且他对事物都持消极态度，固执地破罐子破摔，说球队绝不可能赢，总的来说，这样的球员在我这是不受欢迎的，我们需要的是有全力争胜意志的球员。

而队中确实有那么一个合乎我要求的球员，他就是年仅 18 岁便跻身拉齐奥一线队的亚历桑德罗·内斯塔。我上任时他 21 岁，正在逐渐成长为一个世界级的中卫，还有来自捷克的中场球员帕维尔·内德维德，他先我一个赛季来到拉齐奥并为球队贡献了 7 个进球，但我们还需要更多的好球员。我找了克拉尼奥蒂，告诉他如果可以引入曼奇尼、米哈伊洛维奇和贝隆这 3 个球员，冠军指日可待，我这么做其实有点违背我的个性，我从不擅长如此自信甚至有些自傲地说话，而且也没能说服克拉尼奥蒂，他最终只为我从这 3 人中引入了曼奇尼。

除此之外，我们还有几笔引援：从尤文图斯买回了原来为球队效力过的克罗地亚前锋阿伦·博克西奇，还有阿根廷后腰马蒂亚斯·阿尔梅达，以及此前我在桑普多利亚执教过的弗拉基米尔·尤戈维奇，我个人倾向于引入曾经执教过并且关系甚好的球员。赛季之初我们表现平平，前 11 场比赛输了 4 场，在前往佛罗伦萨客场作战时，我们的大巴在高速路上抛锚了，西格诺里就开始怨天尤人，说什么这种倒霉事只会发生在拉齐奥队中，还问我们：

"你们听说过 AC 米兰的大巴抛锚吗？从来没有吧！"

他的这股怨气给球队带来很多负面影响，我忍无可忍，找克拉尼奥蒂说必须卖掉西格诺里，他听后大为惊诧，并一口否决，不愿卖掉球队的标志性人物。之后，我便雪藏了西格诺里，他对此也颇有微词，在一场欧联杯的客场比赛中，我叫他去热身但最终没让他上场，他突然情绪失控，对着我破口大骂，我当时就知道和他彻底决裂了，他自己后来也想离队，我们便向桑普多利亚出售了一半他的所有权，他便在那边踢完了赛季余下的比赛。

我此前有所不知，克拉尼奥蒂没有告诉我他们此前尝试过要把西格诺里卖到帕尔马，结果球迷们对此极度不满，围堵了球队的福尔梅洛训练场，最终迫于压力，俱乐部撤回了转会提案，留下了西格诺里。

我从未料到出售西格诺里的决定有可能会引起如此负面的影响。几天后我们在主场迎战乌迪内斯，我让曼奇尼作为单箭头首发，卡西拉奇和博克西奇则坐在替补席上，结果这几个前锋在那场比赛中都颗粒无收，我们 2∶3 落败。在赛后的新闻发布会上记者提的所有问题都涉及了西格诺里的转会问题。此后事态恶化，愤怒的球迷又一次来到了福尔梅洛训练场，翻过围栏冲进场地想要与我这个卖掉球队撒手锏的蠢货当面对质。警察建议我们取消训练，让我从后门离开场地，我没有照做，我才不愿夹着尾巴逃掉，身正不怕影子斜。于是我独自驱车从正面驶出，迎接我的大约有 1000 名愤怒的拉齐奥球迷，齐声呐喊着西格诺里的名字。

随后事态完全失控了，多名球迷跳到我的车上，躺在车顶上对着我怒吼。我试着一点一点挪动车子，但根本是寸步难行，我不得不说这些球迷行为下作，但我也不为之所惧，反正他们也不能杀了我，不然谁来带球队。在僵持了些许时刻后，我总算开动了车，但边走还是边听着球迷们哀号般地喊着，"西格诺里！西格诺里！西格诺里！"

之后一周我们在客场 1∶2 输给了尤文图斯，但在那场比赛后我们取得了数月的不败战绩，连续 16 轮全身而退，在打出这样的成绩后，再也没有人提及西格诺里半句。

• • •

这次回罗马,我还是住在原来我们在维奥拉的住所,只不过这次换了一间小些的公寓,因为我现在单身了,不需要那么大的房子,格拉齐耶拉很想搬过来和我一起住,但说实话我当时有点厌倦她了。安琪带着丽娜住在佛罗伦萨,偶尔会在周末过来看我,约翰也高中毕业了,远赴美国继续研学运动心理学。

在 1997 年秋,我邀请了一位以前相识的瑞典女郎来罗马找我,球队周末放假时,我带她去罗马周边著名的萨图尼亚温泉游玩。有天晚上我们共进晚餐时,一女两男径直朝我们走来,那名女子可谓一位黑美人,举手投足都吸引着四下客人的目光,令人不由得发出赞叹的声音。

两名男子中较年长的一位称自己为詹卡洛,还是一位天主教徒。他开玩笑地问我,作为一名前罗马主帅怎么能去执教罗马的同城死敌拉齐奥呢,还对我说我在罗马的第二个赛季球队踢球是最好看的。詹卡洛很容易相处,短小精悍,着实讨喜,但我的目光始终停留在那位神秘美人的身上。后来才知道她叫南希·德洛利奥,是詹卡洛的老婆,在他们坐到自己桌子之前我与她寒暄了几句。第二天我又于泳池边遇见了他们,南希邀请我之后什么时候有空就去她和她老公罗马的家里用餐,我欣然接受了,果然别过之后没过多久她便致电邀请我与其他四五个人一同过去吃饭。詹卡洛是一名律师,他们的房子买在罗马北部的帕里奥利,而且富丽堂皇,看得出他比较事业有成,南希与她老公是同行,但她看起来并没有很勤奋地工作。在用餐时,她安排我坐到她旁边,其他一同用餐的人有的是政客,有的是律师,还有一位是搞艺术的,虽然没人涉足足球领域,但他们都想与我聊聊球,总之那晚过得很愉快。在随后的日子里,南希一次又一次地约我去吃晚饭,每次还都坐在我身边。

时间来到了 1998 年 2 月 5 日,就在那一天,我的人生也经历了小半个世纪了。我邀请了约五六十人与我一同庆生,先在餐厅用餐,随后又去罗马一家叫"蓝色妖姬"的夜店玩耍，我叫上了里卡多、安娜·维奥拉，还有前妻安琪，克拉尼奥蒂与俱乐部几位成员一同过来，但我没叫球员们一起，当时我深刻地意识到主帅不该和球员有过多的社交活动。我当然也邀请了南希以及她老公，还有在温泉时与他们一起的那个叫西尔维奥的男子，而我自己却独身前往，没有带女伴一起。聚会后我和里卡多、安娜、安琪一行人回了家，住在他们家里，我们4个人坐下喝酒并谈起了南希，显而易见，这样的一个尤物肯定让所有宾客印象深刻。安琪还说："我相信不久后南希·德洛利奥就会跟埃里克森上床，当然如果你俩已经睡过了就当我没说。"她的预言无疑是对的。有一次在南希家吃晚餐，我和她独处时她问我哪天约她出去吃个午餐，我当然乐意，就看她有没有时间，她随即说："那就明天？"我点了点头，问她有没有想好去哪里吃，她却说："去你家怎么样？"说到这里后续的故事自然不必多言，我都不记得我们有没有吃午饭了，可能吃了一点吐司，反正她来我家也不是为了吃饭。

· · ·

足球是一项集体运动，要求球员有团队合作的能力，然而阿伦·博克西奇却是个独行侠，跟他说要打配合根本就毫无意义。他年幼时在南斯拉夫长大，他说那时的他踢球根本不传球，作为一个进攻球员他认为传球不是很重要，只要一拿到球他就不想传出去，说罢他便拉高嗓门哈哈大笑。

我很喜欢博克西奇，尽管团队合作和集体精神长期都是我的足球思想里的必要环节，但当你遇到这样颇具天赋的独行侠时也需要给他一些自由挥洒的空间，而博克西奇绝对是天赋异禀，他快如疾风，眼观六路，脚下生花，可他却有些心理障碍。在训练中，他进球就像玩一样，但在正赛中就不一样了，我们的前11场比赛中他只攻进1球，每每遇到这样的难题，我总会想起心理大师威利·莱洛。

威利接到我的邀请后便飞抵罗马，与克拉尼奥蒂签订协议，帮助阿伦摆脱心理障碍。协议中克拉尼奥蒂答应威利，在阿伦的进球数与上赛季持平之后，每进一球威利就获奖 1 万英镑，阿伦很享受与威利共事，那个赛季我记得他打进了 10 个球，克拉尼奥蒂调侃道如果阿伦火力全开难说会把自己搞破产。威利想要继续与阿伦这样合作下去，他说只要在他的帮助下阿伦极有可能成为世界顶尖球员，但在看到阿伦开始进球之后克拉尼奥蒂就满意了，威利随后也就回挪威去了。

几年后我和威利·莱洛共同撰写了一本书，叫作《斯文－戈兰·埃里克森说足球》，里面主要内容是关于如何在球场上及生活中保持必胜的信念，当时该书销量很可观，威利在开讲座的时候也会用到这本书，想必从中捞了不少油水。然而我却没觉得自己从中获利多少，威利把责任推给了荷兰的出版社，但我却对此心知肚明，此后也与他不再往来，只知道他随后染上酒瘾，几年后便撒手人寰，而我是在他的葬礼之后很久才得知了这个消息的。

● ● ●

我在拉齐奥的第一个赛季还剩 7 场比赛时我们占据了积分榜第三的位置，仅落后排名第二的国米一分，榜首的尤文图斯两分。我们于 1998 年 4 月 5 日坐镇主场迎战尤文图斯，只要拿下便有可能攀升至榜首的位置，那天我们与罗马俱乐部共有的奥林匹克竞技场门票售罄，围满了狂热的球迷，现场氛围极为火爆。即使赛季临近尾声，我们的队员也无一抱恙，让我得以派出最强阵容来应对挑战。尤文图斯的主帅是冠军教头马塞洛·里皮，他几年前初来尤文图斯便率球队夺得意甲冠军，而当时的尤文图斯也是相当强盛，中场有大师齐达内和埃德加·戴维斯盘活全局，前方有因扎吉和德尔皮耶罗冲锋陷阵。

比赛十分胶着，双方都没有取得绝好的机会，直到第六十分钟时，齐达内开出外旋角球找到上前冲顶的因扎吉，他为尤文图斯首开纪录，1：0 领先。随后我用卡西拉奇换下了阿尔梅达试图加强进攻，然而随后内德维德惨遭红牌罚下，提前宣告了比赛的结果。败给尤文图斯之后，我们便节节败退，最后6场输了5场，在赛季末落后尤文图斯18分，排在第七名的位置。

我们虽联赛受挫但杯赛得意，意大利杯我们打进了决赛，挑战由卡佩罗执教的AC米兰。首回合比赛安排在联赛中输给尤文图斯后的第三天，AC米兰凭借非洲球星乔治·维阿在第十九分钟的进球1：0小胜，由于第一回合没能取得客场进球，我们第二回合在罗马逆转的可能性小之又小，然而第二回合中阿尔贝蒂尼一脚爆射打进球门死角，也就意味着我们必须连扳3球才能夺冠，而在这时候，我仿佛看到了明天报纸的头条"'万年老二'埃里克森又倒在了最后一关"。

但随后从未进过球的戈塔迪打进一球，又让我们重拾希望，几分钟后他又造成马尔蒂尼在禁区里的犯规，为我们赢得点球良机，尤戈维奇一蹴而就，让我们掌控了场上的主动权。随后我们险些反超对手，但卡西拉奇的射门被门柱拒绝在外，可是内斯塔几分钟后便抓住AC米兰后卫角球解围失误打进一球，为我们以3：1拿下比赛。自1974年后，时隔24年再度捧起冠军奖杯，我们这边球员们兴奋地把克拉尼奥蒂抛向空中，而卡佩罗则在球场边踱步。第二天的报纸称我们为名副其实的冠军，说我在卖掉西格诺里后遭到了如潮的差评，然而现在却向世人展现了一个世界一流教练的水平。

一周后，欧联杯的决赛即将打响，我们将于1998年5月5日在巴黎王子公园体育场与国际米兰展开冠军的争夺，那一年国际足联出台规定，欧联杯决赛从此只踢一场。

整个赛季我都在向球队灌输必胜的信念，告诉他们一支王师是永不满足的，会去争取一场又一场胜利。然而看来联赛杯的一点小小甜头便足以让球员们满足，在巴黎比赛时感觉他们斗志全无，自然要被对手碾压。开场不久萨莫拉诺即为国际米兰打破僵局，下半场萨内蒂和罗纳尔多锦上添花，助国际米兰3：0轻松登顶。显然我还需要花大功夫整顿球队，如今的拉齐奥还远远不是一支我想要的争胜之师。

• • •

　　南希和詹卡洛有一艘叫作"南希一号"的船，他们曾用它环游希腊，在我和南希还没有走得太近之前有次我也参与了他们的周末出海。在夏天的某一天，南希打电话问我是否有意与她和她朋友去"南希一号"上玩，她那次是背着詹卡洛约的我，而她的闺密们都知道我和她之间的暧昧关系，西尔维奥也不例外，那天他也随我们一同出游了。

　　西尔维奥家境优渥，是一个长相俊美的花花公子，他每天的日常行程都差不多是在午饭时段醒来，随后就去网球俱乐部，打上几局就坐下和朋友们打打牌抽抽烟，到了晚上 7 点他就会照常打电话给家里的公司，确认一下当天的交易量，吃过晚餐之后就到了他的聚会时间。

　　西尔维奥水性极好，所以在船上他就有一个工作，就是下海帮我们抓海胆来做午餐前的小食，估计这也是他一辈子唯一有过的"工作"。他总能抓起一大袋海胆，交给船员切开，伴着香槟享用，这样的假日时光颇为惬意。

　　1998 年世界杯我带上南希一同前往法国，在马赛看了巴西的比赛。我本想让国际足联那边帮我安排各项事宜，但由于我和南希不想公之于众，我便通过一个朋友帮我置办了球票，没有在足协那边搞出动静，在比赛中我们也坐得离球迷们远远的，以防被人看到。

　　在那之后南希和詹卡洛去了斯德哥尔摩，我为他们安排了一辆豪华轿车去阿兰达机场接机，在车上放了玫瑰和香槟。我拜托了罗杰·帕尔姆格伦负责安排热气球观光以及环斯德哥尔摩岛环游，他是一名斯德哥尔摩的足球教练，我在桑普多利亚执教时他曾来拜访过我。我曾想让罗杰把詹卡洛带回宾馆，我去和南希独处一会儿，但我深深地觉得对不起詹卡洛，他为人甚好，深爱着南希，外出时会帮她背包，他说南希对他来讲是太过完美的对象，自己配不上她，但遇见她却是他这辈子最幸运的事。我听他这番话仿佛是在告诉我不要试图挖他的墙角，而如今我细细回想，当时也许我应该如他所说，不要夺走南希。

· · ·

在足坛中每天都有人在赢利，也有人在亏损，但在 20 世纪 90 年代末期，
足坛财政情况发生了翻天覆地的改变。这次的改变起源于购买球赛的电视转
播权的价格一路飞涨，导致了球员和教练的工资水平也高得令人咋舌，我从
不记得每个球队开给我的具体金额，但我记得在桑普多利亚时我的年薪约有
200 万克朗（约为 20 万英镑），来到拉齐奥后我的年薪足足多出一倍有余，
而在转播费的因素开始影响市场之后，一夜之间我的收入升至了原来的 3
倍。我在罗马时期认识了一名叫作汤姆·埃格的瑞士银行家，我便把钱交予
他管理，每月我都会把一部分工资存到日内瓦的银行账户上，而且不会去挪
用这笔钱。

在电视转播的推动下，克拉尼奥蒂开拓了一番新天地，为拉齐奥注入了
更多资金，旨在打造一支强队，赢得冠军。我在意大利共事过的俱乐部主席
统统都是铁杆球迷，但如果要比狂热程度谁都比不上克拉尼奥蒂，他常会到
福尔梅洛找我聊足球。有一天我在训练场熬了通宵，第二天早上 7 点克拉尼
奥蒂就来敲我房门，说他刚从巴西谈完生意，便直接从机场赶来福尔梅洛找
我。我们随后在餐厅吃了早餐，餐厅里只有我们两人，电视屏幕上突然开始
播放戴安娜王妃于巴黎车祸身亡的新闻，我们颇为伤感，就没有谈论足球的
相关事宜，但我记得那是唯一一次他来找我但没有聊球的。

克拉尼奥蒂心里很清楚，如果拉齐奥想要更上一层楼，更多的投资是少
不了的，而这样的决定就让现役的球队球员们处境艰难，大多球员都被清
洗了，连尤戈维奇也没能幸免。我们在这些离队球员的空位上引入了很多强
援，例如中场的阿蒂利奥·隆巴多、塞尔吉奥·康西卡奥、德扬·斯坦科维
奇以及我初来乍到时便想引入的那 3 人中的一员——米哈伊洛维奇。

但说到底我们最缺的还是前锋，一个能左右比赛胜负的前锋。我一直强
调若想打造常胜之师，队中必须有一名身披 10 号战袍的出色组织者，以及
一名顶级的 9 号球员担任射手，现在 10 号有了，那便是曼奇尼，但上个赛

季中我们从未有过够格的射手，球队的头号射手竟是中场球员内德维德，他打进了 11 个进球。卡西拉奇在转会期被球队出售，我们斥巨资引进了智利球员马塞洛·萨拉斯，转会费共达 260 亿里拉。萨拉斯此前在阿根廷的河床队踢得很出色，在法国世界杯中为智利队共打进 4 粒球。

然而克拉尼奥蒂还不满足，他认为球队有必要引入一名世界巨星级别的射手，当时我听闻尽管在上赛季勇夺西甲金靴奖，但克里斯蒂安·维埃里在马德里竞技过得并不如意，于是我们与马竞方面约见于米兰，商讨他的转会事宜。双方入座后，喝了几口咖啡，谈判便开始了，我们向他们问价，马竞总监开出 500 亿里拉（约 3000 万英镑）的天价，如果以这个价格成交的话在当时将会打破国际足坛的转会费纪录。

克拉尼奥蒂跟我说："这可不是笔小数目！"我提醒他虽然价格不菲但维埃里物超所值，克拉尼奥蒂问我是否愿意用一两名球员与马竞交换，来抵销一些转会费，当时马竞对内德维德和斯坦科维奇颇有兴趣，但我是不可能放走这两位球员的。

思忖一番过后，克拉尼奥蒂不再试图讨价还价，说道："好吧，看来还是得按老规矩办事。"于是乎，这笔天价交易在 5 分钟内便谈妥了。

克拉尼奥蒂生性冷淡却充满领袖气质，我从未见他动过肝火，我们两人关系一直很融洽。他是个大生意人，这一点人尽皆知，他的身边总会跟着一群智囊团，人们都称他对事精明，但我对此不敢苟同，感觉他同我一样，对生意一窍不通，当然我也不太想去探究其中原委。不过从那之后我开始细细回顾过往，不由得怀疑当时出售西格诺里时是不是被他摆了一道，也许他也想赶走西格诺里，但是不想面对球迷的谴责，就把我推向了风口浪尖。照这么说的话，克拉尼奥蒂简直狡猾，在红脸黑脸中间转换自如，八面玲珑。

● ● ●

转会过后，尘埃落定，拉齐奥逐渐开始受我全盘控制了，在一系列的人员更替后，我还是想在教练席上多引入一名强援，想要球队签下托德·葛利普。在我漂泊在外的这几年间，我和他常常联系，他妻子西维几年前便已过世，但此后他遇上了一名叫因加的女子，过上了幸福的生活。他常会到我的住处找我，而且每当有足球问题要请教别人时，我总会第一个想到他，他知识渊博，基本我的足球知识都是跟他学的，他对这点也是清清楚楚，托德也是一名技艺高超的训练指导，善于用言语以及行动使球员进步，最重要的是，他对于处理球员与教练的关系更是有自己的独到之处，对于那些被边缘化的球员他总是能妥善处置纠纷。此前意大利足坛不允许非意大利籍的教练出任助理教练，然而那时这条规定已被更改，我便当机立断，签下了托德。

球队每天有两次训练，我早晨8点半到达福尔梅洛训练场，为10点开始的第一堂训练课做准备。11点时训练结束，大家开始做伸展运动，之后便开始用午餐，厨师会把做好的面放在盘子里，球员们便坐在一起吃，在所有人都吃完之前无人可以离席。周而复始，这样的训练日程相当紧凑，每分钟都有安排，如果有人乘大巴时迟到了就会被罚款。此前季前集训时，全队都集合在大巴上，30秒后便出发，但托德还没有赶到，那天天降暴雨，只见托德穿着湿透的袜子跑了过来，后来才知道他找不到球鞋了，但又怕迟到耽误大家时间，球员们感动不已，欢呼声此起彼伏。

然而第二个赛季我们出师不利，前11场比赛我们仅赢下3场，主要原因是中场缺乏创造力。有天曼奇尼来办公室找我，问我要不要试试把他移到中场的位置。不得不说这是我听过最荒谬的话，曼奇尼怎么能踢中场呢？他原先的位置是安插在射手身后的第二前锋，我担心他防守不力，但这个主意确实弥留于我脑中，最终我想试试又何妨，就让他踢次中场，但我交代他必须多跑动。

然而到了场上我才发现，曼奇尼不需要像其他中场球员那样疲于奔命。他总是能几步就赶到关键位置，主要得益于他出众的阅读比赛能力，可以成功地判断出何时应该阻断传球线路而不是一味地放铲，当看到统计数据时我们都大吃一惊，曼奇尼的抢断次数竟然和阿尔梅达一样多。与此同时，萨拉斯和维埃里开始找到进球的感觉了，从 11 月底到来年 4 月初，我们一直保持着不败金身，曾一度拿下 9 场连胜。

这样看来踢球就变得轻而易举了，办法总比问题多，有时需要眼疾手快，有时又需要按兵不动，总之要思想开阔，能够接受新点子，比如把曼奇尼从前场拉到中场这样的大胆尝试。然而球场之外的世界则要复杂得多，于我而言最重要的是把生活和足球区分开来，而要做到这一点也是很不容易。

当时的科索沃战乱纷飞，北约也在攻击塞尔维亚，我们队中的斯坦科维奇和米哈伊洛维奇都是塞尔维亚人，他们的双亲、兄妹、亲戚都还住在塞尔维亚，生活在水深火热之中，他们两人也难免为之担忧。我安抚他们，说我能够理解他们对巴尔干半岛的战乱有着不同的想法，但这不是我们内部的斗争，作为一支球队我们时刻都要团结在一起，不能让其他干扰因素影响我们的发挥。米哈伊洛维奇随后回国支持军阀阿尔钦，自己给自己找了麻烦，我也不知道他发表了怎样的言论，我也不太想知道。

我觉得自己不该不懂装懂，对其一无所知就开始评头论足，但同时作为一个主教练，对这些公众新闻做出回应也是我的职责所在。在意大利球迷中种族歧视的风气极为盛行，然而拉齐奥的球迷最是推崇这种歪风邪气，每逢比赛都会有一小撮大喊大叫的球迷聚在北看台，向黑人球员喊着难听的话。在我执教前，球队中曾有一名来自荷兰的中场球员阿隆·温特是黑人，但在我上任之时他便离开了球队，当时有几名我想要签下的球员是黑人，但克拉尼奥蒂一直不愿买黑人球员，不想引起骚动。在我执教拉齐奥的时期中，俱乐部唯一要面对的问题就是严重的种族歧视，我多次为之而大动肝火。尽管拉齐奥发展壮大了，但总是遭人唾弃，就是因为球迷们这种对黑人球员无端的种族歧视。

● ● ●

我向来不爱与人发生冲突，但无论再怎么躲避，有一个人是我迟早都要面对的，那就是詹卡洛。南希想要离婚，我便打电话给詹卡洛，告诉他我明天会去他家拜访，而当我告诉我的助理教练卢西亚诺·斯皮诺西我正打算跟南希的老公坦白我们的地下情的时候，斯皮诺西勃然大怒："你可千万别这样！你不知道这边人的脾气，这种事他杀了你都有可能的！"即便斯皮诺西警告了我，但我还是得这么做，当我到他家时詹卡洛还是笑脸相迎，一如既往地热情款待我，跟我称兄道弟，给我斟上一杯香槟。南希也在场，我事先交代过她如果事态恶化要如何掌控局势，但她还是很紧张，徘徊于一楼和二楼之间，就是不能安定地坐下。詹卡洛与我对坐无言，终于也到了我要跟他谈正事的时候了。

我坦白地告诉他我觊觎他的妻子，程度之深都可以称为爱上她了，而且南希也芳心暗许，只见詹卡洛静坐在原地好好听我说，我猜他之前没能料到我要告诉他这件事，但他还是很冷静，叫南希过来坐下，问她我说的是否属实。南希点了点头，詹卡洛给她倒了一杯香槟，转向我说："斯文，可以先回避一下吗？我想和她单独聊聊。"我表示赞同，随即离去，他起身送我走到门口，说对我的坦诚和勇气表示赏识，不管以后怎么样，希望我们能一直做朋友，毕竟我曾率领他钟爱的罗马踢出让他赏心悦目的足球。

两天之后南希搬离了詹卡洛的家，我在罗马城外的一个海滨小镇弗雷杰内买了一套房，房子虽有些年头，但位处海边，风景甚好。南希和詹卡洛分手之后，大多时间我们都住在那座房子里，前几个月我们如胶似漆，唯有浪漫一词能够形容。我们常在海边散步，在外面享用晚餐，附近一家叫作马斯蒂诺的饭店成了我们的最爱。

但没过多久我便开始受不了南希了，她太过强势，需求太多，总是要我把她捧在手心，在感情中我从不喜欢这样，后来我就开始怀疑自己的决定，从詹卡洛身边偷走她到底对不对。突然有一天，詹卡洛给我打来电话，说要聊聊，我印象中我们是开车在罗马的某处相遇的，他想让我再给他一次机会，让他追回南希。我听后大为吃惊，毕竟我才是第三者，但他却在想要夺回南希之前征求我的意见，我的心中百感交集，但我也别无选择，只得答应。

　　詹卡洛告诉我他和南希曾在西印度群岛有一些房产，如果征得我的同意，他则打电话给南希，约她一起去西印度群岛商讨怎么处置那些房产，表面上说是处置房产，但他的最终目的却是要与南希独处一段时间，尝试把她追回来，然而当时我对他的计划持同意态度，并且也在一定程度上表明了我并不看好我和南希的长期发展。

　　他们两人原定计划是要出游一周，在去西印度群岛的途中他们有一晚下榻在纽约，然而詹卡洛当晚却订了一个大床房，这就把他此行的动机暴露了。南希也看明白了他想干什么，原来整个行程都是詹卡洛为了追回自己而安排的，也许詹卡洛向她坦白了，她也知道我当初同意詹卡洛最后再追她一次。她勃然大怒，打电话过来把我怒斥了一番，第二天早晨便乘飞机赶回了罗马。

　　自那之后我和南希便确立了情侣关系，那年的圣诞节我还带她回了瑞典。我们住在父母家里的顶楼，母亲对她也不是很满意，不过这也想得通，不是南希不好，而是在母亲眼里，全世界的女人都配不上我。平安夜家里拿出了珍藏多年的威士忌，韦姆兰人生性好酒，三下两下瓶子就见了底，南希见状，心中便有了一千个不乐意，她还心心念念地想大家一起出去散个步，哪怕路上都结了冰。之后还是顺了她的意，但我们才走出去不久便听南希一声惨叫，只见她的皮草大衣被风卷上了天，对于本就不开心的她无疑是雪上加霜，自那之后她就一直闷闷不乐。

● ● ●

　　自曼奇尼开始打中场之后，我们在积分榜上一路攀升，整个城里的球迷都视我为神一般的存在，因为是我让拉齐奥在意大利范围内声名大噪。球迷们也因此欣喜若狂，每逢主场作战都会有六七万名观众前来助威。时隔多年，我如愿以偿，又一次回到了意甲积分榜的第一名。

　　在赛季只剩 8 场比赛之时，我们仍是领头羊，甩开身后的 AC 米兰 7 分，我第一次觉得意甲冠军离我是那么近，但好景不长，6 场比赛之后，AC

米兰和我们的分差被缩小到了1分，我又一次开始怀疑，是不是球队还是缺乏左右胜负的能力。

倒数第二场比赛我们做客面对我的老东家佛罗伦萨，当时他们的主帅是吉奥瓦尼·特拉帕托尼。比赛进行到中场休息时仍是1：1的僵局，在下半场我们虽创造不少破门良机，却奈何破门乏术，没能打穿他们的防线，即使冒着风险大举进攻也是颗粒未收，然而在AC米兰方面，他们主场4：0击退来访的恩波利，占据积分榜榜首位置，在联赛仅剩一轮之际领先我们1分，我们此前7分的领先优势荡然无存。

· · ·

联赛胶着的同时，我们也晋级了优胜者杯的决赛，在伯明翰的维拉公园球场迎战马洛卡。眼看联赛大势已去，我想不如索性拿下优胜者杯，好歹是拉齐奥队史上第一座国际性比赛的奖杯，也为这个赛季画上一个圆满的句号。

在比赛仅剩10分钟时，双方战至1：1平，内德维德在马洛卡禁区前沿接球，搓出一脚巧妙的弧线球，门将也鞭长莫及，球应声入网。有人认为内德维德能够打进这样一球仅仅是天赋使然，然而他们却不知道他是我认识的球员中训练最刻苦的球员，他几千个小时的训练造就了这一粒美妙的入球。那年夏天，在赛季结束一周后，所有球员都离队开始度假，我突然接到球队主管装备器材的经理的电话，告诉我内德维德在福尔梅洛基地，问我可不可以借他几个球练一会儿。

优胜者杯以我们2：1取胜而告终，自那年之后优胜者杯便被取消了，也就意味着拉齐奥将作为最后一届优胜者杯冠军被载入史册，赛后球员们手舞足蹈地庆祝胜利，但最为欢欣鼓舞的是克拉尼奥蒂了。4天后最后一轮联赛我们于主场2：1击败了帕尔马，但也是毫无意义，因为AC米兰客场击败了佩鲁贾，问鼎意甲冠军，然而我还是没有能够摆脱"万年老二"这个称谓。

• • •

意大利的"8 月节"指的是 8 月放假时，意大利人周末都飞似的涌向海滩，然而想要享受贵宾待遇的富人们则都去撒丁岛开私人游轮了。克拉尼奥蒂就喜欢在撒丁岛度假，一早便扬帆驶向海中，在海景的中央竖起拉齐奥的队旗。我和南希去撒丁岛时住在一家酒店，但每年总有那么一天我们会去克拉尼奥蒂的游轮上玩，南希对此很是喜爱。每年 2 月份，这群在撒丁岛度假的富人又会不约而同地去道罗麦特的滑雪胜地科蒂纳丹佩佐。那些雍容华贵的女人们则可以穿着心爱的皮草大衣出来显摆，然而她们中却没几个真的会滑雪。撒丁岛我无可避免，每年都去，但科蒂纳我却只去过一次。

我和南希租住的公寓位于市中心的罗马人民广场旁边，这种地段的房子华而不实，价格高昂，在家旁边都停不了车，还要开到 500 米外的地方停了车再走回来，这样的地方我实在不喜欢住，而且住在这里也常常会引起别人的注意。整个公寓的装饰工作自然是由南希来完成的，在丽娜看来，她把公寓装饰得像个博物馆似的。站在公寓的阳台上可以远观梵蒂冈的美景，附近教堂的钟仿佛就在眼前一般触手可及。南希不时会邀请一些朋友来家中吃晚餐，其中不乏一些律师、医生、政客之流。他们中的大多数都喜欢和我聊足球，大概是因为那时候所有人的关注点都是足球吧，而南希也以我为傲，常拿我炫耀，我常开玩笑说如果我是个修水管的她才不会喜欢上我，每次这么说都会惹得她不高兴。

• • •

我初识老爵爷弗格森是 1990 年在摩纳哥进行的超级杯（在欧洲杯赛冠军之间进行的一场比赛），由优胜者杯冠军拉齐奥对阵老爵爷执教的曼彻斯特联队。之后在英格兰，人们视老爵爷为英伦足球之王，封官晋爵，但他同时也是一个纯朴又真实的人，在摩纳哥的超级杯开始前我曾与他简短地交流过几句。当时超级杯虽然不是很受重视，但拿个冠军也是有利无弊，我们1：0拿下比赛后我也很是欣喜，那场胜利开启了我职业生涯中最长的一波连胜，没有几个教练能够实现这样的壮举。

我在拉齐奥的生涯中曾三度夺得冠军，但最让我魂牵梦萦的当数意甲联赛冠军。意甲联赛竞争激烈，夺冠之机稍纵即逝，但我们不得不面对克里斯蒂安·维埃里离队的事实。在上赛季结束之后，国际米兰向我们透露有收购维埃里的兴趣，而维埃里本人也想离队，每年效力一支球队基本成了他的习惯，因为他既不安于现状，又渴望荣华富贵。克拉尼奥蒂问我他该不该卖掉维埃里，我告诉他我们应该卖掉他，如果他无留意我们则不要强求，我一直坚信强扭的瓜不甜。克拉尼奥蒂又问我应该向国米老板马西莫·莫拉蒂要价多少比较合适，我想既然当初用 500 亿里拉才买下他，这次不妨翻他一番，卖个 1000 亿里拉。

克拉尼奥蒂说我想钱想疯了，但在与莫拉蒂谈判结束后他告诉我早听我的就好了，他当时不敢要价 1000 亿里拉，就向莫拉蒂开价 900 亿里拉，结果莫拉蒂立马就答应了，又一次刷新了足坛转会费纪录。在这次转会中我们得到了国际米兰的阿根廷中场迭戈·西蒙尼，之后他的表现证明了他对于我们来说是一笔极为宝贵的引援。

球队在卖掉维埃里之后大赚了一笔，然而也付出了相应的代价，失去了一位世界级的球员，通常情况下我会提议买进一位相同水平的巨星，但这次我却买进了年轻的西蒙尼·因扎吉，他的加盟让我相信即使没有维埃里在阵中，我们一样有不少能够进球的潜力新星。而且我再次提议要球队引入我最初想要引进的 3 人中的最后 1 人——胡安·塞巴斯蒂安·贝隆，而这次我的提议得到了克拉尼奥蒂的赞同，一套令我满意的阵容已经集结完整。

这次我们开局打得漂亮，9 场比赛拿下 6 场平了 3 场，分别有 11 名球员为球队取得进球。

• • •

　　每到周末丽娜都会来罗马看我，一般她都是在周五放学之后从佛罗伦萨乘火车过来，一开始保姆会送她一程，到后来她便独自一人往返于两城之间了。周五晚上我会带她去吃晚餐，或者在家里自己做饭，看看电视，周六我们则一起去看球队训练，她站在场边饶有兴致地看我工作，当时 12 岁的她最喜欢的球星是内斯塔，而当时内斯塔也是大多年轻女孩心中的偶像。每次周末带丽娜参观训练都会让她开心不已，大概是因为我们父女俩能借此机会亲近一些。由于周日早晨有联赛，我和球队周六晚上会住在宾馆，丽娜则在比赛时前来观战，弟弟拉斯也会带着他的儿子一同前往。

　　南希对我的孩子们从来没有意见，她也从未表示过不希望丽娜过来看我，所以即便南希不属于贤妻良母型的女子，我也觉得她和丽娜相处得挺融洽。她说丽娜很奇怪，坐下听大人聊几个小时的无聊话题也不会觉得烦，而丽娜说南希也有些稀奇古怪的想法，比如她说泡冷水澡可以减肥的理论。丽娜不善言辞，但她却擅长观察，她告诉我，我和南希并不合适，我们老会吵架，而且南希和我一同出去吃饭的时候总是怨这怨那：服务不周到，香槟不好喝，灯光不好看，等等。她想要我时刻呵护着她，这也让我越来越难以忍受，而这些细节统统逃不过丽娜的眼睛。

　　我背着南希在福尔梅洛训练场边租了一栋别墅，就是为了不跟她在一块儿，能图个清净。然而租了房子后我却带了很多女人回家，其中一个便是意大利女演员黛伯拉·卡普瑞里奥。我和她的关系清清白白，但《意大利信使报》却把我们在一起的新闻登了出来，说什么拉齐奥的主帅与美丽的卡普瑞里奥小姐幽会，他们这则新闻对我来说可谓是致命一击。当时的意大利媒体基本不会刊登关于球队球员或者教练的绯闻，而拉齐奥公关部的人突然告诉我再也不要和《信使报》的人通气了，我便猜是俱乐部的人走漏了风声，所以当《信使报》的记者在之后的新闻发布会上向我提问时我都直接跳过不理。

　　事到如今，我已经不记得南希当时有没有因为黛伯拉的事跟我大闹了一番，反正我们之间的问题一如既往地存在。她当时想与我订下终身大事，但我却无心顾及个人问题，我曾一度与她坠入爱河，但如今却不那么肯定了，我当时就应该当机立断与她撇清关系，然而我却任其发展，一味逃避，可能是我对南希的责任感让我选择了优柔寡断的处理方式，毕竟我1年前才让她离婚，从詹卡洛身边偷走了她，而且她也不是那么让我无法忍受，与她相处还是让我感觉充满生机和乐趣的。

● ● ●

该赛季我们终于步入了正轨，由野兽般凶猛的内斯塔领衔的防线固若金汤，贝隆和西蒙尼两个阿根廷人组成的中场运筹帷幄，如今的拉齐奥群星璀璨，看他们踢球可谓是一种享受。在3月底时，我们仅仅输了3场联赛，然而问题就是尤文图斯这个赛季发挥极好，甚至可以说是无人能敌，同期他们只输了一场比赛。齐达内的表现令人叹为观止，西蒙尼·因扎吉的哥哥菲利波·因扎吉进球如麻，而且新上任的主帅卡尔洛·安切洛蒂也是实力非凡，他曾是我在罗马执教时的队长。自我遇见安切洛蒂以后，我就知道他是当教练的材料，他初到尤文图斯便取得了不错的成绩，一切迹象都预示着他们即将问鼎意甲。然而我不能忍受这样的结果，我告诉克拉尼奥蒂笑到最后的会是我们，他还不敢相信，而且球员们大概也不完全相信我必胜的言论，但我知道当时球队确实有争冠的实力。在联赛仅剩6轮之际，我们与尤文图斯还差6分。

联赛中我们与尤文图斯展开了拉锯战，在欧冠中我们也顺利晋级小组赛第二阶段。欧冠进行了一系列的改革，从以前只有各个联赛冠军可以参加，到现在每个联赛都有几个欧冠名额，在意大利前两名可以直接晋级下赛季欧冠，第三名、第四名则要打一轮晋级赛，获胜即可参加。小组赛第一阶段我们闲庭信步般地晋级了，但第二阶段却遭遇了实力更强的对手，分别是费耶诺德、马赛以及由詹卢卡·维亚利兼任教练的切尔西。小组赛最后一场，我们客场击败切尔西，晋级到 1/4 决赛，准备迎战巴伦西亚。结果我们出人意料地以 3：5 的总比分告负，第一回合他们便 5：2 完胜我们，令人完全无法想象。事后经调查，巴伦西亚球员比赛期间使用了违法药物，但到最后都没有找到决定性的证据，他们队中也无人因此被判刑。

两年前关于使用非法药物的丑闻席卷了意大利，罗马教练茨德内克·泽曼当众宣称使用违禁药品的风气已经在意大利足坛泛滥成灾，并点名指出几名尤文图斯球员有此类行径，还特别说明他们使用的是固醇类药物。随后一系列严肃的调查便拉开了帷幕，6 年后尤文图斯的队医里卡多·阿格里科拉因在 1994 年至 1998 年间为球员提供违禁药品而被判刑。事后被告方对判决进行了上诉，阿格里科拉在更高级的法院判决中又被宣判无罪，但当时意大利大多人都认为使用违禁药品的现象确实存在。我对此不置可否，我只知道自己清清白白，从未沾染过此类作弊事宜。

在联赛只剩两轮之际，我们与尤文图斯的差距缩小到了两分，我们在这轮将客战博洛尼亚，尤文图斯则主场迎战帕尔马，如果我们全取 3 分而帕尔马逼平尤文图斯，那我们便能超过他们占据榜首。之前被我出售的拉齐奥名宿西格诺里现效力于博洛尼亚，并在上半场为他们攻入一球扳平比分，然而下半场我们早早占据主动并攻入两球，虽然西格诺里梅开二度却也只是安慰球而已，与此同时尤文图斯凭借着德尔皮耶罗的头球破门取得领先，当时的情况看来赛后两队排名都不会有所改变。

但戏剧性的一幕发生在伤停补时阶段。帕尔马获得角球机会，帕尔马中卫法比奥·卡纳瓦罗头球建功，在最后关头扳平比分！然而正当所有人为我们成功登顶而欢欣鼓舞时，裁判马西莫·德桑蒂斯称进球之前帕尔马有犯规嫌疑，吹掉了这粒进球。卡纳瓦罗一头雾水，所有人都认为这是一粒漂亮的进球，但裁判心意已决，进球取消，尤文图斯 1：0 取胜。

终场哨一响起，关于该场比赛的舆论就如雨后春笋般冒了出来。尤文图斯被指控收买裁判，在争冠关键战役中打假球。连克拉尼奥蒂也不能自已，怒不可遏，说拉齐奥遭遇了天理不容的不公，而当值主裁德桑蒂斯坚称自己确实看到尤文图斯有个球员在禁区里被推搡了，而且自己在卡纳瓦罗进球之前就已鸣哨。之后的几天那个进球的回放在意大利电视台循环播放，根据录像显示，裁判是在球进之后才吹哨的，而且明显没有尤文图斯的球员被侵犯。拉齐奥的球迷们自发组织办了一个嘲讽意大利足球已亡的"葬礼"，他们扛着一口用意大利语写着"足球"的棺材，横穿了整个罗马城。

然而此次之后，德桑蒂斯还被起诉过一次，说他在比赛中判罚太过偏向尤文图斯，因此得名"尤文管家"。最终经过调查，他果然是被尤文图斯体育总监卢西亚诺·莫吉贿赂过的几个裁判之一，在 2006 年他被整个意大利足坛封杀，数年之内不能再执法比赛。

●　●　●

当时人们都太过关注这场假球风波，以至于都忘了联赛还有最后一轮，届时才知花落谁家。尤文图斯将客场挑战积分榜中游无欲无求的佩鲁贾，我们也将坐镇主场迎战另一支中游球队雷吉纳。我们当时虽落后尤文图斯两分，但净胜球占优，如果尤文图斯被逼平而我们战胜对手，冠军就是我们的，当然尤文图斯在这场冠军角逐中掌握着主动权，他们极有可能迎来队史上第二十六座联赛冠军奖杯。我整周都在告诉球员们注意力要全部放在我们的比赛上，全力争胜就好。

赛前踏入奥林匹克竞技场时阳光明媚，这不仅是这赛季的收官战，更是曼奇尼球员生涯的最后一战。36 岁的他决定赛季结束后挂靴，下赛季他将出任我的助理教练，他此前便已取得教练资格证，毫无疑问他退役之后将步入职业教练的圈子。

从比赛一开始我们就占据了主导位置，上半场凭借两粒点球领先对手。然而中场休息时就发生怪事了，比赛开始时罗马和佩鲁贾都还晴空万里，而此刻 100 里外的佩鲁贾却风云突变，暴雨降临，而罗马依然阳光灿烂。几分钟后佩鲁贾的球场就变得坑坑洼洼，裁判只得推迟下半场的开球时间，看何时雨会停。

罗马方面，我们的比赛照常进行，终场哨响起时我们以 3∶0 拿下了比赛，而同一时间尤文图斯的下半场比赛还没有开始，比分还保持在 0∶0。终于，在长达 82 分钟的滞后之后，下半场比赛如约而至。

尽管我们与雷吉纳的比赛已经结束，但几乎全场球迷无一退场，全都坐在座位上盯着自己的收音机和手机，时刻关注着尤文图斯的比赛。几分钟后传来了那边比赛进球了的消息，然而进球的却是佩鲁贾，一时之间奥林匹克球场变成了欢乐的海洋，欢呼声震耳欲聋，但须臾过后，全场又陷入了死一般的寂静，毕竟距比赛结束还有很长的时间，尤文图斯还有机会逆转取胜。在意大利，食指中指交叉的动作表示你在诅咒某人，现场很多球迷做出了这个动作，发起对尤文图斯球员的诅咒。

更衣室中的氛围比观众席更为紧张，当时还没有电视，全队静静地听着广播。没有任何人沐浴更衣，没有人开口说话，有几名球员都紧张得不敢听广播了，西蒙尼·因扎吉仿佛入定一般坐着，因为乱动可能会招来厄运。克拉尼奥蒂则留在了观众席上的主席团包厢里，几分钟后脸色苍白的他也来到了更衣室。我则是焦躁不安地四下踱步，感觉我都走了几里地了，脑中仿佛一团糨糊。其间我曾步入过球场中，然而没有任何人留意到我的出现。

不久之后我走进了教练室，里面有台电视，从转播画面中可以看出佩鲁贾的场地积水相当严重，尤文图斯方面想要提前终止比赛，改日再比。也许换个裁判那天尤文图斯就得逞了，但可惜当值裁判是皮埃路易吉·科利纳，他是世界顶尖水平的裁判，吹罚严厉但极为公正，任凭谁都无法动摇他，比赛必须坚持踢完。就这样，常规时间结束了，科利纳给了 5 分钟的伤停补时，但就算他再给一个小时，尤文图斯估计也是颗粒无收。

当科利纳吹响终场哨时，更衣室里球员们近乎疯狂地开始庆祝，大家抱作一团，我也与他们激情相拥。不久后，有人进来叫我去贵宾看台找克拉尼奥蒂，他在上面欣喜若狂，这毕竟是他此生的夙愿，此次夺冠意味着他人生一大心愿得以了结。我们当日没有举办授奖仪式，我估计奖杯被放在佩鲁贾的场地里了，根本没人会料想到我们会笑到最后。

随后，球队上下一同乘大巴回到福尔梅洛，我在那边换了自己的车先回家一趟，再来参加球队在罗马市内一家夜店的庆功聚会，我车上当时还载了几个人，但我不记得具体是谁了。此前我们没有预想过罗马市中心会是何种盛况，将近半个城市都被人们围得水泄不通，数以千计的人涌入了罗马人民广场。球迷们在我距目的地还有一里左右的时候发现了我，他们便开始高声呼喊我的名字："埃里克森！埃里克森！埃里克森！"

球迷们又一次跳到了我车上，不过这次与抗议卖掉西格诺里时不一样，他们不是因为愤怒，而是因为喜悦。这种阵势着实把我吓了一跳，四下全都是人，直到警察出现帮忙维持秩序才好了一些。我问同车的人愿不愿意开车，把我载回福尔梅洛训练场，于是同车的一个人就坐到驾驶座替我开车。当我们回到福尔梅洛的时候所有人都走了，我在训练场洗了个澡，静坐片刻，自比赛后我第一次有机会静静地回想发生了什么。我只知道我们赢了，我赢了，之后我做了什么便是一片模糊，再不记得，好像我打了电话给我父亲，但我已记不真切。之后在庆功会上，我向克拉尼奥蒂致谢，感谢他一直支持我，还开玩笑说他就应该一开始都听我的，如果早点买下我说的那三个球员或许我们都夺冠 3 次了。

● ● ●

在夺冠 4 天后，我们又捧起了联赛杯，回想第一年执教拉齐奥的时候，球员们赢了一个联赛杯冠军就心满意足了，欧联杯赢不赢都无所谓，然而这种心态是做不了赢家的，赢家总是渴望更多的胜利。而现在，我们是名副其实的赢家，我也摆脱了"万年老二"的称号，摇身一变，成了那个带领拉齐奥登顶意甲的传奇人物。然而那时我还不知道，在不久的未来，世界上所有教练梦寐以求的执教机会在向我招手。

第 11 章　斯文狂潮

欧洲的足球俱乐部迎来了国家队比赛日。当阿索尔给我打电话时，我和南希正驾车去阿玛菲海滩度假。几年前，阿索尔和布莱克本达成协议后我们就断了联系。此刻他正激动地坐在温布利大球场给我打电话。英格兰刚刚在世界杯预选赛中输给了德国队。赛后，英格兰队的主教凯文·基冈迅速辞职。在温布利的贵宾室里，英足总高层乱作一团。现在该做什么？谁将入主英格兰国家队？阿索尔在贵宾室里对他们的讨论冷眼旁观。

"你想当英格兰队的主帅吗？"他问。

我？英格兰的主教练？一个瑞典人？怎么可能！

"今天不是愚人节吧。"我说。

阿索尔解释说，英足总的官员们厌烦了那些熟悉的名字，决定给有大陆视野的教练们机会，尤其是那些像我一样有国际大赛经验的人。谈话很简短，挂断之后我也没多想。然而几天后当我回到家中，阿索尔又打来了电话，这次他很认真，英足总想要跟我谈谈。如果可以的话，亚当·克罗泽会致电与我详谈。

"那是谁？"我问。

亚当那年 36 岁，是苏格兰人，刚刚接手英足总总裁的职务。之前他在宣传部门工作，人们认为他既进取又睿智。我跟阿索尔说可以和亚当电话详谈。很快，亚当就来电话了，他一点儿都没绕弯子、开门见山。

"您对当英格兰队的教练有兴趣吗？"他问。

我的确很有兴趣，但是我解释说我还有和拉齐奥的合同在身，他们也不想让我离开俱乐部。我在罗马过得很舒心，还有曼奇尼这样优秀的助教，我们不仅保留了夺冠的班底，更引进了两名优秀的前锋——埃尔南·克雷斯波和克劳迪奥·洛佩兹。意甲那时刚刚开始，我也很想帮助球队卫冕，而且看起来很有希望。

亚当说想至少要到罗马和我当面谈一谈，我实在盛情难却。清空了所有的安排，我和他见了面，谈论了有关足球世界最有挑战性的工作。我即将成为诞生足球这项运动的国度国家队的第一位外籍教练。我想听听他们会提供怎样的待遇。他们能否让我在拉齐奥带完这个赛季再接手国家队的工作呢？首先我得和克拉尼奥蒂聊聊，跟他说我收到了一份执教国家队的邀约。

"别告诉我你要率领意大利队。"他说。

"不，是英格兰。"我回答。

"噢！"他说，"你打算怎么办？"

"如果你是足球教练，会拒绝这份工作吗？"我问他。

"不，"他说，"我不会。"

从那之后时光飞逝，和亚当电话会谈后过了几天，他、阿索尔和我的老相识英足总主席大卫·邓恩就一同来到了罗马。在拉齐奥时我签下了邓恩部分拥有的阿森纳球员阿内尔卡，我们就此有过一段协商，邓恩人很不错。

邓恩的女儿曾在罗马求学，我们就在她拥有的一套公寓里秘密会面过。拉齐奥的训练结束后，我径直来到了公寓。在他们等待期间，昔日的歌剧演员阿索尔为亚当和邓恩演唱了一曲《波希米亚人》。紧接着我们开始谈论工作的问题，我希望执教拉齐奥到赛季末，他们答应了这个请求。工资方面我们没什么分歧，他们愿意支付和拉齐奥一样的薪水，一切就这样敲定了。

● ● ●

2000 年 10 月 31 日是个周二，官方宣布了我成为英格兰国家队的第一任外籍主帅。在新闻发布会上，亚当说我是他们的第一人选。合同签至2006 年世界杯后。我将在 2001 年 6 月 1 日从拉齐奥离任正式接手英格兰国家队。彼得·泰勒暂代教练，史蒂夫·麦克拉伦会协助他。我们达成了协议，在 2001 年春天我就来率领英格兰队参加世界杯预选赛。

第二天拉齐奥主场 2：1 战胜了布雷西亚。赛后，一名英足总官员大卫·戴维斯把我带到了英格兰，次日早晨我要在那里出席记者会。戴维斯在跳槽到英足总之前在 BBC 工作多年。在飞往英格兰的私人飞机上，我们开了香槟预祝未来。这时我没考虑过未来将会发生什么。

在官方宣布之前，英足总的技术总监霍华德·威尔金森私下到罗马见了我。我觉得他是想进入教练组。当我问他英格兰队的教练是怎样工作的时候，他说只要你不住在英格兰一切就完美了。他建议我搬到巴黎去，我觉得他是在逗我。

有人送了我一本尼尔·埃德沃斯写的《世界上第二难的工作》，是有关英格兰主帅的事儿。我匆匆翻阅了一遍就归纳出了主题——基本上这工作不好做。我理解英格兰人对国家队高到离谱的期望值，但足球是圆的。我不怕完不成任务，也不怕别人对我表现的非议，这些我都习惯了。

后来在卢顿机场我遇到了后来的英国首相托尼·布莱尔和瑞典首相戈兰·佩尔森。

"斯文，欢迎来到英格兰！"布莱尔说。

接着他和我打了个赌。

"你觉得我俩谁能工作得久些？"他问，"两个不可能胜任的工作啊。"

我接受了赌局。

● ● ●

记者会早上在宾馆的某处举行，我记不太清了。在开始前半个小时，英足总首席新闻官保罗·纽曼简略地介绍了流程和我可能会被问到的问题。我更关心我的语言问题，我之前从没说过英语，也从来没在说英语的国家生活过，但我觉得英足总的人比我紧张多了。我知道给人留下很好的第一印象非常重要，这对所有人都好。

通向会场的走廊里挤满了摄影师。保安不得不帮我挤出一条路。让我第一次感受到这个工作的难度。当我坐到记者们面前时，镁光灯闪烁，长枪短炮对着我。这都对我没什么影响。当我张嘴开始讲话时，神经中的最后一丝紧张也消隐无踪。我回答问题很公式化，但非常真诚。长久以来，我对英国足球非常感兴趣，不可能拒绝这样一个千载难逢的机会。我同样也认为就算在预选赛阶段出师不利，英格兰队也应该全力征战 2002 年世界杯预选赛。霍华德·威尔金森觉得英格兰队可以放弃 2002 年世界杯而专心准备 2006年，在我看来这不可行。

诚然，我在语言方面还有问题。有些问题我听不太懂，不得不向保罗求助。记者试图夸大我对英国足球知之甚少这一缺点。之前我在意大利、葡萄牙和瑞典执教，对英国足球的理解自然没有本土教练深刻。但我承诺会很快学会。一位记者恶作剧地问我桑德兰的左后卫是谁。我很诚实地回答他：

"我不知道，但是你下次问我之前我会查出来的。"

发布会结束时我很高兴，我觉得我做得很好。

● ● ●

之后拉齐奥的训练就是一团糟了。人们爬过福尔梅洛的围墙——不是那些因为我卖了他们偶像而愤怒的球迷，而是那些来挖新闻的英国记者。他们甚至开着吊车来越过围墙观看、拍摄。他们的行为打扰到了所有人，尤其是队员们。他们很难专心训练，之后还要被英国记者们用各种问题轰炸。变本加厉的骚扰让他们变得非常不舒服。

11 月 15 日，英格兰和意大利在都灵进行了一场友谊赛，我作为观众到了现场。在我有意英国帅位很久之前，这场比赛就安排好了。彼得·泰勒挑选了一支年轻的队伍，大卫·贝克汉姆第一次出任队长。比赛过程有些沉闷，英格兰以 0：1 输掉了比赛。赛后我和教练组打了招呼，但是没有见球员。

我同意任命泰勒和麦克拉伦作为我的助教，但我也决心将托德带到英格兰。英足总对此没有异议，在 11 月初我的会面结束后，我派托德到英格兰考察球员。托德很喜欢住在意大利，但他更爱英国足球。我们每天都要谈，他向我汇报他所观察球员的情况时说他在利物浦发现了一块璞玉，有成为伟大球员的潜质。他指的是史蒂文·杰拉德。

一心二用对我并非难事。英格兰队在冬天没有比赛，所以我可以专心在拉齐奥执教。然而，每个人都知道我也要关心着英格兰队。这种想法有可能影响了球员们。接受了英格兰的邀请之后，我对拉齐奥的球员们有了不一样的感觉，球队出现了一些问题。欧冠小组赛第一阶段我们取得了领先，但是第二阶段却以噩梦开始。我们先后输给了安德莱赫特和利兹联。背水一战中，面对我们的是皇家马德里，欧冠晋级看起来无望了。

在联赛中事情变得更糟。圣诞前夕我们输掉了罗马德比，2001 年 1 月 7 日又在主场 1 ：2 不敌那不勒斯。我们的主场球迷在赛后非常狂躁，他们高举标语逼我辞职。

第二天，当我开车去训练时，我决定要离开拉齐奥。很明显我不能再执教这支球队了。和克拉尼奥蒂说了我的决定，他非常失望但表示理解。我们商定尽快召开新闻发布会宣布我辞职的消息。那天，可能是我在拉齐奥生涯中唯一一次没出席训练，曼奇尼接手了训练课。向球员们说了我的决定后，内斯塔来到我的办公室。他非常失望，"你不能离开我们，"他说，"那就全完了。"这动情的话语差点让我重新考虑是否要辞职。

与曼奇尼分别很难，在桑普多利亚和拉齐奥时我们形影不离。无论我同意与否，他总是坚持叫我先生。曼奇尼说无论我去哪里都会追随我，但在英格兰却没有他的一席之地。我建议克拉尼奥蒂让曼奇尼接过教鞭，但他认为曼奇尼欠缺经验，选择了曾经执教过拉齐奥的传奇门将迪诺·佐夫。记者会开始前约 10 分钟，曼奇尼走进房间宣布他将辞职，事先我并不知情。没能接任主帅他很失望，记者会就这么低调地结束了。离开拉齐奥我很遗憾，但可能是最好的选择。

当天是克拉尼奥蒂 61 岁的生日，也是拉齐奥的 101 年纪念日。当晚，俱乐部和中国国家队在奥运体育场进行了一场周年纪念赛。克拉尼奥蒂坚持让我出席，尽管很不情愿但我还是去了。我记得，那夜球场里人声鼎沸，全场起立为我鼓掌。我动情地作别了拉齐奥。

● ● ●

英足总的办公室位于伦敦中心的苏活广场。我赴任的那天，街上站满了人。一个打扮成英国爱国形象约翰牛的男人拿着一幅海报，上面的大意是英格兰国家队雇用外籍教练是一种耻辱。我不为所动，这只是他个人的行为。

我认为媒体在我这边，至少在最开始的时候。我还是没有看报纸，但我知道有些人写道聘请外籍教练是错误的。有一个白痴记者写道，英格兰"把自己与生俱来的权利扔给了一个有着 700 万滑雪者和维京海盗的峡湾国家"，这句话里就有很多错误。

有些英国教练可能会因为这份英格兰足坛最重要的工作落到一个外国人头上而感到不满。我要提醒他们，英国人乔治·雷诺在 1958 年世界杯期间带领瑞典国家队杀入了决赛。换句话说，英国－瑞典的合作关系在历史上是卓有成效的，不知道是否有人对这句话买账。我可能不喜欢英格兰足坛的保守，但时过境迁，英格兰人有计划建立一个能帮助他们赢得 2006 年世界杯的团队，并选择了一个外国人帮他们实现梦想。

● ● ●

最开始我搬进了海德公园旁的一间公寓。英足总帮我付了钱，但是我也在找一个属于自己的居所。过了一段时间我发现了伦敦巴特西地区的一间房子。房间很大，还有从天花板到地面的大落地窗。在媒体看来，英格兰的新主帅花了一大笔钱来买豪华公寓是个好噱头。一家报纸刊登了公寓内部的照片，可能就是给我展示房子照片的人转身就发给了报纸。这让我很恼火，决定放弃交易。

从一开始英国的媒体就对我的薪水有着十足的好奇心。我每年税前大概能赚 300 万英镑。这是我前任凯文·基冈的数倍。但这个数额并不比我在拉齐奥的工资高。这样高额的薪水也的确反映了刚刚赢得欧洲最大联赛冠军的教练的价值。可这种论调并没有让英国媒体信服，反而他们称我为"贪婪的斯文"，尽管我根本不是为了钱接受的这份工作。

时至今日，人们也很难相信我不在乎钱。有人说我站着说话不腰疼，因为我有钱，我不理解他们的想法。但是我对钱从来没有感兴趣过，就算在我穷困的时候也如此。从学生时代起，我就不知道一升牛奶的价格了。对于购物我也没有什么欲望，豪车游艇都非我所欲。我把钱花在我认为有趣且刺激的地方，甚至是一些有魅力的地方——悠然的假期和丰盛的晚餐——这是我的一贯作风，就算我年轻和破产时也是如此。

我不热衷于投资，也讨厌那些让我规划财产的人们。当我来到英格兰，我照着阿索尔的建议，在英格兰老牌银行库茨开了一个账户。每个月我的工资直接汇到这个账户上。数额肯定是节节高升，但具体数字我真的不清楚。

最后，我在摄政公园附近花了 200 万英镑出头买下了一间美丽的三层小楼。地产中介和一位瑞典女士苏珊妮·柏林德敲定了交易，一位瑞典室内设计师帮我装饰了这个地方。我对此非常高兴，但有一个人却不这么认为——南希想亲自装饰这个地方。

当我到英格兰上任时，我和南希在一起已经两年半了。她想要随我搬到伦敦，但我想独自一人赴任。她太需要物质了，我厌倦了这样的她。每天早上醒来的时候，就得决定晚饭吃什么，太累人了。不知道有多少次我劝她去再找一个男人——更有钱的那种。

不知为何她总是想随我来伦敦，可能是我不忍心拒绝，也可能是我对她还有感觉。有她在我身边日子还是很有趣的。起初，她只是来伦敦游玩。过了一段，她就在英格兰和意大利之间往返。又过了一段，大部分时间就都住在英格兰了。她很爱英格兰，也交了一大堆的朋友。最后，我们在摄政公园的房子里住在了一起。我不知道事情是如何发生的，但这就是我的生活方式，事情水到渠成。

· · ·

当我们还是踢足球的少年时，最弱的球员要么是守门员，要么在左边路。英格兰的情况和我老家图什比的情况一模一样。因为我来到英格兰后，发现这两个位置的人才寥寥无几。守门员和左路是我在执教英格兰国家队期间的"阿喀琉斯之踵"。

当俱乐部教练时，我习惯于通过签约新球员来为球队强化某些位置。当然，国家队的教练就不行了，巧妇有米但没有新米，只能在厨艺上下功夫。这可不是唯一的区别，作为俱乐部教练我可以天天在球场上和球员训练。在这儿，我和球员们只能在比赛的前几天进行合练。绝大多数时间我都在看台上看他们为各自的俱乐部效力。

我的第一个主要任务是为2001年2月28日主场对阵西班牙队的友谊赛选择阵容。我想要尽可能地了解更多的球员，所以我挑选了31名球员。在过去的1个月中，我看了大量的比赛，对那些有竞争力的球员有了深入的了解。我终于知道了桑德兰的左后卫是麦克·格雷，不过也知道他踢不了国家队。切尔西的左后卫、曾在国家队踢了几年的勒索克斯也没有给出让我信服的表现。

相反，托德发现了31岁的克里斯·鲍威尔，中游球队查尔顿的左边后卫。我们都很喜欢他，决定将他放到与西班牙的友谊赛的大名单里。当名单宣布时，很多英格兰媒体觉得他们对英格兰左后卫的知识贫瘠得可怜。很多人都没听说过克里斯·鲍威尔。

不过阵容也没有什么大的惊喜。37岁的大卫·希曼依旧是英格兰门将位置上的第一选择。利兹联的里奥·费迪南德和托特纳姆的索尔·坎贝尔搭档中卫。保罗·斯科尔斯、大卫·贝克汉姆和尼基·巴特这3名曼联球员搭档中场。除了他们之外，我还选了 3 个西汉姆联队的小伙子——弗兰克·兰帕德、迈克尔·卡里克和乔科尔。前锋线上是利物浦的迈克尔·欧文、罗比·福勒和埃米尔·赫斯基，还有曼联的泰迪·谢林汉姆和安迪·科尔。

我第一次见球员们是在与西班牙赛前，在伯明翰我们下榻的酒店。人们可能想要问我同时见到这么多巨星该做何感想。我有些激动却不紧张，就像我每次见到自己的一支新球队一样。这不像我 30 年前第一次走进哥德堡的更衣室了，我已经 52 岁了，也执教过许多大牌球星，见到大牌球员不再是什么新鲜事。

我对英语也越来越习惯，每周我都要上几节英语课。我的导师和我回顾了新闻发布会上我语言方面犯的错误。"是"的单复数上总有问题，词汇量也是我的掣肘。但我可以每天说英语，最重要的是我不怕犯错。

"你们好，我叫斯文。"我说。

我介绍了教练组成员：史蒂夫·麦克拉伦、彼得·泰勒、托德·葛利普。守门员教练雷·克莱门斯已经到了。史蒂夫曾是弗格森的助教，对曼联球员了如指掌。我说了几条基本的规矩，并不复杂——用常识、守时、尊重他人、认真对待工作但也要享受。我没有发什么印好的规矩，也没有准备大段的演讲。目标明确——晋级世界杯。每个人对此都很明白。我不需要解释为什么他们在这儿，他们对自己也很了解。

这是我第一次不用向一支新队伍解释我的足球哲学。"4-4-2"和区域盯防是深深地烙印在英格兰足球的词典里的。这对我们大有裨益，因为我和球员们共事的时间少之又少，只能尽可能地让球员们踢他们在俱乐部里熟悉的位置。

我的主要任务是列出合适的大名单和首发 11 人。能否创建一个和谐且乐于一起踢球的团队取决于我。当然，我的工作也是计划和组织训练。但是一大部分教练工作会落在麦克拉伦和泰勒的肩上。我想他们已经开始担心会被打发去在训练前摆障碍物了。所以在训练前我做的第一件事就是自己去摆好那些障碍物。我不需要向他们展示谁是老大，他们都知道。

在麦克拉伦和泰勒之间，麦克拉伦更有领导力一些。他自信得近乎傲慢，但是一个很好的教练，尤其擅长防守教学。他也很熟知曼联的球员。然而我认为曼联的球员更为喜欢我。斯科尔斯、贝克汉姆、巴特和内维尔兄弟从来没有为弗格森以外的教练踢过球。我觉得让他们离开爵士几天换个环境有助于他们的成长。

• • •

上次和德国队交手时在老温布利球场。在我当英格兰队主帅期间，我们会在国内不同的体育场踢球。我对此没有异议，但在老温布利球场率领英格兰队出场是莫大的荣耀，或许因为它是世界上最著名的球场吧。

我执教的第一场比赛在维拉公园举行。我对这座体育场很有好感，因为我和拉齐奥队在这儿捧起了优胜者杯。那是个寒冷的夜晚，比赛在晚 8 点开始。这是我们接下来一个月的世界杯预选赛前唯一的友谊赛，所以我想让尽量多的球员上场。我想在半场更换全部球员，但是西班牙队只想提供 7 个换人名额，我对此表示费解。

这时的西班牙队还没有称霸足坛，但他们的账面实力非常强。在开场阶段，西班牙的控球率很高。我们的阵型保持得不错，而且我对尼克·巴姆比打破僵局并不惊讶。半场结束，我换了 7 个人。下半场开场不到 10 分钟，赫斯基进球了。我们完全控制了比赛，随后埃希奥古也进了一粒头球。我们的门将奈尔·马丁扑出了一粒点球。最终我们 3∶0 获胜。我的英格兰生涯的起笔非常完美。

我不会让一次胜利冲昏了头脑。可英国媒体花了很大的力气来掉转笔锋。"天堂来的斯文"，一个报纸的头条写道。我瞬间就明白了英格兰媒体的工作方式。如果球队赢了，什么都不能阻挡我们；如果输球，我们就该打包回家了。我在想，如果第一场或接下来的几场比赛没赢得胜利会是怎样的光景。

不过接下来的比赛我们都获胜了。世界杯预选赛主场 2∶1 战胜芬兰是我们第一场有竞争性的赛事。我派上了让托德大加赞赏的年轻人史蒂文·杰拉德，之前他因伤缺阵了与西班牙的友谊赛。接下来，我们在 4 天后又以 3∶1 战胜了阿尔巴尼亚。在与阿森纳的教练温格协商后，我启用了他 20 岁的爱徒阿什利·科尔踢左边卫。温格跟我保证，安静而害羞的科尔已经做好了为国家队上场的准备。温格又一次说对了。与阿尔巴尼亚的比赛中，科尔是当之无愧的最佳。他速度如风，一对一非常强。左边路可能是我执教英格兰队的软肋，但这场比赛后左后卫的人选毋庸置疑。

胜利接踵而至。与墨西哥的友谊赛中，我们主场大胜。2001 年 6 月 6 日，我们远征希腊，踢了一场非常艰苦的预选赛。赛前媒体称我是仅次于传奇教头沃尔特·温特伯顿后第二位前 4 战全胜的教练。沃尔特的第五场比赛取得了平局。赛前，我们做了大量的准备工作，尤其是防守方面。在下半场，斯科尔斯首开纪录，随后贝克汉姆用任意球扩大了战果。5 战 5 胜，媒体这时已经视我为传奇了。已经取得的成绩我不会回味太久，我习惯看向前方。

· · ·

我觉得我从未见过父亲真正动怒。我妈妈有可能在我孩提时代揍过我，但父亲从未和我动过手。他从来不对我或拉斯吵嚷，我也想像他那样对待别人——无论是球员还是我的孩子——充满尊敬。这就是为什么没有人看到我在训练场站着吵嚷的原因。我似乎连哨子都不用。

我明白为什么英国的媒体变得糊涂。在英格兰，足球教练就应该大喊大叫，但这有什么意义呢？既不能树立信心又不能让队员信服，恰恰背道而驰。我可能是英国媒体眼中的那个奇怪教练。只要我们赢了，没问题，但问题是一个安静、没有激情的瑞典人真能带领英格兰队在这场最残酷的厮杀中胜利吗？世界杯预选赛下一个对手是强大的德国队。

比赛将在 9 月 1 日在慕尼黑进行。英格兰向来一厢情愿地视德国为足球宿敌，可德国人眼中的宿敌是荷兰人。对于英格兰人来说，对德国队的足球赛就像是"二战"的延伸，从报纸上就可见端倪，每篇文章都写得像战前檄文一样。我不太理解这种感受，足球之于我就像游戏。

两周前，我的连胜在一场友谊赛中被荷兰队终结了。球队的气氛依然很积极。我们只输了一场友谊赛。但是每个人都知道德国队是大热门。在预选赛的小组赛中他们不可战胜。这不令人惊奇，德国队有史以来只在世界杯预选赛中输过一场球。这是个令人难以置信的纪录。他们领先我们 3 分，小组头名将自动晋级世界杯。没有人认为我们能登顶榜首，因为这需要我们在慕尼黑击败德国队。

"英格兰能赢。"在赛前我告诉媒体，"如果我们表现完美，运气也站在我们这边的话。"

我没有用特殊的方式激励球队，他们知道这场比赛成败攸关。他们不需要别人来告诉他们穿上英格兰球衣意味着什么，或者你们代表着你们的国家这些话，我从来不讨论这种话题。我认为我的前任也一样。我认为球员们更想去关注在球场上该如何表现。我也在努力做好我的本职工作，无论我是英格兰队或是其他队的教练。

在比赛日，我们按照往常一样，在酒店用过早饭后去慢跑或散步。午饭后，球员们进行休息，接着他们吃下午茶。赛前几个小时，我们研究首发阵容并探讨当天该如何比赛。会议很短，大概只有 5 到 10 分钟。有些教练可能会唠叨一个小时，但我的想法是：在训练中没有完成的事情，很难在赛前用语言来解决。

我们会在赛前一个半小时到达球场，首先去看一下场地。在更衣室里，球员们自行放松。赛前一个小时，我们会散散步，我和每个球员单独交谈。我可能会就他对位的球员喜欢内切或能左脚射门这点提醒他。还是很简短，不会超过一分钟。当球员们上场热身时，我经常在更衣室里喝杯茶，让时间慢慢流逝。球员们回来后，就要做最终的准备了。有些人需要再去提醒一下。接着我们围成一个圈，队长说一些鼓励的话。在英格兰队里，贝克汉姆会说:"加油! 小伙子们!" 这就是赛前准备。

对阵德国时,我们没有遇到伤病问题。我选了赫斯基和欧文作为锋线搭档。他们俩在利物浦就踢得很熟。慕尼黑飘起了雨,场地变得湿滑。开场仅仅 5 分钟,噩梦就降临了。扬克尔为德国队首开纪录,但是欧文很快就还以颜色。上半场结束前,德国队有一次再取得领先的黄金机会,但是塞巴斯蒂安·代斯勒面对希曼的时候错过了机会。接下来形势逆转,我们的一脚任意球被杰拉德抢到了点,他用上半场的最后一脚触球破了门。这个进球价值连城,让我们在走进更衣室时斗志昂扬。这就是我赛前所说的运气。

在意大利时,半场休息我总是会给球员们四五分钟冷静一下,然后我再跟他们聊。不过英格兰球员不需要这样。他们会进来,静静地坐着等待指示,他们的做法让我惊叹。我告诉他们德国队会前压,但是这也会给我们创造空间,进攻就是最好的防守。

"不要缩在后面。"我告诉他们。

球员们听进了我的话。下半场开始 3 分钟赫斯基为我们扩大了比分,欧文也没有浪费贝克汉姆的直塞球。一切尘埃落定,欧文上演了帽子戏法。赫斯基进了第五个球时,数千名德国观众开始离场了。本场比赛的裁判是在拉齐奥赢得联赛冠军中扮演重要角色的科利纳,他吹响终场哨声时,我看向了巨大的记分牌,上面写着:"德国 1 : 5 英格兰"。我也一时难以接受这个比分。

赛后,我听说德国队教练鲁迪·沃勒尔的父亲在赛中因为心脏问题被送到了医院。比赛结束后鲁迪就离开了。在新闻发布会上,我表达了希望他父亲尽快痊愈的祝福,鲁迪几天后打电话告诉我他父亲康复了。

英格兰媒体幸福得都飞到月亮上面了。"斯文狂潮!" 被写到了头条上。但是英格兰人不明白对我来说和德国队的比赛没什么特别的。我和球员们解释说,如果我们击败了德国,接着却输给了阿尔巴尼亚,那这场大胜就毫无意义。4 天后,我们在纽卡斯尔的圣詹姆斯公园 2 : 0 击败了阿尔巴尼亚。我差不多和 5 : 1 大胜德国队一样自豪,差不多。

第 12 章　世界杯

在贝克汉姆的派对上，他和妻子维多利亚在他们伦敦的房子的花园里办了个拍卖，为慈善事业募捐。派对上满是球星、影星和各色名流。我和南希与贝克汉姆夫妇和艾尔顿·约翰与他的同伴同桌。琼·科林斯也在这桌。我们聊的基本上都是足球，艾尔顿很爱足球，是沃特福德俱乐部的老板。我可能是整个英格兰唯一不知道艾尔顿已经戒酒了的人，给他倒了一杯酒，太失礼了。

晚餐后，我们在一起谈天说地。我发现贝克汉姆在焦躁不安地摆弄一些纸。他汗透了，看起来非常不好。

"你还好吗？"我问他。

"不太好，"他说，"我太紧张了。"

他马上要进行个演讲，很怕出错。对于大多数名人来说，在众人面前演讲不算难事，但对他来说还是个挺难的任务。

不是我选贝克汉姆当英格兰队长的，在我接手前，彼得·泰勒在与意大利队的友谊赛时就将队长袖标交给了他，不过我们从来没有讨论过这件事，因为贝克汉姆是个天生的领袖。他非常让我佩服的一点是无论身边有多喧嚣，他总是脚踏实地。可能说得不太恰当，但我很少轻易佩服别人。我还非常钦慕他没有因为年少成名而让生活变得复杂。大卫是个很坚定的人。

2001 年 10 月 6 日，在曼彻斯特老特拉福德球场对阵希腊队，那是最后一场世界杯预选赛了。我永远不会犹豫最后一个任意球该交给谁罚，泰迪·谢林汉姆想要主罚，但是贝克汉姆没有同意。我们 1 ∶ 2 落后。在最后一轮比赛之前，德国队在积分榜上与我们同分，他们战平了芬兰队。我们想要取得小组头名进军世界杯的话，需要一个进球。

我们踢得并不好，欧文也受了伤。由于比分落后，球迷在我们半场去休息时非常不满。我换下了左路的首发巴姆比，让赫斯基顶替他的位置并让安迪·科尔突前。这些变化让球队向前的欲望更强烈了，将希腊队压制在了他们的半场，但我们需要进球。在第六十八分钟我用谢林汉姆换下顶替欧文出场的罗比·福勒。1 分钟后，谢林汉姆用头球扳平了比分。这个换人有如神来之笔。我们以为希腊人会因此气馁，没想到一两分钟之后他们就重新领先了。时间一分一秒地过去，我们差不多要放弃希望了。

但是贝克汉姆没有。人们只会记得比赛的结局和贝克汉姆起到的关键作用，而不会记得他在整个下半场的表现。他在球场上无处不在，传接球、争球权、发动进攻。在伤停补时阶段，谢林汉姆在大禁区六七码附近拼得了一个有争议的任意球。之前贝克汉姆射丢了一个任意球，这次谢林汉姆想尝试一下，但贝克汉姆推开了他。替补席上的我们都认为球有可能再次高出横梁。

我从来没有想过他能进球，但是他真的做到了。当球画出美妙的弧线钻入球门左上角时，欢呼声引爆了老特拉福德球场。连我都从替补席上跳了起来，手舞足蹈。我记得我拥抱了麦克拉伦。这是一粒带我们走向世界杯的进球，后来也被英足总在线票选为英格兰国家队的最伟大进球。

● ● ●

在贝克汉姆史诗般的表演的第二天，我回到了我的办公室。在下一场比赛之前，还有 8 个月的时间。在我 25 年的足球教练生涯中，包括暑假，我从未一次性离开场边超过一两周。我该怎么办呢？上次我做书面工作还是在卡尔斯塔德的保险办公室，做得还不是很好。

事实是我很少坐在我的办公桌前，大多数时间我都在四处观察球员。我尽可能地多看比赛，有时一周要看五六场，一天看 2 场。在酒店房间醒来后，我经常不知道身在何处。但英足总的工作人员都是逻辑大师。米歇尔·法勒负责所有的行政工作。加上 2 个秘书塔尼娅和安妮，她们将一切安排得井井有条，太不可思议了。每次我走下飞机，车和司机就已恭候多时。球队踢完比赛回来也是如此。凌晨 3 点的卢顿机场，飞机一落地，20 辆梅赛德斯轿车就在等待着我们。10 分钟后，球员和教练员就踏上了归途。在葡萄牙和意大利我从来没享受过这种待遇。

在英足总的办公室，我和托德在 4 楼办公，亚当在 8 楼。有时亚当会下来找我喝杯咖啡。他的确是我在英足总里最大的盟友，倒不是说我感到被反对或有敌人，至少还没开始感觉到。每件事情都很顺利，如果基冈的辞职带来乱流的话，也已经过去了。

● ● ●

在 2001 年 12 月 8 日，在《每日邮报》还是《每日星报》的派对上我遇见了乌尔丽卡·琼森。之前我认识报纸的老板，叫戴斯蒙德。英足总想让我和媒体多打交道搞好关系，见见编辑和记者们。我尤其记得一个说话很不文雅的人，总把脏话挂在嘴边。很难想象一个受过教育且执掌媒体的人这样说话。我还拜访了《世界新闻》，遇到了一个大块头的红发女人，没记住她的名字。

乌尔丽卡在派对上坐在我旁边那桌，她是个美丽动人的金发女子，不久后我才想起她是英格兰的电视名人。南希那时也在场，我应该是趁着她去卫生间的当口和乌尔丽卡打了招呼。

第二天报纸上写托尼·布莱尔的心腹阿里斯泰尔·坎贝尔介绍了我们认识，但是我记不得了。乌尔丽卡非常开朗，我们互换了电话号码，但仅此而已。

几天后我打给乌尔丽卡，约在伦敦吃午饭。这很自然，我不羞于约见其他女人。她是瑞典人，我们想要了解对方。为什么不能一起共进午餐呢？我对如何和英国狗仔打交道完全没有经验。乌尔丽卡可能知道我和南希有关系，我不知道她是否结婚或在恋爱中。她说她是单身，但对我没什么影响。

我们有一次在她家里见了面，但直到在曼彻斯特的一次会面后，浪漫才开始萌芽。当时我和英足总的人在一起，正要去在一场早餐会上回答一些问题。出于某些原因，乌尔丽卡也受邀在列。我们傍晚见了面，后来一起共度了良宵。乌尔丽卡说她正在写一本关于她生活的书。

"别担心，斯文，"她说，"我不会写你的。"

在那之后，我和乌尔丽卡就常常见面了，虽然不能每天在一起但也很频繁。事情变得严肃认真起来，南希却没有一丝察觉。她那时在意大利待了很长时间。还有一次我和乌尔丽卡去葡萄牙待了几天。大多数时候我们在她伦敦郊区的房子见面，没有狗仔发现我们。有一次我带着丽娜去和乌尔丽卡共进晚餐，那时候丽娜 15 岁了。她趁学校的假期时间来见我，还和我一起观看了我想看的球赛。

• • •

亚历克斯·弗格森爵士宣布 2001—2002 赛季是他执教曼联的最后一个赛季。在执教的 16 年间，他赢得了所有荣誉，包括 7 次英超冠军，所以想要急流勇退。麦克拉伦也辞去了曼联助教的职务，入主米德尔斯堡。

有一天，皮尼·萨哈维打电话给我。自从他为我把库尔科夫和尤兰带到了本菲卡后，他就成了顶级足球经纪人。他想知道是否能在第二天早饭的时间在伦敦的一家俱乐部与我面谈。他在电话里语焉不详，非常隐秘，"当然，"我说，"没问题。"

当我到的时候看到皮尼和曼联总裁彼得·肯扬在等我，我立刻就明白这是怎么一回事。肯扬开门见山地问我是否想成为下赛季曼联的主教练，我从来没有奢求过。

"我当然想。"我说。

我知道这很富有戏剧性，我和英格兰国家队的合同到 2006 年世界杯后才结束，如果我毁约的话会被严厉谴责。如果你离开英格兰，你就是整个国家的叛徒。但这是执教世界最大俱乐部曼联的机会啊。这个机会有可能再也不会有了，如果可以的话我会和英格兰先踢完世界杯。在赛会结束后再官方宣布我的合同。

我和曼联签了合同，成为了曼联的新教练。几周过后皮尼又打电话过来，他想再到伦敦的那家俱乐部见我一次。当我到的时候，感觉事情有点儿不对劲。彼得·肯扬解释说弗格森改变主意了，他不想离开俱乐部，准备再执教 3 年。

我不明白为什么弗格森会改变主意。报纸上说他的家人认为他太热爱足球了。他态度的大转弯也可能是由于本赛季曼联的糟糕表现。在圣诞节前，曼联只名列第九名。不过可以肯定的是，弗格森不会在生涯的巅峰期退休。我知道他可能对俱乐部寻找他的继任者有所发觉。他知道了我的协议吗？不重要。他保住了他的工作，我也回到了我的岗位，虽然在这一天前，皮尼曾经签过一份协议，上面写着我是曼联的新教练。

· · ·

2002 年 4 月 10 日，韩日世界杯出发 5 天前，曼联队和西班牙球队拉科鲁尼亚进行了一场欧冠 1/4 决赛。在比赛开始阶段，阿根廷人阿尔多·杜舍尔飞铲贝克汉姆，造成了他左脚跖骨骨折。媒体疯了，《太阳报》刊登了一张贝克汉姆脚的对比图片，号召读者把图片剪下来并写下祝福，希望能早于医疗组说的 6 到 8 周内痊愈。托尼·布莱尔说在世界杯备战期间没有任何事情比贝克汉姆的伤势更重要。但是马上另一件事就抢了贝克汉姆的体育头条，就是我的情感生活。

· · ·

贝克汉姆的脚受伤 2 天后，我早上起床在卫生间的窗户外面发现街旁蹲了差不多 100 个记者。我和乌尔丽卡的事情被发现了，我知道这一天早晚会到来。乌尔丽卡前一天晚上打电话告诉我说《每日镜报》会就我们俩的关系发一篇文章。但老实说，我没想到会闹出这么大动静。

南希的妈妈从网上看到了文章，从有 1 小时时差的意大利打电话过来。

南希非常生气，质问到底是真是假？我说这都是无中生有，别担心也别沮丧。电话又响了，来电的是阿索尔。他几乎用耳语的声音跟我说："斯文，别让南希看到今天的《每日镜报》。"

街上的情形很紧张。

"我觉得保持沉默很难了。"我跟阿索尔说。

当我打开前门，就像是走入了一面由掌声和闪光灯组成的墙壁。我忽略了所有抛向我的问题，在我钻进车里之前，我唯一说的就是"早安"。司机在我身后关上了门，在车里，我打给亚当说我来办公室了，他让我到了之后上去跟他谈谈。

托德非常聪明，在我到之前似乎就已经和亚当讲了乌尔丽卡的事情，并且询问了是否会成为麻烦。亚当说我的私生活不关英足总的事。当我走进他的办公室时，他问我感觉怎么样。我回答说"还好，没问题"。他让我相信这件事情对我的工作不会有丝毫的影响。亚当人非常好，把我带到人际关系顾问那里去，并问我英足总是否在这件事的媒体风暴中能帮上我什么忙，顾问却摇了摇头，"没用的，从斯文来英格兰起他们就开始等待机会了。"他说。

我并非没有听闻英国媒体的嗜血本性。自从我拿到了这份工作，媒体就开始挖掘我的私生活。他们试图接近安琪和格拉齐耶拉，甚至跑到图什比找旧闻。英国媒体对积极的事情没有丝毫兴趣，对垃圾却如获至宝。但是我在来英格兰前没有给他们任何发挥的空间。来之前，我从来不读《太阳报》或者《世界新闻》。我请求保罗·纽曼把所有关于我工作的报纸剪辑给我。

这和在意大利完全不同。意大利媒体关注的是足球，他们也写了我和南希相遇的事，但这只是埃里克森和新女人约会的小插曲，无伤大雅。可英国媒体太会编造故事，南希结过婚。当《信报》写我和意大利演员黛伯拉的破事儿时，俱乐部曾经禁止那家报纸问我问题，但在英格兰这儿行不通。

还有一件使英国媒体不满的事是他们没办法私下联系我，他们之前能在别的主教练那里这样做来挖新闻。这是英足总规定的，我对此没有异议，但是媒体很不喜欢。

在家里，事情就有点儿棘手。南希试图出现，却不是来说分手。她坚信我和乌尔丽卡之间没有任何关系。对于她来说，乌尔丽卡就像是个勾引我的女人，不值得一提。我和南希就像恍若无事一样去圣劳伦佐餐厅吃饭。在饭馆外，整条街都是记者。有些人认为我应该公开向南希道歉，但这关他们什么事儿呢？我不觉得我应该为任何事情道歉。

我不明白的是这件事是如何曝光的。乌尔丽卡认为是她奶奶说的，我不信。我觉得是乌尔丽卡自己把风声走漏给媒体的，她想要曝光我们的关系。我不确定她对我们的关系有何种期望，我只知道我对我们的关系没有长期的愿景。后来我对乌尔丽卡说了什么我也记不得了。一周后，我去看了切尔西在斯坦福桥主场对阵曼联的比赛。在从车子开到体育场的一小段路里，一些看起来喝了酒的切尔西球迷跟我喊："斯文，乌尔丽卡怎么样？"

有人告诉我乌尔丽卡也在场，但是我没看见她。我记得那场比赛曼联3：0大胜。

● ● ●

2002年5月9日，我公布了我的第一个世界杯名单。在乌尔丽卡事件发生后的第三个星期，小报们还不肯让它过去。我不明白它们还在坚持什么，事情已经被翻来覆去地报道。我表明我不会对我的私生活做任何回应，也不会和媒体谈。但是由于大名单的原因，我不得不在记者会上面对媒体。保罗·纽曼很紧张，他警告我说记者会随时把谈话引向乌尔丽卡。我让他冷静，面对这个问题我就会像以前一样——无可奉告。

记者会上摆满了话筒。当我坐在麦克风前时，相机闪个不停。第一个问题就是关于乌尔丽卡的，我说对我的私生活无可奉告，但记者们不肯善罢甘休。我和乌尔丽卡的事情会影响国家队在世界杯的表现吗？我试着友善一些，但也要很坚定。我不会谈我的私生活，却无济于事，关于乌尔丽卡的问题接踵而至。记者还没放弃，我却泰然自若，这让他们很尴尬。这也让那些真正想要来谈论足球的体育记者们很难堪。我不理解为什么他们想让我回答一些我做过的却不是错误的事。我感觉他们像对待罪犯一样对待我。

终于聊到了足球。我并没有在这份名单里给大家带来大惊喜。贝克汉姆的脚伤痊愈迅速，我们期待他能赶上第一场世界杯比赛。对于他入选名单没有任何异议，糟糕的是右后卫加里·内维尔因伤退出。他的缺席损失重大，由于中场球员的伤病，我只好选了7名中场，不过这样就可以多带1名前锋了。我没有带斯蒂夫·麦克马纳曼，我感觉他和我从来不合拍。

在我宣布完名单后联赛的最后一轮，斯蒂夫·杰拉德由于腹股沟问题不得不离开球场。这次受伤很严重，他需要手术而且会错过世界杯。这对我们来说是个很大的打击。在中场区域，杰拉德已经成了一名关键球员。我只好带了丹尼·墨菲，另一名利物浦球员。但是不久后他就步了贝克汉姆的后尘——跖骨骨折。出师未捷身先死，长使英雄泪满襟。

联赛一结束，我们就奔赴迪拜的训练营。第一次见面时，我觉得我需要对最近私生活闹出的风波跟球员们道个歉，他们却一直笑个不停。

"欢迎来到英格兰。"我记得这是罗比·福勒说的。

●　●　●

我从来没见过那么多球迷围着贝克汉姆，2002年世界杯时在日本我算见识到了。我们住在神户城外淡路岛的美丽酒店里，每天要到几英里外的训练场训练。路旁站满了人，就像面包片一样，巴士在中间飞奔而过。

"我们爱你！我们爱你！"姑娘们尖叫着。

绝大部分站着的是挥舞着英国国旗和海报的姑娘们。她们并不是在为我们的球队呐喊，只是表达对小贝的爱。贝克汉姆倒是很冷静，其他球员也司空见惯了。当我们回到酒店的时候，他们总让贝克汉姆先下车，趁他给球迷签名的时候其他人就可以安静地走进酒店。我数不清他在日本签了多少次名。

我们抽入了"死亡之组"——阿根廷、尼日利亚，以及第一个对手瑞典。从我来到英格兰后，我们和瑞典交手过一次，那场友谊赛双方1∶1握手言和。英格兰人觉得我对瑞典足球的熟稔是个优势。而在瑞典，他们说我对祖国不忠。双方的话都是空谈，我没有什么击败瑞典的绝招，并且尽管作为瑞典人我很自豪，我还是要和英格兰队一起取得胜利。上半场我们踢得不错，索尔·坎贝尔接贝克汉姆角球后的头球破门让我们取得了领先。瑞典人下半场扳平了比分。赛后，双方对结果似乎都很满意。

第二场对阵阿根廷的比赛有决定性的意义——如果取得胜利，我们就会一只脚踏入第二轮，输了可能就代表着要打包回家了。阿根廷 4 年前点球淘汰了英格兰，那场比赛中贝克汉姆被罚下。这不影响我对比赛的思路，但我也明白球员们非常兴奋。阿根廷可是作为夺冠热门来到日本的。

比赛在札幌的一个室内体育场进行，全场看起来都是英格兰球迷。听到他们的助威呐喊非常高兴。我们用一场我执教以来最好的一场比赛复了仇。半场结束前，本场比赛表现上佳的欧文在阿根廷人的禁区内赢得了一个点球。我从来没听到过比贝克汉姆罚进点球后更高分贝的欢呼声了。下半场的比赛很胶着，双方都有机会破门，但比分没有被改写。我们击败了夺冠热门阿根廷队。杯赛后 FIFA 官方发布了比赛分析数据，我们这场比赛在技术方面被评为整届杯赛的最佳比赛。

我们和尼日利亚互交了白卷，但比赛过程凶险异常。在第二轮，我们面对的是战胜了上届冠军法国队的丹麦队。比赛中我们不认为踢得有多好，但还是完全控制了比赛节奏，半场结束时就以 3：0 的比分杀死了比赛。球队的气氛非常和谐，谁曾想过 18 个月以前英格兰队还在与世界杯资格渐行渐远，而如今我们有机会捧起大力神杯。

● ● ●

在我的教练生涯中，我从来没有在赛前认为我们必败过。就算在世界杯1/4 决赛的舞台上碰到巴西队，我也不认为我们会败走静冈体育馆。但是我的信念不重要，重要的是球员们要相信他们能赢，我在赛前和他们达成一致了吗？

巴西队是大热门，他们有"3R"——罗纳尔多、罗纳尔迪尼奥和里瓦尔多。丹尼·米尔斯、尼基·巴特和辛克莱尔真的认为他们不仅能顶住压力，而且能击败这些巴西巨星吗？他们相信欧文能抓住卢西奥手中的错误为我们在第二十三分钟首开纪录吗？我不确定。如果我们到中场结束时保持领先会怎么样？如果贝克汉姆没有被放倒、斯科尔斯失球、米尔斯失位、科尔被小罗灵光一现地过掉、里瓦尔多半场伤停补时之前扳平比分会发生什么？谁知道呢。

在下半场开始时，斯科尔斯在禁区外送出了一个位置非常危险的任意球。当小罗走到球前，所有人都希望他传球。但是他踢得太深了，球径直飞向球门入网。足球划过出击的希曼，直挂死角。巴西队领先了。罗纳尔迪尼奥到底是想直接射门还是传球的运气好？多年后我用葡语问他，他笑得很开心。

"斯文，你知道我就是在射门。"

"你骗我。"我告诉他。

我百分百确定他根本没想射门。

7分钟后，小罗因蹬踏米尔斯被罚下场。我们有半个小时的时间在人数上占优势，这也需要我们改变打法。人数优势让我们有更多的控球时间，至少这是很自然的想法。然而我们面对的是巴西队。没有任何一支球队比巴西队更善于控球了。现在这支巴西队就像是七八年后的西班牙队。我们很难得到球权，不断紧逼，在场上追赶。当我们看起来要将对方左后卫罗伯特·卡洛斯逼到绝境的时候，他却用一脚50码的长传把球转移到右路的卡福脚下，于是我们就又得重新抢球了。

赛后，我因为换人招致批评。人们觉得我太保守了，应该换上乔·科尔。但换上乔·科尔我觉得也没什么作用。无论如何，我在小罗被罚下之前换下了辛克莱尔，换上创造型中场戴尔。还剩10分钟，我变阵成三后卫，顶上了额外的一个前锋，但也无济于事。

一些人认为输给巴西是希曼的错。希曼自己也知道自己犯了个严重的错误。小罗的任意球并不快，他有时间调整脚步将球托出横梁变成角球。赛后，我拍了拍他的后背，两人静默无言。事实是就算没有希曼的失误，我们也会被巴西队淘汰。道理很简单，他们的确技高一筹。但我们这届杯赛踢得很棒，队员也很年轻，还没准备好而已。下届世界杯我们会赢的。

第 13 章　俄罗斯的卢布

在 2002 年的夏天，我租了一艘蒸汽船，邀请一些朋友去福莱肯夜游。夕阳花了几个小时落下，一个完美的瑞典夏夜就来临了。很晚了，可能到了晚上 11 点。我问船长是否知道湖边有房子待售。我已经花了几年的时间去找一个好住处，但是没有找到真正喜欢的，船长跟我说他知道水边的一个度假村，只有几分钟的路程。房子位于布霍克福斯，船长认为房子待售。我请他如果可能的话在船坞靠岸。

房子是老式乡村风格，虽然很大但有些破败。坐落在风景秀丽的山坡上，延伸到湖里。船长把船停好后，时间比较晚了，我决定到房子附近转转看看有没有人。我当时可能喝了几杯红酒。当我正准备敲门时，一位年长的女士出来了。我从来没有见过她，但她认出了我。

"小斯文？这么晚了你跑这儿来干吗？"她问。

我首先表示了这么晚前来的歉意，又问她这房子是不是想要出手。她给了肯定的回答。我解释道我有意买下它，能否第二天来看看房子？我请她不要把房子卖给别人。

"不会，今晚我又卖不掉。"她说。

第二天我过去买下了这栋房子，花了大概 570 万克朗，就这么简单。后来，因为我长期不住在瑞典，我就需要去办理一个永久拥有豪华避暑居所的手续。翻新这栋房子花了 2 年时间和一笔可观的钱。我想要把它变成传统的瑞典田园风格。我们把内部完整地翻新了一遍，打掉了几堵墙做了一个大厨房，还铺了全新的地板。卧室和浴室也完全重新做了，保留下来的只有电梯。

花园里野草丛生，很难看到湖面。我们砍掉了一大堆树木，估计柴火够烧 30 年。本来打算在房子旁边建一个网球场，但又改变了主意，把球场搬到了房子的另一边。在原来打算建网球场的地方，我建了一个室内游泳池。船坞完全被我变成了一个小屋子。也为我父母建了一栋全新的房子。不知道一共花了多少钱，可能总共要 5000 万克朗。父母不赞成我买这栋房子，他们觉得又大又贵。南希也反对，但我认为当地人很喜欢。我把这座农村的破旧大宅改造成了乡间庄园。我也想要自己的家。

●　●　●

2002 年世界杯后，科洛奇离开了英足总总裁的职位。"离开"可能不太恰当，他有些被逼迫下台的意味。他非常为英足总考虑，但他与超级联赛和超级联赛的总裁理查德·斯丘达摩尔摩擦不断，英超联赛已经是世界上最赚钱的足球联赛，有着最多的电视观众和支持者。亚当想为英足总与英超联赛争取更多的权益，但我知道这是无用功。亚当的离开也意味着我失去了我在英足总的最大助力。

或许我在媒体中的光芒也消退了。在世界杯上输给巴西后发生了一些事。我们在小组赛阶段出乎人们意料地淘汰了阿根廷队，但在与巴西队的比赛中，他们觉得我犯了些技术错误。许多媒体因为我没在离开日本前召开新闻发布会或让球员自由接受采访而恼怒。这可以理解，媒体有他们的职责，需要接触球员。但我的工作不是对媒体负责，他们也因此指责我轻视他们。

乌尔丽卡的风波还没有结束。她在 2002 年秋天计划出一本书，正值我们去斯洛伐克客场踢 2004 年欧洲杯的第一场预选赛前夕。与乌尔丽卡的风流韵事可能不会提升我的公众形象，但我不觉得街上的大多数人很关心这件事。与此相反，年轻人纷纷给我点赞，开心地期望着他们也能和乌尔丽卡这么漂亮的姑娘在一起。

我和乌尔丽卡自从韵事传出后就没说过话。英足总的家伙们非常担心书里会写什么，如果我不小心把球员的秘密也讲给了和我约会的女人那就麻烦了。这个他们大可放心，我说的无外乎就是我在布拉迪斯拉发的赛前发布会上和媒体说过的那些话。第二天我们在恶劣的天气环境下 2 ∶ 1 击败了斯洛伐克。媒体认为我们很幸运，因为我们在上半场还以 0 ∶ 1 落后，这可是英格兰队近年来最差的开局。

对于我在友谊赛中的用人尝试，也有不满的声音。我换了太多的人，球迷们也不喜欢。他们想要整场比赛都能看到英格兰的最佳阵容。我在某种程度上可以理解，但是友谊赛是我检验新球员的唯一机会，此时不做更待何时？球员们也很享受这种轮转，他们许多人要随队参加欧冠，一周双赛压力很大。如果能休息半场，对他们是莫大的恩赐。

2003 年 2 月 12 日，与澳大利亚在伦敦进行的友谊赛后，有关友谊赛的争论终于爆发了。这场比赛中，我想在半场时替换整支球队，11 上 11 下。英足总的工作人员非常反对，接替亚当的大卫·戴维斯恩请我再考虑一下。但我心意已决，这就是一场友谊赛，是我检验更多球员的好机会。

然而我低估了英格兰和澳大利亚之间的竞争关系。英国人对友谊赛非常认真，尤其是和小兄弟澳大利亚的这场比赛。但对于澳大利亚人呢？这场比赛就好比世界杯决赛。上半场我们 0 ∶ 2 落后，我依旧换了整支球队。我们在下半场的表现也没能赢下比赛，最终以 1 ∶ 3 落败。我对此不是很在意，但媒体觉得世界末日来了。赛后，关于换人的讨论在整个英格兰蔓延开来。最终 FIFA 宣布，在国际友谊赛中最多可以换 6 名球员。我觉得足球界为此要感谢埃里克森。

● ● ●

在与澳大利亚的比赛中，下半场我起用了一名 17 岁的小将韦恩·鲁尼。当时他只有 17 岁 111 天，凭借这场比赛他成为了英格兰最年轻的国脚。我和托德对他在埃弗顿效力时的精彩表现和卓越天赋印象深刻。他就是我在 2003 年需要的那种前锋。安迪·科尔在我执教时从来没有达到这种高度，赫斯基起起伏伏。杰梅因·迪福还没准备好。欧文是我们唯一真正的顶级前锋。

在一开始，我基本听不懂鲁尼的利物浦口音，所以我只能和他的经纪人保罗·斯特雷福德谈。斯特雷福德自然将他的客户向国家队推荐。埃弗顿的教练却有些异议，并不是觉得鲁尼的足球天赋差，而是觉得他太年轻。他是一个身体强壮头脑灵光的球员，既能创造机会也能杀死比赛。他生而无畏，他曾像他父亲一样是一名拳击手，但由于被击倒了太多次只能放弃。莫耶斯担心鲁尼控制不住他的情绪，也没办法变得很圆滑。我和他关于鲁尼的事情谈了很多次。

鲁尼已经准备好了，在他的处子秀上，他是乏善可陈的英格兰队中唯一的亮点。我决定将他征召到接下来一场在 4 月 2 日与土耳其的重要预选赛中。鲁尼立刻融入了球队。训练中他就像另两台"机器"——杰拉德和斯科尔斯一样坚强。在与土耳其的赛前，我跟鲁尼说他会首发。

"好的。"他说，一如他期待的那样。

土耳其在 2002 年世界杯上夺得季军，也是我们在预选赛阶段的最大对手。这场比赛非常重要。首战战胜斯洛伐克，第二战却因大卫·希曼的失误被马其顿逼平。这是希曼作为国门的最后一场比赛，接着我用大卫·詹姆斯替代了他。

我们在主场丢不起任何分数了。在赛前，一些球员被媒体批评为缺少激情。这尤其激怒了贝克汉姆。这场比赛中我们很有激情，贝克汉姆甚至因为和裁判抱怨被警告了。我们踢得很棒，2：0 完胜土耳其。17 岁的韦恩·鲁尼成了本场最佳。如果我没有看到他在与澳大利亚队对阵时的表现，我还会在这场起用他吗？我觉得不会。

● ● ●

在联赛赛季结束后，我们还剩一场预选赛，2003 年 6 月 11 日主场对阵斯洛伐克。在那之前，我们去了一趟南非和他们的国家队进行了一场比赛。飞行时间非常长，世界杯后我带到英格兰的队医雷夫·施瓦德建议我们穿上手术袜，避免由于长时间乘机带来的浮肿。我穿了。托德和我隔着过道，他在看书。我就像往常一样睡了一觉——不知道过了多久——当我起来的时候我感觉不到我的脚了。我脱下袜子试着站起来，现在想想实在是个错误，我晕倒了。当我回过神来，托德拉我起来，我又晕倒了。这次我很丢脸地摔倒了，伤到了手肘和小拇指。如今患处都痊愈了，也没有很影响我的生活。但我再也没有在飞机上穿过那种袜子。

我们 2 ∶ 1 击败了南非队。当我们在南非时，去了约翰内斯堡见到了纳尔逊·曼德拉，这是种荣耀。回到英格兰，我们在友谊赛中击败了塞黑，并在预选赛以 2 ∶ 1 击败了斯洛伐克。我们以 2 分的差距落后土耳其，位居小组第二，但我们还有一场比赛没有开始。土耳其赢了除了和我们的所有比赛。所有的事情都指向一个事实，我们和土耳其的最后一轮比赛是决定性的。之后我们迎来了暑假，我回到了布霍克福斯的家里，那里越来越像个地标建筑了。

有一天我接到了一通来自皇马高层的电话。他说皇马有意向曼联求购大卫·贝克汉姆。他想咨询一下我，皇马即将买到的是一个花花公子还是一个职业运动员。我跟他保证说没有任何人能比贝克汉姆更敬业了。我也警告他流言会缠着贝克汉姆。那个人笑了，说在皇马从来不缺少这种事情。

几天后，大卫就成了皇马的一员。后来我接到了来自皇马的另一通电话，证明了我的说法是正确的，贝克汉姆超级敬业，而且在皇马从未见过像贝克汉姆这样能将流言如此视若无睹的球员。

● ● ●

2003 年 7 月 3 日，俄罗斯石油大亨罗曼·阿布拉西莫维奇官方宣布以8000 万英镑的价格买下了切尔西俱乐部。很少有人知道阿布，但我已经拒绝了他提供的两份工作。

我和阿布的关系开始得有些早。皮尼·萨哈维打电话跟我说，一个俄罗斯商人想要见我。当我到达伦敦的大使俱乐部时，皮尼和 4 个俄罗斯人已经在等我了。我听说过阿布，但不知道他长什么样子，所以我走向第一个穿西装的男人向他自我介绍，他不是阿布，第二个还不是，第三个也不是。最后一个穿牛仔裤、T 恤的男人才是他。这个身家百亿的男人为了足球变成了这副模样。

"对不起。"我说。

"没事。"他笑着说。

我们共进午餐，谈论了足球。阿布说他有意买下莫斯科的一家足球俱乐部。他想让我和皮尼为他考察 4 家有潜力的俱乐部。我们这样做了，在莫斯科待了几天，参观了场地和其他设施后，阿布问我该买哪一家。

"莫斯科中央陆军，"我说，"它是最大的。"

"好的，"他说，"如果我买下了中央陆军，你会来执教吗？"

"不，"我拒绝道，"我不能离开英格兰。"

接着，我在莫斯科见过的阿布的顾问特卡琴科打电话来，说阿布有意买一支英格兰球队。他想要一支伦敦的球队。他在观察托特纳姆热刺和切尔西，问我哪一支更值得购买。

"这取决于他想让球队带来什么。"我说。

"他想获胜。"特卡琴科说。

"如果他想赢球，那就买切尔西，"我说，"他只需要换半个阵容就行了。"

几天后，阿布拉西莫维奇买下了切尔西。在那个节点特卡琴科又给我打了电话。

"你想执教切尔西吗？"他问。

这是个很有诱惑力的工作，但我还是不能离开英格兰队。

"对不起，"我说，"不可能。"

这是我第二次拒绝罗曼·阿布拉西莫维奇了。但是我们的关系还是很好。我在瑞典，他的一个顾问问我是否能到奥斯陆和罗曼共进午餐。他将要和他的游艇在那里待上一段日子。当我到达时，游艇静静地停靠在为游轮准备的码头上。排场很大，阿布和一个朋友坐在巨大的后甲板上。在用一个巨大的电视屏幕观看一些以前的球赛。我认为那可能是他想要观看的某名球员。

他的妻子伊莉娜当时也在场。还有我叫不出名字的荷兰球探和一个足球经纪人。罗曼把他的挪威大厨带到了奥斯陆。红酒佐餐，但我确定阿布并没有沾酒。晚饭后，伊莉娜向我展示了她在船上的办公室。她有台电脑，里面装着全世界足球运动员的数据。可能她是幕后决定该买谁的人，我觉得不是。

在伦敦，我们经常在阿布的家里见面。有一次我和皮尼一起过去了。在我们不知情的情况下，一个摄影师拍下了我们走进他家的画面。第二天见了报，关于我将取代拉涅利成为切尔西主帅的言论立刻散布开来。我不得不跟公众说没有这回事儿。罗曼的人建议我以后从车库的入口开到地下停车库，然后直接从楼梯上到阿布的厨房。

阿布的住所不仅宽敞而且优雅。以他的财富可以买到所有想要的东西。当我跟阿布的心腹特内巴乌姆说花 8000 万买切尔西是一大笔钱时，特内巴乌姆也这么觉得。

"是的，"他说，"但是这对阿布资产的影响就像你我去买杯咖啡一样。"

从穿着来看，很难看出阿布如此富有。他经常穿着牛仔裤和 T 恤。他更像一个礼貌且友善的普通人。我不知道他对墙上的昂贵画作有多关心，当我讨论画作时，他就好像第一次见到这些画一样。

但他对足球是真的痴迷。我跟他和他的访客几乎只谈论足球。话题总是围绕着切尔西该买哪些球员。罗曼需要建议，我就成了他应该听信的人。在我推荐的球员中，他买下了乔·科尔、达米恩·达夫、维恩·布里奇、格伦·约翰逊和胡安·塞巴斯蒂安·贝隆。在 2003 年 8 月 31 日转会窗口关闭前，他还买下了阿德里安·穆图、埃尔南·克雷斯波和克劳德·马克莱莱。阿布在买球员上的花费甚至超过了买俱乐部花的钱。

● ● ●

如果说我和罗曼·阿布拉西莫维奇的关系很亲密，那么我和弗格森爵士的关系就有点儿复杂了。弗格森是个很有才华的好人。我们见过很多次，甚至在一些场合里共进晚餐。但我毕竟是那个威胁他在曼联帅位的人。弗格森从来没有吝惜他的怨恨，我知道他一直怨恨着我。每当英格兰队进行友谊赛时，他都会搞出点儿乱子。他认为友谊赛是完全没用的，只会让球员受伤。弗格森经常早上 7 点给我打电话，命令我在友谊赛中不要用他的球员。弗格森坚称他的球员受伤了或需要休息，可他也从未要求我照料哪一名特定的球员。

我不会让弗格森任意欺凌我。如果我的阵容需要哪名曼联球员，我就会挑选他。2003 年 8 月 20 日，在和克罗地亚的一场友谊赛前，报纸上写弗格森告诉媒体说我不应该用保罗·斯科尔斯，弗格森说斯科尔斯得了疝气。我还是选了他，不过只让他出场了 60 分钟。弗格森暴怒了，据他所说，斯科尔斯的伤势因为这场比赛更加严重了。然而斯科尔斯在那之后又为曼联踢了两场球才进行了手术，而且之后就是我们对阵马其顿和列支敦士登的欧洲杯预选赛了。

和弗格森的另一场冲突酿成了风暴，导火索是里奥·费迪南德。2003 年 9 月 23 日，他被抽中出席英格兰队的反兴奋剂检查。当检查人员到的时候，费迪南德正在曼联训练。由于一些原因，费迪南德跳过了检查，离开运动场径自回了家。这样做很有冒犯性，会被视同为检测呈阳性。

英足总非常重视药检，对费迪南德没有手软。新的总裁马克·帕里奥斯非常震怒，通知我说在 10 月 11 日与土耳其那场至关重要的预选赛中不要让费迪南德上场。我真的面对了一个很棘手的问题，我理解英足总的坚定立场，但同时费迪南德没有意识到不守规矩带来的后果。不出意料，弗格森表示英足总对费迪南德的处理很不满。有一天，刚刚破晓时分，弗格森就非常激动地打电话给我。这次他想让我把费迪南德放到阵容里，正好和我老板给我的命令相反。他说，如果我不选费迪南德，他保证其他的曼联球员也不会出场比赛。

"我明白你的心情，"我说，"但是我没办法选他，你想吵的话还是打给别人吧。"

弗格森不能阻止他的球员参加国家队，但是很多球员对里奥所受到的不公平待遇感到怒不可遏，他们甚至威胁说如果不能召回里奥就罢工。我进退两难。放弃里奥是英足总的决定，我在此事上人轻言微。所以我告诉帕里奥斯他需要去跟球员们解释为何会处罚里奥。我不确定事情会不会变好，毕竟帕里奥斯不是一个很善于沟通的人。最后，球员们还是妥协了，会回来踢比赛。在一份写给媒体的声明中，他们对英足总的举动进行了严厉的批评。

在与土耳其的比赛中，里奥的禁赛不是唯一的问题。英格兰球迷和土耳其的球迷在场外也开了战。3 年前，利兹联和加拉塔萨雷的欧冠半决赛后，2 名利兹联的支持者在伊斯坦布尔被刺死。英国当局规定英格兰球迷禁止观看在土耳其的比赛。宣布声明这个不愉快的工作落到了我的头上。自此土耳其人和欧足联都不太喜欢我。

当我们到达伊斯坦布尔的体育场时，空气中充满了硝烟的味道。这是一场 4.3 万名观众中无一名英格兰球迷的比赛。我认为这对我们的球员是一种鞭策。我们全神贯注在比赛上，并完全掌控了它。到了上半场快结束的时候，杰拉德在禁区内被拉倒，当值主裁科里纳指向了点球点。贝克汉姆主罚，但当他触球时，好像支撑他脚下面的草皮陷下去了一块，他滑了一下。足球高出了横梁，现场的气氛被点燃了。半场退场时，球员通道里发生了一些小摩擦。土耳其的后卫，当时在阿斯顿维拉效力的阿尔佩把手放在了贝克汉姆的脸上，事情并不严重。

一场平局足以让我们在小组里脱颖而出赢得欧洲杯席位，而第二名的球队将要踢一场附加赛。那场球里我们证明了我们是一支强队，尤其是有着坚韧不拔的精神。我们没有被客场的气氛所吓倒，22 岁替代里奥出场的约翰·特里棒极了，他的防守让土耳其人无计可施。比赛以 0：0 告终，我们拿到了去 2004 年葡萄牙欧洲杯的门票。在所有世界杯和欧洲杯的预选赛中，我没有输掉一场比赛。土耳其在附加赛中爆冷输给了拉脱维亚。里奥·费迪南德还是因为没有参加尿检错过了欧洲杯。在 2003 年 12 月 19 日，他被罚款 5 万英镑，并被禁赛了 8 个月。

● ● ●

2004 年欧洲锦标赛将在葡萄牙进行，此事我也有参与。几年前我接到了葡萄牙足协主席吉尔伯特·马代尔的电话。他问我是否认识身为欧足联主席的瑞典人伦纳特·约翰逊。他想和伦纳特讨论葡萄牙能否举办 2004 年欧洲杯。我和伦纳特是老相识了，我跟马代尔说我们很乐意前来谈谈。当我们到了葡萄牙，他带我们去共进晚餐并给我们展示了杯赛的详细规划。一切都安排得井井有条，伦纳特也想让除了德国、西班牙这种足球大国外的国家——比如葡萄牙——举办欧洲杯。但是葡萄牙人真的有能力举办这样的大型活动吗？"当然没问题。"我回答说。在他们能保证举办好这届杯赛之前，我就争取到了伦纳特的支持。葡萄牙就像是我的第二家乡，尽管我不知道我的第一家乡在哪儿。我在很多国家都有家——瑞典、英格兰、意大利和葡萄牙。

在欧洲杯期间，我们没待在里斯本。我们的"逻辑天才"米歇尔找到了一家非常棒的酒店，距我们的训练基地国家体育场只有 5 分钟路程。和英格兰队在一起一切都安排得井井有条。"太太团"住在我们旁边的一家酒店，就和两年前在日本的时候一样。我完全赞同球员在杯赛中应该和家人在一起这一观点。你要相信你的球员。如果在锦标赛中他们用不同的方式生活，他们会不会无所适从呢？其他国家队的成员都能和家人们待在一起，但在英国媒体看来，这就是个大问题。

不像在日本的世界杯，我们这届杯赛没有伤病问题。只有里奥·费迪南德还在禁赛期。最大的问题依旧在左翼。贝克汉姆当然是首发右中场，但是我们没有合格的左中场。同时我们的 3 个顶级的中场球员史蒂文·杰拉德、保罗·斯科尔斯和弗兰克·兰帕德不能同时首发。有些人跟我说杰拉德和兰帕德不能同时出场，这个道理我一直没明白。像他们这样的世界顶级球员理应被放在首发名单里。时间会证明胜利或是失败。兰帕德只能在中场活动，他需要有球权。此外，他的速度也不足以在边路活动。杰拉德踢过一两次左边，但是他在中间还是最佳选择。为什么他们不能在一起踢球呢？他们都是聪明的球员，如果一个人上前，另一个人就会拖后。这对他们来说没什么难的。我决定将斯科尔斯放在左路，这完全不是因为他比杰拉德或兰帕德差。斯科尔斯是英格兰最好的球员，他技术全面，如果不用吃牌的动作去飞铲他，从他脚下断球是不可能的，而且他也从来不传丢球。他不属于左路，但左路需要他。在预选赛阶段他就在左路踢球，那一阶段我们未尝败绩，甚至在曼联他也偶尔客串一下。也有一个替代方案，那就是将阵型改为 4-3-3，但是我们需要两个既有速度又有创造力的边锋，可惜我们没有。

许多人没有注意到斯科尔斯正遭受哮喘的侵扰。在世界杯期间，对于斯科尔斯来说，夏天的气候过于炎热。当我们在欧洲比赛前练习点球时，斯科尔斯待在球场的另一端。我叫他过来，问为什么他不想参与到点球训练中来，他说如果在葡萄牙的气温下踢 120 分钟，他绝对坚持不了踢点球的。

"如果只坚持 1 个小时还没问题。"他说。

保罗·斯科尔斯大多数时候待在纽卡斯尔城外他的家里，那里的 2 月霜寒刺骨。

● ● ●

2004 年欧洲杯是鲁尼的舞台。我们和法国、瑞士、克罗地亚抽到了一组里。第一场比赛是在刚刚重建的光明球场迎战法国队。本菲卡队原来使用的老光明球场已经被拆毁了。

在与法国队的比赛中，我们踢得非常好，尤其在中场。上半场，兰帕德接贝克汉姆的任意球传中头球破门。下半场换上鲁尼的时候我们赢得了一个点球，看起来事态在朝着一场轻松的胜利发展。但法国队的门将法比恩·巴特兹扑出了贝克汉姆的点球。这个失误非常致命。在第九十分钟，法国队在禁区前沿获得了一个任意球。齐达内主罚的皮球飞入网窝扳平比分。紧接着，在伤停补时阶段杰拉德回传失误，让亨利断球、单刀、被詹姆斯放倒、点球！齐达内没有放过这个机会，一脚射门。紧接着裁判就吹响了比赛结束的哨子。短短 3 分钟，我们就从 1：0 变成了 1：2。

法国的失利对我们打击很大，但与此同时，我们也表现出我们能踢得很好。在第二场对阵瑞士的比赛上，我们上半场表现得并不好。球员们在 30℃ 的高温下痛苦不堪。下半场球员们终于回到了正轨，鲁尼也成了杯赛历史上最年轻的进球球员。接着，他又进了一个球，最后杰拉德杀死了比赛。

第三场对阵克罗地亚的比赛中，韦恩·鲁尼的表演还在继续。一场平局就足以让我们晋级。克罗地亚很早就取得了领先，但我们很快就掌控了比赛。比赛很快被改写成了2：1，斯科尔斯和鲁尼接连进球。下半场也延续了上半场的好势头，鲁尼又进球了。克罗地亚也扳回了一局，但兰帕德将比分锁定在了4：2。我们进入了1/4决赛。紧接着我才知道这是英格兰队在除本土进行的欧洲杯外第一次进入欧洲杯第二轮。我对媒体说，我从来没有想到有任何球员能像鲁尼在葡萄牙的表现这样耀眼，上次有这样表现的也就是1958年贝利在世界杯上的横空出世吧。

在对阵葡萄牙的1/4决赛前一切都很顺利。比赛前一天我们在比赛场地光明球场进行点球练习。如果在常规时间和加时赛中双方战平，将要点球决胜。上一次我带队进行点球决胜还是在1995年的优胜者杯，桑普多利亚对阿森纳的比赛。大卫·希曼扑出了3个点球，为阿森纳赢得了胜利。我知道英格兰队在点球上战绩不佳。英格兰人在1990年世界杯半决赛和1996年欧洲杯半决赛上被德国点球双杀。1998年世界杯对阵阿根廷的点球大战同样惨遭失败。

光明球场点球点周围的草皮非常差，我向托德和我们的守门员教练雷·克莱门斯以及在场的FIFA的技术官员指出了这点。如果你踩在点球点附近，脚下的草皮就完全消失了。技术官员和场地管理员承诺说在比赛前一定会解决这个问题。我觉得可能不会及时改善，到时候看吧。

在6月24日，现场的葡萄牙人没比英国球迷多很多，而且英国球迷的声势大得多。我明白所有的教练都会说他们的球迷是世界上最好的，但无疑在我眼里，英国球迷是所有国家队球迷里最有激情的。

迈克尔·欧文在开场2分钟时就抓住了一个葡萄牙人的防守失误，用一粒进球送给了我们一个完美的开局。这让我们回想起了在日本对阵巴西队时的领先。葡萄牙队的球员很震惊，但他们的领袖德科没有，他用精准的传球操纵了比赛节奏。我们也开始留心葡萄牙19岁的小将克里斯蒂亚诺·罗纳尔多，他在曼联的高光赛季惊艳了整个欧洲，但葡萄牙人似乎更畏惧他的曼联队友鲁尼。

每次拿球，鲁尼都吸引了两名防守球员的协防。欧文的空间就拉开了。我对这场比赛很有信心，但上半场过半意外就发生了。当鲁尼带球进入葡萄牙人的禁区时，他试图甩开对方后卫，但被对方踩在了脚上，踩掉了球鞋。看起来这是个无辜的意外，但回放显示后卫没有碰到足球。如果鲁尼在碰撞中摔倒，绝对会赢得一个点球。而鲁尼却跳过了底线，坐下了。雷夫·施瓦德跑过去检查了他的脚，很明显鲁尼不能继续比赛了。我们当时还不知道他的跖骨已经断了。

我用达里乌斯·瓦塞尔换下了他。瓦塞尔来自维拉，是我很欣赏的一名强力前锋。在 2002 年世界杯上，瓦塞尔有一粒精彩的后脚跟进球，但他毕竟不是鲁尼，没有人能取代 2004 年欧洲杯上的鲁尼。

葡萄牙人的攻势一浪高过一浪，尽管我们守住了，却没有任何机会推进到对面半场。在下半场时，我用防守更强的菲尔·内维尔换下了斯科尔斯。葡萄牙人变得更凶了，但是没有找到他们想要的突破。还有不到 10 分钟的时间，我用欧文·哈格里夫斯替下了杰拉德，我们只需要挺住就好了。可就在几分钟之后，波斯蒂加用一记头球扳平了比分，击碎了我们的美梦。

伤停补时阶段，我们赢得了一个任意球，贝克汉姆将球吊向葡萄牙的球门。我们最矮的球员欧文竟然抢到了点，将球顶在了横梁上。索尔·坎贝尔将弹回来的球顶入了网窝。然而瑞士裁判乌尔斯·迈耶认为约翰·特里在坎贝尔攻门的时候推了葡萄牙门将里卡多，他判罚进球无效。回放显示特里没有任何犯规动作。

我们在常规时间就应该赢下比赛，可惜比赛被拖入了加时赛。之后，很多球员都体力透支了。葡萄牙教练斯科拉里和我都已经用完了 3 个换人名额，已经不能再影响比赛了。加时赛上半场双方均无建树，但下半场刚开场 5 分钟，被替换上场的鲁伊·科斯塔在禁区外得球，摆脱了菲尔·内维尔的后劲射入网。我难以置信，难道会是 14 年前在本菲卡时从我麾下出道的鲁伊·科斯塔会在他的最后一届国际赛事中淘汰我和英格兰？这可能就是命运。

但命运也有可能被打败——兰帕德击败了它。还有 5 分钟加时赛结束时，我们争得了一个角球，贝克汉姆主罚。特里将球摆渡给了兰帕德，他在葡萄牙的球门前转身怒射，将球送进了网窝。120 分钟结束，比分依旧是平局，将以点球决出胜者。

我们之前练习了点球，我以为没什么用。但在这个白热化的时刻，拼的就是谁的心更大。对于教练来说，准备点球是不太可能的任务，因为你不知道在加时赛后还有哪些球员留在场上。点球决胜几乎和足球比赛没有任何关系了。当贝克汉姆第一个走向点球点时，我无助地坐在替补席里。我以为他会射进，可是他的球踢向了天空。他转过来盯着点球点，那里并没有被很好地修缮。

之后，欧文和兰帕德都命中了，德科和西芒也为葡萄牙得了 2 分。鲁伊·科斯塔错过了超过我们的机会，两支球队接连交替得分，又回到了同一起跑线。我们的第七名球员瓦塞尔走上了点球点。他的射门很漂亮，可是里卡多猜对了方向，将球托了出去。瓦塞尔跪在了球场上。如果葡萄牙人在下轮进球的话，他们就晋级了。葡萄牙的门将里卡多来到了球前，他的射门低平有力，就算大卫·詹姆斯猜对了也扑不出去。葡萄牙人胜利了，我们告别了欧洲杯。

在赛后，我获许和误判吹掉坎贝尔进球的迈耶说话。我为他这场比赛的贡献表示了谢意并和他握了手，过去的就过去了。

英国媒体却不会原谅他，他们称迈耶为"乌尔屎"（裁判名字叫乌尔斯 Urs，英国媒体给他起名 Urshole，把他的名字拆到了 Asshole 里）和"傻瓜裁判"。在英国媒体发布了他的联系方式后，迈耶收到了数千封恶毒的邮件，甚至有死亡威胁，他的孩子们都不能正常上学了。在两名《太阳报》记者到迈耶瑞士的居所附近悬挂了一面巨大的英国国旗后，迈耶也受到了警方的严密保护。当我知道这些事情后，我打给他，代表英格兰队向他道歉。这些暴行无法被原谅，可是迈耶从那之后就放弃了执法球赛。

我回到了瑞典，很多人对我们被淘汰了很失望。当然我也失望，但我们在杯赛中表现得很精彩，只是幸运女神没有眷顾我们。或许鲁尼没受伤事情就会不一样，但也没有重来的机会了。足球就像生活一样，不要总眷恋着过去。

第 14 章　不公平的比赛

我正在伦敦大理石拱门附近的莱昂纳德酒店的套房里，大卫·戴维斯打给了我。大卫说《新闻世界》想要揭露我和他在英足总的秘书法利亚·阿拉姆的风流韵事，他打来求证。

"这是胡说八道。"我说。

但我不是说事情是假的，我只是说问题很无意义。这是我的私生活，大卫不知道的是，接电话的时候法利亚正在我的房间里。我和法利亚在莱昂纳德酒店约会过几次。

● ● ●

我和法利亚第一次见面是在英足总办公室。她坐在戴维斯的玻璃办公室外的办公桌旁。法利亚肤色偏深，容貌出众，是一个出生在孟加拉的前模特。每次我在戴维斯的办公室外，都和她聊得很多。我不是唯一倾慕法利亚的。在一次晚宴上，她和英足总的首席执行官马克·帕里奥斯开始了一段浪漫的故事。我也是后来发现的，没人知道他们的关系。

可能是 2004 年 2 月，我打给法利亚邀请她吃午饭。我非常确定她会同意，就订了一间房间，事情自然而然地发展了下去。法利亚集性感与智慧于一身，符合我的口味。她在身边的时候我非常开心，后来我们每周至少约会一次，有时候在法利亚朋友的印度餐馆，有的时候在莱昂纳德酒店。

在葡萄牙的欧洲杯期间，我几乎每天都和法利亚聊天。南希和我在葡萄牙，但她和其他的太太们、女友们在酒店里。当我从欧洲杯回到瑞典后，南希去了意大利，法利亚到布霍克福斯见我。没有人知道她在那里，所以也就没人会怀疑我们。之后我们回到了英格兰，我和法利亚在莱昂纳德酒店时，戴维斯打来了电话。

我对他关于我和法利亚关系的问题不置可否，我建议法利亚也这么做——不承认也不否认。这不关其他人任何事，紧接着大卫的电话就打给了法利亚。她走出了房间，我不知道她到底说了什么，但她看起来很激动。我跟她说保持冷静，不要冲动。夜深了，她回了家。我记得她还担心小报记者蹲守在酒店外。

2004 年 7 月 18 日，周日，《世界新闻》刊发了我和法利亚的独家新闻。文章没有任何确凿的证据，我却知道骑虎难下了。我认为南希那时不在伦敦。

第二天，我到了办公室，法利亚已经到戴维斯的办公室去寻求法律援助了。她否认了故事的真实性，英足总威胁报纸说要起诉报纸，很快起草了一份声明来否认指责。这后来被证明是一个大错误。英足总不知道媒体已经有了几封描述我性爱场景的邮件和短信。不仅如此，媒体还知道了她和帕里奥斯的关系。当报社的人告知英足总的人他们掌握的证据后，英足总慌了，忽然间言论都开始保护帕里奥斯。我们的媒体总管科林·吉布森在没有通知我的情况下就打算和《世界新闻》达成协议：提供我和法利亚的故事，对帕里奥斯的事情保持沉默。在这场腰带以下的风波中，我就像被扔到狼群里的羔羊。

《世界新闻》同时要求采访我和法利亚。我绝对不会同意这种事，我对保护帕里奥斯没有任何兴趣，我和他的关系也说不上太好。我一直认为他是首席执行官的错误人选。为什么我要同意让媒体羞辱我，来保护帕里奥斯呢？我从来没在媒体前讨论过我的私生活，现在也不会破例。

第二周的周日，也就是 7 月 25 日，《世界新闻》还是把我和法利亚刊登在了头版。这次无疑故事是真的了，新闻把法利亚的邮件和短信都刊登了出来。她怎么能傻到把床笫之事写给闺密呢？报纸同时也揭露了她和帕里奥斯的韵事。第二天，英足总主席汤普森打给我说英足总即将采取调查。汤普森认为在一切水落石出之前，我还是不要去办公室了。换而言之，英足总主席停了我的职。

我回到了布霍克福斯的家里，可那里也不得安宁。记者们团团围住了我的家，我的父母被打搅了，到处都是英国和瑞典的狗仔。我的大门外至少停着 20 辆车。警察甚至立起了"禁止通行"的告示。一个非常无理的《天空新闻》的记者甚至走到了我家门前摁响了门铃。我妈妈开了门，用瑞典语喊道："离开！"

《天空体育》一遍又一遍地播放这个片段，我妈妈在英国都快出名了。没有人听得懂她在说什么，后来我爸爸决定跟记者们开点儿小玩笑。他把一些垃圾放在车后座上，用一块毯子蒙着驶出了家门。记者们以为我藏在后座上，起码有 10 辆车跟着他。我爸爸开到了垃圾场，掀开毯子把垃圾袋扔了出去。我非常想看一下他这么做时那些所谓的"记者"的表情。一个瑞典记者甚至去跟我爸爸道了歉。

事情持续了几天。最后我去了阿姆斯特丹出席阿贾克斯的年度赛前杯赛。4 支球队之一是阿森纳。坐在飞机上，一名看起来是记者的年轻女士迫切地想从我这儿打听关于法利亚的事情。在斯希波尔机场，一名 BBC 的员工在等着，不过我还是没跟他讲任何事。

当我在阿姆斯特丹的时候，我又被指责说我和英足总的一位年轻漂亮的接待员有染。科林·吉布森打电话过来求证，我回应说与他无关。他说与这位姑娘的安全有关，所以他代表英足总来询问是否属实。

"没有的事。"这次我说的是实话。

对于《世界新闻》来说，法利亚的故事就是个金矿。在 8 月 1 日——事件后的第三个周日——《世界新闻》又投下了另一枚重磅炸弹。这次英足总不幸中弹。报纸描述了科林·吉布森迫切想保全帕里奥斯的事。报纸披露了吉布森和媒体的电话会谈，内容就是关于他想要达成协议。现在英足总的办公室，尤其是帕里奥斯，被推到了台前。英足总在莱昂纳德酒店召开了一场应急发布会，可笑的是这导致了帕里奥斯的离职。新闻总管吉布森也一同离开了。

但我没有离开，英足总里有人想看我被炒鱿鱼，我没做任何违法的事。

英足总没有一条成文的规定说不允许办公室恋情。我也从未撒谎，由于帕里奥斯和法利亚的关系已经结束了，对于我的指责也是无稽之谈。在此之前我从来没说过任何事，所以我也没有任何把柄捏在他们手里。

法利亚雇了一名我之前认识的公共关系专家马克思·克利福德。在他的帮助下，法利亚把我如何勾引她的故事卖给了《世界新闻》和《周日邮报》，这两家报纸在 8 月 8 日刊登了她的故事。文章里绘声绘色地描写了我们俩的性爱，但我并不在意，无论如何它们都见报了。据说法利亚通过讲述这些故事收到了数十万英镑的报酬，我依旧不是很在意。法利亚把自己曝光在媒体前，还丢掉了她的工作，怎么就不能赚点钱当补偿呢？

唯一让我伤心的就是我们之间的关系结束了。我非常喜欢法利亚，甚至在我看来已经有爱情在绽放。我不理会别人关于我应该停止我的所作所为的言论。如果我喜欢一个女人想见她，为什么不呢？我对南希也没有歉疚之情，她住在我家，但我们没结婚，我也不爱她。随别人怎么说吧，我不后悔。

• • •

法利亚的事发生之后的那个夏天，我随英格兰队在美国参加了一系列友谊赛。训练结束后，球队大巴行驶在纽约城里，我收到了法利亚的短信。她正住在纽约，问我能不能出来喝杯咖啡。我不知道如何回复，所以就没有立刻回应。我觉得我可能过一会儿会给她回电话。回到酒店，新闻官阿德里安·贝温顿在大堂赶上了我。

"别那么做。"他说。

他是如何发现法利亚想要见我的？当我问他的时候，他说 10 分钟前收到了一个记者的短信。

"你在媒体里还有些朋友。"他说。

我认为这就是个公关噱头。我打给法利亚，问她到底想要做什么，她是不是想算计我呢？她没有明白我的意思，我跟她讲了经过，并认为很明显是她将约会的事情泄露给了媒体。

"我很遗憾你那样想，"她说，"我不会再打扰你了。"

● ● ●

当我接手英格兰队时，计划是赢得 2006 年德国世界杯。这是英足总的愿景。在 1966 年世界杯夺魁后，是时候在德国的土地上由瑞典教练重现阿尔夫·拉姆齐的荣耀了。我已经工作了 4 年，这对于足球教练来说很久了，尤其是对国家队教练来说更是像一辈子那么长。我们在两届杯赛中都有上佳的表现，虽然都没进入半决赛。在 2002 年世界杯上，我们被更强大的对手击败。2004 年欧洲杯，我们在大将受伤的情况下点球失利。这些都过去了。

首先我们要打预选赛，小组赛中我们和波兰、奥地利、北爱尔兰和阿塞拜疆在一个组。虽然抽签不错，但进程没有我们预想得那么顺利。守门员的问题又一次让我感到头疼。

大卫·詹姆斯在欧洲杯表现不错，接替了希曼的位置。我们希望把克里斯·柯克兰培养成英格兰的 1 号国门，但他总是挣扎在伤病的泥淖中。

大卫·詹姆斯有着成为一个好守门员的一切素质。他可以从一个门柱飞向另一端，人高马大且善于摘取传中球。但是雷·克莱门斯总是警告说大卫·詹姆斯每场比赛都会犯下一个重大的失误。这是个非常严重的问题。一个守门员一旦犯错，是会让球队输掉比赛的。

我们的第一场世界杯预选赛是在 2004 年 9 月 4 日客场远征奥地利。我们早早就看到了胜利的曙光，下半场中段我们还以 2：0 领先。奥地利用任意球扳回一球。仅仅 1 分钟左右以后，一名奥地利的中场球员在禁区外起脚，射门可能被我们的一个防守球员碰了一下，但对詹姆斯来说应该是不难的扑救，然而他任由足球在他身下滚进了球门。忽然场上比分就成了 2：2，并维持到了中场，我们痛失 2 分。

这直接导致了在我执教期间大卫·詹姆斯失去了参加国际比赛的机会。

当然，我会把他放在替补席上，却不会对媒体说出真实原因。我对记者们说詹姆斯曾多次挽救我们，一次失误不会影响什么。这算是教练需要讲的一些善意的谎言，你不能总是说实话。举例来说，你不能跟媒体说你想要出售一名球员，否则对他的报价就会变低。当然我已经提前和詹姆斯谈过了，他也很职业地保守了秘密。

英国媒体铺天盖地地刊登了对詹姆斯低级错误的批评。一家报纸将詹姆斯和一个驴子 PS 到了一起。球员们当然不喜欢，他们力挺詹姆斯。

4 天后，我们在波兰南部的霍茹夫和波兰队进行了比赛。赛前那天，我和许多球员去了坐落在霍茹夫附近的奥斯威辛集中营。我从未参观过集中营，这是次很有意义的经历，这样的经历我永远不会忘怀。以前球员们总在大巴上放音乐、聊天，但从奥斯威辛回来的路上，车上肃穆无声。

几个月后，我到西敏寺参加一场纪念大屠杀的重大活动，我做了个演讲，讲述了参观奥斯威辛的经历。尽管我心里不是很舒服，但我认为这是我的责任。我从未在如此多的听众前演讲，而且内容和足球无关。当我起身走到讲台上，看到了下面的人群。前面坐着英国女王、托尼·布莱尔、戈登·布朗和众多社会名流。我将要给他们演讲吗？纪念仪式将在 BBC 和众多国家的电台上播出。我记得我站在那里，环顾四周的名流，心里想着，"斯文啊斯文，你到底在这儿干吗呢？"

我们 2：1 战胜了波兰队，球员们在赛后选择了沉默。在他们眼中，对詹姆斯的批评太过火了。他们或许担心如果在下一场比赛中犯错会遭到怎样的嘲讽。记者们站起来表达了抗议，我也能理解他们，尤其是那些很专业的记者们。毕竟，没有人表现得很恶劣。

● ● ●

我总说足球教练最重要的工作是建立良好的更衣室氛围。作为国家队主帅，你在赛前有 3 到 4 天的时间和球员们相处。在有限的时间里，你很难完成很多工作。你可能会做一些策略上的调整，但没办法改造球员。他们已经是完成品了。最重要的是让他们踢在俱乐部里熟悉的位置。他们需要在英格兰队里找到主场的感觉。

向上的团队精神是在场下建立的。你要相信你的球员们，他们已经是成年人了，职业的成年人。给他们自由非常重要，不去打扰他们的自由是你的责任。英格兰球员从未在赛场外给我不信任他们的理由。所以在曼彻斯特和北爱尔兰队进行的世界杯预选赛后，大卫·贝克汉姆问我球员们是否能出去吃晚餐、喝点儿小酒来庆祝胜利时，鉴于下场比赛在 4 天后，我欣然应允了。

除了第一场对阵奥地利遭遇了点儿小插曲，预选赛的任务按剧本进行。我们击败了波兰、威尔士和阿塞拜疆，最后在 2005 年 3 月 26 日 4：0 大胜北爱尔兰。4 天后我们将在纽卡斯尔对阵阿塞拜疆，如果球员们想出去喝两杯，只要他们保证不出事故，我是完全同意的。我还记得我在卡尔斯库加的日子，在比赛日前夜是不能出去的。每个在瓦姆兰的人都知道，在 2002 年世界杯前的迪拜训练营，我让英格兰的球员出去玩了一夜，结果后来出了问题。

他们本应在指定的时间回来，我和教练组早早吃了晚饭就睡了。第二天早上，有人通知我昨晚出了问题。球员们回来的时候克莱门斯还醒着，但告诉我昨夜情况的是酒店的保安经理。他不想说是哪几个球员喝醉之后闹事，我也不想知道到底是谁。这件事情会让我迁怒于某些球员。我决定和整支球队好好谈谈，他们让我失望了。

我在午饭前开了个会，我非常生气。这种事情完全不可以接受，我跟他们说，我不能相信是英格兰代表队的球员做出了这样的事。如果再犯，他们就得另请高明了。球员们静坐不语，球队的气氛有一些酸酸的。并不是所有的人都辜负了我的信任。我也认为大部分球员都是值得信任的，就没有深挖事情的原委，也没有把矛头指向某个球员。事情过去了就过去了，3 天后我们凭借杰拉德和贝克汉姆的进球 2：0 击败了阿塞拜疆。

● ● ●

所有人都知道我和南希的关系出了问题，事实也的确如此。但我不在意这关系看起来是怎样的。我们一起旅行、吃饭、拜访朋友。南希与大卫·邓恩的妻子芭芭拉和戴维斯的妻子苏珊成了闺密。我们经常受邀去大卫和芭芭拉伦敦的家。他们的房子非常漂亮，有时温格和他妻子也会来，他们家住在附近。在很多场合，有南希在场非常融洽，她是那么善于交际，人们总是围着她转。

但大多数情况下我已经厌烦了南希，我很久以前就想和她断了关系。有时我在伦敦入住一家酒店就是为了避开她。在 2005 年春天，我决定买一间能独处的公寓。在罗马我带领拉齐奥的最后一年我也是这么做的。我在福尔梅洛附近租了一间公寓躲避南希。那间房子有游泳池，我从来没有告诉南希，偶尔也会带女人去那里。一个电视名人写了一本有关我的书，叫《足球绅士》。我允许她写关于足球的一切，但不许写我的私生活。这本书并没有出版，因为就像战报集一样。

南希不是我唯一想要离开那间房子的原因，我也想要避开狗仔。据说我住在英格兰媒体最关注的街区。有些狗仔 24 小时不休地守在门外。或许我应该学一下歌手克里斯·蒂伯的做法。我在巴巴多斯度假时结识了他和他的妻子。我们共进晚餐，谈论藏在我们家里灌木丛里的记者。他建议我们给记者们送去加有泻药的茶，半个小时后街上就清静了。

当下媒体关注的问题有些我可以接受，比如说我接受了这个工作，我拿到的薪水和比赛进程，但我不理解的是为什么这么关注我的私生活。当丽娜从意大利过来拜访我的时候，我们在公园里跑步，我还得把棒球帽压低，尽可能地远离我的女儿。尽管这样，一家报纸还是发布了一张我和她跑步的照片，说我有了新的女朋友，那时候她大概只有 16 岁。

● ● ●

在苏珊妮·柏林德的帮助下，我在伦敦中部贝尔格莱维亚买下了一个很好的公寓。花了大概 170 万英镑，我不得不贷了一大笔款。阿索尔把我介绍给了卡尔·福勒，一位之前曾在高盛工作，现在自己做财务咨询生意的富有商人。他的公司不办理贷款业务，所以他把我推荐给了另一位做贷款的财务顾问萨米尔·汗。

萨米尔·汗是一个 45 岁上下的矮壮巴基斯坦裔。萨米尔帮我打理贷款，让我免除了很多麻烦事。我从一开始就很相信他，当他说可以在更多方面帮我理财时，我觉得是个好主意，我需要这方面的帮助。对于如何投资我没有丝毫兴趣，我想把事情扔给像萨米尔·汗这样的专家。我不太了解萨米尔的背景，所以阿索尔帮我调查了他，发现一切都没问题。他曾经帮助过高尔夫球手尼克·法尔多，而且他也是伦敦城里少有的靠谱的财务顾问之一。这意味着我的钱在他手里会很安全，我拜访了萨米尔在邦德街的办公室。

从那时起，萨米尔·汗就开始管理我的财务。这让我的生活更轻松了，我有更多的时间可以去照料别的事情，他会为我埋单。我在布霍克福斯的家里还在大兴土木，那可不是笔小数目。萨米尔还建议我做些听起来不错的投资，我对细节不感兴趣，如果萨米尔觉得保险，我相信他。我不会阅读冗长的合同，有时他只把合同中需要我签名的那一页传真给我。

● ● ●

在我的英格兰教练生涯期间，英超联赛成长为世界上最有影响力的联赛，至少财力最为雄厚。英超联赛成了一块世界足坛绝无仅有的金字招牌。数以百万计的球迷，来自亚洲乃至非洲，都在关注着英国联赛。英超吸引了世界各地最著名的球员。在 2000 年拉齐奥对阵切尔西时，切尔西的首发 11 人里就没有 1 名英国球员。温格的阿森纳就像是半支法国队，外籍球员的到来提升了英超联赛的质量，但对本土球员的成长没有带来一点儿好处。可以发现，年轻的英格兰球员很难有机会进入自己的联赛里，这对英格兰国家队也没有好处。除了这些，还没有关于是否该控制外籍球员在英超球队效力的讨论。

　　然而，还有一些做法可以提升英格兰队的国际影响力，比如说引入冬歇期。英超联赛是唯一没有冬歇期的欧洲重要足球联赛。数据清晰地表明，当国际大赛来临时，来自英超的球员体力明显不如其他有冬歇期联赛的球员，而且英超球员更容易受伤。我在英格兰期间呼吁冬歇期这一制度，却有如以卵击石。这是英国足球的传统，在整个一月都在踢球，也不会轻易改变。也是为钱使然。

　　我同样希望联赛能在国际大赛之前结束。这样球员们就有机会从疲劳的赛季中休息过来，在精神和身体两方面都为世界杯这样的大赛做好准备。我知道英超联赛会反对这样的想法，所以我直接去找了 FIFA。我和戴维斯在一次早餐时和 FIFA 主席布拉特及他的助手彼得·赫加蒂讨论了在世界杯前一个月联赛就该结束这个观点的可行性。布拉特认为这个观点很正确，后来他把这个观点据为己有我也不是很在意，他为这个观点做了很好的工作。

　　时间飞逝，一切顺利，直到后来我接到了赫加蒂的一通电话。他说英足总想要申请特例，不能在大赛前一个月结束英超联赛。没有任何人跟我讲这件事，我要求赫加蒂发给我一份传真的复印件，他照做了。英足总申请将联赛办到世界杯 3 周前结束，这份文件是由英足总主席汤普森签署的。

　　我在英足总期间，从未光临过汤普森的办公室，我觉得应该是顶楼吧。好像他也从来没到我的办公室来过。有时他会在赛前为球队打气，"祝你好运，斯文。"或许他这么和我说过。我和他没有什么交集，但我拿到那封传真的时候快气疯了，我平时不这样。我坐电梯到了他的楼层，直接闯入了他的办公室，将这封传真摔在他的办公桌上。

　　"这到底是什么情况？"我质问道。

　　汤普森明白我为什么发疯，这整件事情都是我的主意。正如我预料得那样，他把责任都推到了英超联赛赛程上。如果想要把比赛踢完就得多加一周。

　　FIFA 没有给英超联赛特权，但是这暴露了英足总领导层的软弱。英超联赛实际上控制了英国足球。我明白如果想要和这些权力斗争的话，英足总主席是不会站在我这边的。

• • •

在担任英格兰队教练期间，我只输了一场资格赛。这在国家队主帅中应该算是最好的纪录了。但是有那么一场失利，就好像天都塌了，这都是我的问题。2005 年 9 月 7 日，我们在贝尔法斯特对阵北爱尔兰。北爱尔兰队的先发球员大部分都在英格兰足坛的低级联赛踢球，他们没机会进入世界杯，所以没有包袱。对于北爱尔兰队来说，对阵英格兰的比赛就像世界杯决赛那么重要。

我尝试用我们的传递节奏推动比赛发展，我让贝克汉姆作为球场中央的指挥官，并把鲁尼放在左路。这似乎不是我以前的原则——让球员在他们最舒服的位置踢球，这是一次失败的尝试。贝克汉姆太想用长传制造威胁，但他失了准头。鲁尼也迷失了自我且变得郁闷。兰帕德和杰拉德干脆就在场上消失了，这好像就在看一场在家乡图什比的少年队比赛一样。比赛结束时，我感觉拿着球的家伙完全就可以抱着球回家，根本不认识他的队友。我在贝尔法斯特的那天就觉得是这样，我想走到场上把球捡起来带走。在下半场中段，大卫·希利的一脚远射送给了我在英格兰执教期间唯一的预选赛失利。

英国媒体又变得敏感了。像往常一样，我不想去看报纸上写了什么，但我知道肯定有人呼吁我辞职。5 年以来我输掉了第一场预选赛，就有人让我辞职，太荒唐了。我们仍在走在世界杯的坦途上，但这并不影响媒体叫嚣着那些有关英国荣誉和我缺乏激情的屁话。我的思路和这个工作的要求完全相反。作为英格兰主帅，你不能让感情左右你的判断。我在对阵爱尔兰队的比赛前犯了选人的错误，这和激情一点儿关系都没有。

失败后的第二天，我受邀去椭圆体育场观看一场灰烬杯英式板球比赛。比赛应该是上午 11 点开始，当我醒来看向浴室窗外时，我看到了起码有 50 个记者站在我的房门外。就好像我和乌尔丽卡和法利亚的韵事曝光那两次一样，我没办法去看板球赛了，媒体会把我轰成渣渣，我只好去了办公室。

我理解报纸是想要博取销量，它们需要戏剧性的噱头。如果我们在友谊赛中战胜了阿根廷，我们就会立刻成为世界上最伟大的球队。反之，如果输给了北爱尔兰，我们就一文不值。不过至少这回它们关心的是足球而不是我的私生活。在意大利，我会处理那些关于足球方面的批评，只要是和足球有关的话题，我不会抵触和媒体谈这些。我对那些小报记者和他们写的垃圾没有一点的怜悯。但我对那些在英格兰碰到的专业足球记者们非常敬佩，他们好多人知识都很渊博。

· · ·

1个月后，媒体关注的焦点从我身上转移到了小贝身上。我们在主场1：0战胜了奥地利，这对我们进军世界杯是一场至关重要的胜利。然而下半场仅仅开始2分钟，贝克汉姆就吃到了两张黄牌被罚下场。以媒体看来，这是不可饶恕的。贝克汉姆的愚蠢行为导致英格兰队以10人应战了整整半个小时。报纸写道，因为这件事贝克汉姆就配不上他的队长袖标，无论我们是否赢得了这场比赛。

在主场对阵波兰的比赛后，这件事的热度还没有消退。贝克汉姆因为红牌被禁赛，我让肖恩·赖特－菲利普斯顶替了他的位置，乔·科尔在左路。莱德利·金出任后腰。我们踢出了这次系列赛中最好的一场球，尽管最后仅仅是2：1小胜。我们赢得了小组赛，对贝克汉姆的批评声却愈演愈烈。有人说我们的杰出表现恰恰证明了贝克汉姆对于这支英格兰国家队没有任何意义，他的时代已经过去了。

这实在是太荒谬了，贝克汉姆为我们赢下了多少次比赛？我从未把他放在我的第二选择，就算是有，谁能替代他呢？肖恩？不是有意冒犯肖恩，他是个好球员，但贝克汉姆是我曾执教过的世界上的顶尖球员。我能感受到他正带领着英格兰队走向1966年后英格兰队的第一座世界杯。

第 15 章　点球

　　我能拿到这份工作还得谢谢阿索尔，尽管我们从未签订合同，我已经把他视为我的经纪人了。这一点上我和许多足球教练都一样，你主要和一个经纪人合作，但如果别人带着工作来找你，你也会考虑考虑。比如说皮尼·萨哈维就曾带着曼联和切尔西的邀约来找过我。如果我只和阿索尔合作的话我就不会接受那些工作。然而我和阿索尔合作得很愉快，他人很好且精于处世，能讲流利的法语、德语和意大利语。因为帮我拿到了英格兰这份工作，我对他很放心，他对我诚实且工作上心，永远不会欺瞒我。

　　在 2005 年秋天，阿索尔多次邀请我去一下迪拜。一位富有的酋长想跟我讨论一下如何在阿联酋发展足球。我拒绝了很多次，因为实在是太忙了。阿索尔却非常想让我去，他和他的律师理查德·德斯·福克斯造访了酋长在邦德街的办公室，确认这个项目是否合法。他同样也弄到了英足总对我们此行的批准。在新年后，我的生活也翻开了新的篇章。阿索尔再一次邀请我去迪拜，这次我答应了。

　　我、阿索尔和理查德飞往了迪拜，全程头等舱、豪华轿车，并入住了奢华的阿拉伯塔酒店，就是赫赫有名的帆船酒店。我将在套房里度过两晚，一切都无须我自掏腰包。

　　第一晚我们和主人在私人宴会厅共进晚餐。酋长是一位非常年轻有亲和力的男子，穿着传统的阿拉伯长袍。在这之前我从未见过他，也对他一无所知，仅仅知道他富有、热爱足球。之前我被告知我的工作就是在晚宴上旁听并给出建议，但后来越来越明显阿拉伯人还有别的企图。他们想要提供给我一份工作。他们想让我接管整个迪拜的足球机构，酋长允诺给我一大笔钱作为报酬。我明确表明最近一段时间是不可能的，我没办法离开英格兰到迪拜工作。这不是钱的问题，而是我对此没有兴趣。

之后，我们就足球高谈阔论了起来，比如说在迪拜修建足球学校。忽然酋长换了话题，他说有意向在英超收购一支球队，寻求我的意见。我认为他应该买哪支球队呢？这我不敢说。阿索尔插了进来说阿斯顿维拉正待售。"如果我们买了阿斯顿维拉，你会来执教吗？"酋长问我。我说如果英格兰队没拿到世界冠军的话这可能是个选择，因为英足总大概不会让我再担任英格兰主帅了。我明确表明了这不是我们现在要讨论的话题。

我认为酋长和他的朋友们富可敌国，但不觉得他们要认真购买一支英超球队。我们谈得很理想化，如果他们买下了一家俱乐部，我会有兴趣担任主教练，就像我对其他球队也有兴趣一样。我没说过我想去阿斯顿维拉。他们好奇我是否能把贝克汉姆诱惑到维拉去。我跟他们说我和贝克汉姆很熟，这不假。谈话很单纯，并不是要给哪个球员提出报价。他们给我提供了一份工作，但我拒绝了。接着我们很概括地谈了谈足球。夜幕降临，酋长的朋友问我是否需要安排些姑娘来作陪，我拒绝了。我记得我一直好奇来迪拜的原因。

第二天，酋长的船行驶在海湾里，我们在上面吃了顿简单的午餐。阿索尔是一名前奥运游泳选手，他抑制不住自己的心情去游泳了。我喝了几杯红酒，和酋长及其他人畅谈了一番。这是愉快的一天，我们接着昨晚的话题聊。他们问了我关于几名球员的看法，接着就聊到了足球中的腐败。有人问是否有些教练会克扣经纪人的费用，这就像在酒吧里闲聊一样不正式了。

当我们回到了港口，没有车在等我们。我记得我们打的回的酒店。这真是个奇怪的经历，我来迪拜真的就是为了陪酋长胡思乱想？这位酋长究竟是谁？我记得我在车里问阿索尔："你确定我没在做梦？"

我想在第二天见到酋长的时候求证一下，但没有见到。我没有得到一个解释。早上，当我们动身回英格兰时，我问阿索尔酋长那边有没有什么消息。"没有，"他说，"一点儿也没有。"于是我们乘飞机回家了。

• • •

在去迪拜之前我从未听说过假酋长的故事。后来有人告诉我他就是假的。一个叫作马兹哈尔·迈哈穆德的英国记者打扮成酋长来捉弄名人。他为《世界新闻》工作，并通过肮脏的把戏让一大帮名人出了丑。或许我应该知道他，但我从来不读《世界新闻》。

自然而然，迈哈穆德就是我在迪拜见到的酋长。他和同伴偷偷录下了这场谈话，我又上头版了："斯文的肮脏交易！"头条上写道。

文章中写我会抛弃英格兰的工作去阿斯顿维拉执教，只要我的薪水能够和切尔西给穆里尼奥的持平，也就是 500 万英镑。他们同样说我保证能将贝克汉姆带到维拉，还写我评价费迪南德"懒散"，以及说欧文去纽卡斯尔就是为了钱。文章丝毫没有提及我是作为顾问被邀请去的。这都是他们对这场谈话的加工。

我非常愤怒，但我不想太把它当回事儿。所有人都知道这就是《世界新闻》搞的恶作剧，我说的话也都是它编的。可以确定英足总知道我无意离职。他们特别关心的是面子。他们让我做出声明表达对英格兰百分百的忠诚。我也打电话给文中提及的球员，当我打给费迪南德解释我没有那么说他的时候，他开怀大笑。

"斯文，"他说，"我知道我很懒，别放在心上。"

接着我接受了一家其他报纸的采访，否认了《世界新闻》对我的指责，并说他们做得太过火了，然而事情还没完。第二个周日我就在《世界新闻》的头版上看到了我自己。《斯文：录音带》，标题赫然写道。报纸篡改了我和迈哈穆德的对话，但就一些关键词和细节忽略去了。这就意味着我说的话被做了曲解。他们试图让我说朴次茅斯的教练哈利·雷德克纳普是"最差劲的"，因为他克扣了经纪人的费用。但这些话是记者自己以问题的方式提出的，我记得当时对他的话提出了质疑。

"最差劲的？"我问道。

但在文章中，问号被卑劣地抹去了。我从未说过有关哈利·雷德克纳普的任何事。但我认为我有必要让他弄明白这点。我打给哈利说文章里写的不属实，他表示理解。我喜欢哈利，他是个爽朗的家伙。

然而英足总的总裁布莱恩·巴尔维克想要在第二天见我。他的秘书在周日打电话给我，安排了会面。我和巴尔维克的关系还可以，但仅限于此。他出身电视行业，但是个不折不扣的足球人，至少他自视如此。我不认为他讨厌我，但我肯定不是他的首选。亚当·克罗泽选的我，但我认为巴尔维克和他的前任帕里奥斯一样都想安排自己人。和教练一样，总裁也想要自己熟悉的人。

我和阿索尔在巴尔维克的办公室见了他，理查德·德斯·福克斯斯也在场。巴尔维克很恼怒，情况立刻就明了了。

"我周日早上想睡觉！不想坐在电话前听你解释你做没做错事！"他说。

阿索尔就第二篇文章解释了一下，和第一篇一样是篇谎言，但巴尔维克不想听。他不关心事情的真假，他只是受够了在小报头版上看见我的名字。这惹得我很生气，难道那些卑鄙的记者就随心所欲写我的事，英足总的人连看都不看就认为是真的？这只会让他们的谎言坐实。

"我听说《世界新闻》控制着英格兰，但我不知道它也控制着英足总。"我讥嘲道。

巴尔维克没有理会。

"这件事到此为止，立刻现在。"他说。

我发觉他认为的关于我的故事，我无论如何辩解都是无用功。他已经做了决定，我被炒了。

周一接下来的时间就是讨论我离开的程序。我和英足总的合同上规定我还要执教两年半。如果他们想提前解雇我，他们有责任在合同期间继续支付我的工资。但在阿索尔和理查德的建议下，我达成了妥协。直到离开，我会收到 6 个月的完整薪水。接下来的半年我会得到一半的薪水。第二天，英足总宣布我会在 2006 年世界杯后离任。

阿索尔非常伤心，是他带我到了迪拜。皮尼·萨哈维劝我断了和阿索尔的联系，但我不想为此责怪阿索尔，他和我一样都被骗了。他从英足总那里拿到了去迪拜的许可。我依旧尊重阿索尔，但在假酋长事件后我们的关系变了。

· · ·

在我 30 年的足球教练生涯中，我从未被炒过鱿鱼。很明显我很失望，不是因为我带队成绩不好而被强制离职，而是和足球无关的原因。我被一个假酋长骗了，除了有些天真我能获取什么教训呢？什么也没有。

媒体高举道德大旗，动用一切资源来批评作为国家队教练的我。我不可能把头埋在土里充耳不闻，这次我觉得我至少可以反击。我告诉阿索尔帮我找能找到的最好的律师来起诉《世界新闻》。为名誉而战，我不在乎花多少钱。诉讼持续了 6 个月，《世界新闻》被判赔偿我 16 万英镑，并为我指定的一家慈善机构捐了 3000 英镑。它也刊登了一则道歉。重要的不是钱，是证明我是对的，虽然太晚了。

这样一闹，甚至是出事之前，我会在世界杯之后离职已经成了公开的秘密。在一个职位上工作 5 年已经很久了，英足总也厌倦了埃里克森和他的绯闻。尽管是巴尔维克找机会炒了我，他也一定得到了机构里其他人的支持。我不知道，也不想知道是哪些人。

在世界杯前 4 个月公布这个消息依旧是个错误，我认为英足总是走投无路才这样做的。我警告巴尔维克要在世界杯后再去挑选我的继任者，如果他这样做了，我的位置就会被低估，尤其是在他会选择史蒂夫·麦克拉伦的情况下。史蒂夫在 2004 年欧洲杯前回来成了我的助手，现在则是取代我的候选人之一。我想巴尔维克同意等到世界杯后再选择是为大局考虑，或许也有可能是他不知道该选谁。

媒体对关于下一任主帅的人选立即开始了辩论。焦点不再是即将到来的世界杯，而是我的继任者。后来执教埃因霍温和澳大利亚队的希丁克表示很有兴趣。博尔顿的教练山姆·阿勒代斯觉得应该选一个英国人——他，阿兰·柯比什利。马丁·奥尼尔和斯图尔特·皮尔斯似乎都想得到这个工作。英足总没人来问我的意见，但我觉得没关系。

我不知道是谁提了费利佩·斯科拉里的名字。有些英足总的人还想要赌一下用外国人执教。斯科拉里是巴西人，他的球队在 2002 年世界杯和 2004 年世界杯都淘汰了我们。那时他还是葡萄牙的主教练，巴尔维克给他提供了邀约。斯科拉里看起来也很想接受，但问题是谁把消息透露给媒体的。在英国，外国人执教还是本国人执教的讨论又开始了，每位评论员都想参与其中。媒体又开始挖掘斯科拉里的私生活。一家报纸刊登了一个有关他和妻子与我和南希的细节对比，是有关我们迥异的着装风格的。

这类垃圾对我来说已经习以为常，可斯科拉里还不习惯。忽然他的门外就有了 20 个记者。24 小时之内他就宣布拒绝了英格兰教练的工作，英国媒体的有侵略性的行为是他不想要接受的原因。他对这种文化不习惯，他说，也不想和这些疯狂的行径有沾染。

巴尔维克快要被这些气疯了。斯科拉里的拒绝让英足总看起来很软弱。几天后，世界杯还有一个多月就要开始的时候，他宣布麦克拉伦将成为英格兰队的下任主帅——这恰恰是我警告他不要做的。

我了解选择麦克拉伦的原因。他是个好教练，尤其擅长打造防守体系。他是英国人，之前就有计划培养他或彼得·泰勒来接替我。但是为什么在世界杯前任命他呢？这只会让球员更困惑。麦克拉伦是否会在接受任命后更好地帮我夺取世界杯呢？我们讨论将麦克拉伦踢出教练组。但我最后觉得他有必要留下。英足总把他逼上了这种境地，不是他的错。在整个事件中他是在我们这边的，在此时踢开他并不公平。

● ● ●

我在英格兰的日子里，除了弗格森爵士，我和其他的英超教练都相处融洽。我对弗格森充满敬仰，怎么能不呢？他这些年打造了那么多支伟大的球队，我非常欣赏他的攻势足球。

弗格森会不惜一切代价捍卫曼联的利益。这是好事，但也增加了我工作的难度。我之前总和他产生摩擦，但一个更为严重的冲突在德国世界杯一个月前爆发了。这次是因为我们最大牌的球星，韦恩·鲁尼。

一切都起源于一场切尔西和曼联在 2006 年 4 月 29 日进行的比赛，大概是在我宣布世界杯大名单前一周。那段时间非常繁忙，我专注于多看比赛。自然，我出现在了斯坦福桥。切尔西要拿到 1 分来赢得穆里尼奥治下的第二座冠军。我喜欢穆里尼奥，很显然，他很狡猾，但事实上是个非常好的人。穆里尼奥不像弗格森，他在我征召他的球员时从不多言。如果有人有伤病，他也会让我选择是否起用这名球员，穆里尼奥从不插手。

切尔西早早就确立了领先优势，领先后也没交出主动权。还有 10 分钟结束时，切尔西 3 ∶ 0 稳操胜券。当鲁尼不知为何投身于一个毫无胜算的拼抢时，比赛就结束了。我没有看清究竟发生了什么，但鲁尼非常夸张地着地，立刻抱起他的脚开始号叫。很明显，他需要离场了。我看着他被担架抬走，那时距我们的第一场世界杯比赛只有 6 个月。我们的队医雷夫也在场。恍惚之间我记不得是他还是我叫了对方，不管怎样我让他去曼联的更衣室去检查一下鲁尼的伤势。当弗格森看到雷夫出现在更衣室外时，他指着他说，"别让他进来。"

结果显示鲁尼折断了跖骨，正如贝克汉姆在 2002 年世界杯时那样。后来，弗格森打电话给我。

"你不能征召鲁尼参加世界杯了。"他说。

"谁说的？"我问道。

"我的医生，"弗格森回答道，"鲁尼受伤了。"

"好吧，"我说，"一会儿我会让我的医生和你谈。"

记得是周日早上，我和雷夫在曼联的卡灵顿基地会见了弗格森和曼联的队医。我们喝茶聊天，接着话题就转到了正题——鲁尼的伤势。弗格森斩钉截铁地说鲁尼不能参加世界杯。曼联的医生拿来了一些 X 光片，边看边说鲁尼的断骨不会及时痊愈。雷夫耐心地坐着，听着曼联医生的陈述。雷夫是我见过世界上最冷静和谦和的人了。当曼联的医生讲完时，雷夫停顿了一会儿，盯着他的眼睛。

"为什么你能坐在我面前跟我撒谎呢？"他问道。

我猜弗格森和他的医生吓得快摔倒了。因为我差点儿从椅子上摔下去。我从未听过雷夫高声说话过。他和我一样是和善的韦姆兰居民。

"你这话什么意思？"那个家伙问道。

"我整天和骨折打交道，"雷夫就像之前一样平静，"你知道你说的都是谎话。"

雷夫很清楚他在说什么。他是欧洲最负盛名的足部伤病专家，鲁尼的伤正是他的强项。当雷夫平静地告诉他事情该如何处理的时候，我好希望我能拍下弗格森和他医生的表情。他说，鲁尼的骨折可以及时痊愈。可能会错过第一轮比赛，但第二轮绝对没问题。当雷夫说完后，我对弗格森说。

"对不起，亚历克斯，"我说，"我要用鲁尼。"

曼联的医生说这种伤完全不能让脚承受重量，给鲁尼穿上了一只保护靴。他受伤的一周后，英格兰队的一位理疗师结婚了，鲁尼参加了婚礼。雷夫也来了，他让鲁尼脱掉靴子穿上舞鞋。雷夫解释说，鲁尼的伤完全不影响他正常行走。

我不认为鲁尼曾怀疑过他是否能参加世界杯，但弗格森还没放弃。在我确定我的最终名单之前，他又打电话给我。这回他直接在电话里开始咆哮——这也是他的交流方式——大概就是我要是拂逆他执意选择鲁尼的话，他会让我的日子很难过。现在我真的是受够他的吵嚷了。

"亚历克斯，"我说，"祝你假期愉快，但我还是要让鲁尼踢世界杯，再见。"

我挂了电话，这也是我担任英格兰队主帅期间最后一次和亚历克斯·弗格森爵士说话。

• • •

我在 2002 年世界杯和 2004 年欧洲杯的阵容都没给人很大的惊喜。然而这次我觉得我需要打一些狂野的牌了。我需要一个能改变比赛的进攻新星，就像 2004 年的鲁尼一样。

鲁尼、欧文和克劳奇是我绝对要带的三名前锋。我也考虑过热刺的前锋杰梅因·迪福作为第四个前锋，但迪福这个赛季的表现起起伏伏。在队里也比另两名前锋罗比·基恩和米多进球要少。我不觉得迪福能在世界杯上给我们带来什么亮点。

阿森纳的一个年轻人引起了我的注意。17 岁的西奥·沃尔科特还没进入阿森纳一线队，但温格对他赞不绝口。我和托德去看了他为阿森纳预备队踢的比赛，他确实如温格所说，非常快，不，是不可思议的快。他的加速绝对是现象级的。他有我想要的亮点，我决定让他尝试一下。当我展示我的阵容时，沃尔科特的入选让媒体大跌眼镜，许多人从未听说过这个小男孩。当然这也是慎重考虑过的，将沃尔科特带到世界杯，我不觉得有任何损失。

然而在第一次集训时，沃尔科特表现得很糟糕。在同样的年纪，鲁尼就能泰然自若地踏入国家队，而沃尔科特太紧张了。他不断地丢球、失误。我开始怀疑这是否是个错误。但过了几天，沃尔科特的情绪稳定下来了，我觉得他就是我期待的那张王牌。

一切慢慢就绪，我坚信能在杯赛上走得很远。是时候取得更好的成绩了。像往常一样，英国媒体会陷入疯狂。忽然，我们就成了夺冠的大热门，就连球员们也跟着潮流一起疯狂。有人对报纸说我们会赢得冠军。我可没有机会这么说，我相信的只有事实。之前我从未有这种感觉。

• • •

我们世界杯期间的训练基地位于德国西南部的巴登－巴登。米歇尔和英足总的团队为我们找了一个完美的住处。酒店就像一个城堡一样，位于城外的山巅，俯视着黑森林。只有我们和一些指定的记者待在那里。妻子和女友们待在城里另外一家酒店。丽娜和约翰也在那边，还有南希。这和上一次杯赛的做法完全一样，但这次英国媒体被完全隔离了。记者跟着太太团的一举一动，对于他们来说，姑娘们就是一场重要比赛。

另一方面，我们完全封闭了起来。球员们花了很多时间打乒乓球和电视游戏。他们在比赛和训练的空闲有大把时间来消磨。他们对此很痛恨，和我一样变得歇斯底里。他们想要出去随便做点什么。但是球队的氛围还是很好，这是我率领英格兰队参加的第三次锦标赛，感觉这次我们真的会夺得冠军。

我们组的球队看起来不是很难击败——巴拉圭、特立尼达和多巴哥，以及连续两次世界杯同组的瑞典。在第一场对阵巴拉圭的比赛时，鲁尼的脚就痊愈了，雷夫甚至把他带回了曼彻斯特让曼联的医疗团队给他检查。这是我们和曼联方面达成的部分协议，我对此没有异议。鲁尼久疏战阵，所以我们决定让他在第三场对阵瑞典的时候再首发。

除了鲁尼，我们没有任何伤病。在对阵巴拉圭的比赛时，我让克劳奇和欧文搭档锋线。罗宾逊是我们的 1 号门将。加里·内维尔 4 年前错过了世界杯，这次回到了右后卫的位置上。和费迪南德、特里和阿什利·科尔一起，他们构筑了世界上最好的防线。在中场我们有贝克汉姆、杰拉德和兰帕德。斯科尔斯淡出国际赛场，但我们找到了乔·科尔填补左翼的空缺，他刚刚用惊艳的表现帮助切尔西拿到了冠军。我们有一支完整的球队。

如果我们到达法兰克福体育场时感觉还好，巴拉圭人在第三分钟乌龙送礼就让我们感觉更好了。后面的比赛没有进球，我们踢得也不是特别好。但赢了就是赢了，我们一开始就是想要胜利的。

在对阵特立尼达和多巴哥的比赛中，卡拉格接替加里·内维尔出任右后卫，其他球员保持不变。内维尔在比赛前一天的训练中受伤，伤情并不明朗。很多人期待我们击败对手，但在世界杯中没有简单的比赛，这可不是陈词滥调。预选赛中，特立尼达淘汰了洪都拉斯和哥斯达黎加。在首场比赛中逼平瑞典更是证明了他们配得上参加世界杯。

我是对的，这不是场简单的比赛。克劳在前 83 分钟才攻破了对手的球门，紧接着我们又打入第二球以 2 ：0 带走了胜利。我们进入到了淘汰赛。如果击败了瑞典队，我们就能以小组头名的身份晋级。

鲁尼在和瑞典的比赛中回归，但焦点兜转到了他的锋线搭档。比赛第一分钟，我们就折损了欧文。接球后，欧文想传球，他的右膝扭曲了，接着他摔倒在地上。欧文爬出边线，很明显受了重伤。后来 X 光显示他遭受了严重的伤病，可能需要静养数月。

上半场我们表现很好，乔·科尔打进了像排球动作一样梦幻的凌空抽射。我们一直领先一球，1 ：0、2 ：1，直到伤停补时瑞典队扳平了比分。这无关紧要，我们赢得了小组赛，但损失了欧文。赛后，我试着对媒体装一下，说我们还有其他可以搭档鲁尼的球员。但我知道欧文的受伤是个极大的损失，他是一个顶级的得分手。纵观世界杯的历史，就会发现有一个健康、在状态、能得分的前锋是多么重要。4 年前，没有罗纳尔多巴西队能赢得世界杯吗？我们有鲁尼，但他刚刚伤愈复出。克劳奇是一名好球员，但他的身高决定了他适合在比赛后半段上场，用头球终结比赛。我的最后一名前锋是年仅 17 岁的沃尔科特。有人说我应该带一名更有经验的前锋。但谁能替代呢？事实是，英格兰需要欧文。

我觉得这不代表着我们没有胜算，恰恰相反，我相信鲁尼会带领我们走得更远。在淘汰赛里，我们将面对厄瓜多尔，我决定变阵不打双前锋的战术了。我们有两个攻击型中场——杰拉德和兰帕德，他们能很好地支援单前锋鲁尼。我把卡里克放到"双德"身后覆盖中场区域。4-1-4-1 体系。对于我来说更换体系不太寻常，但我拥有一批能够驾驭体系更换的球员，他们确实做到了。贝克汉姆的任意球带给了我们一场 1 ：0 的胜利。

我没有从媒体那里听到或看到任何关于我们的讨论。我知道目前的水平没有达到我们应有的高度，但我不担心，恰恰相反。一届世界杯要持续整整

1个月，如果全程保持百分百的状态太艰难了。最重要的是我们通过赛程的推进不断进步，最终达到能捧杯的水平。世界杯初期踢得很艰难的球队最终会夺冠不是巧合，最好的例子就是1982年的意大利队。

1/4决赛我们将再一次面对葡萄牙，这是两队第三次在世界杯或欧洲杯的1/4决赛上碰面，也是我和斯科拉里的第三次。他的球队之前都击败了我们，这次我誓要复仇，至少在足球上复仇。加里·内维尔回到了首发名单中。我们拥有杯赛最好的防线，4场比赛中有3场零封对手。我排出了和对阵厄瓜多尔时一样的阵型，唯一不同的是把之前顶替内维尔担任右后卫的欧文·哈格里夫斯放到了防守型中场的位置。我也很希望能把那张狂野的牌——沃尔科特——用上。

比赛是在盖尔森基兴的一座封闭球场内进行的。由于天花板是封闭的，喧闹声出奇地大。像往常一样，我们的球迷完全占领了看台。上半场非常激烈，尽管我们稍占上风，却少有破门良机。我在半场时非常有信心，下半场的好戏即将上演。

我们本应获得一个点球，葡萄牙队的一名球员在禁区内手球，但裁判没有吹停比赛。紧接着贝克汉姆就伤了他的脚踝，我用亚伦·列侬换下了贝克汉姆。比赛的转折点发生在六十多分钟时。鲁尼在比赛中有时会变得很消极。他会倾尽所能去做想做的事。火爆的脾气既是他的强项又是他的弱点。这一天，很不幸，脾气成了坏事。在被两名球员纠缠在中线附近时，他踩在里卡多·卡瓦略的脚踝上。裁判正巧就在旁边，毫不犹豫地掏出了红牌。我没在电视上看到这次意外，不知道罚下鲁尼是否正确。只知道这会对我们的比赛造成很大的影响。

我用克劳奇换下了乔·科尔。10人应战使得我的进攻调整变得非常有限。"双德"在场，我仍有胜算，但沃尔科特就不得不待在板凳上了。现在最重要的任务是不丢球。我希望克劳奇能在角球或任意球中踢进一个。哈格里夫斯拼了命，他像永动机一样奔跑。我从未见过像这场比赛中的哈格里夫斯这样有体力的球员。在他的帮助下，我们在常规时间和加时赛中守住了。他的表现非常值得赞扬，人们似乎都忘了我们用 10 个人踢了 1 个小时。

· · ·

又是点球，我激励我们能赢。卡拉格在训练中非常出色，在加时赛还有几分钟的时候，我把他换上去踢点球。在训练中，我们从中场线走到点球点，完全模拟比赛的情况。决定你要把球放哪儿，放下球，退后，等待哨音，射门。但是训练并不能完全模拟现实场景。在"小世界杯"对阵松内的决赛中，前 4 个点球他都射向了守门员的右手边。在他的第 5 个球时，他改了主意踢向左边。结果击中立柱弹了回来。为什么要改主意呢？

我们的 3 个非常有经验的点球手——贝克汉姆、欧文和鲁尼——在 120 分钟后都不在场上。但我们有杰拉德和兰帕德，还有本场最佳球员哈格里夫斯。教练组和球员们一样挽起了手。我们看到西芒为葡萄牙先下一城，兰帕德将主罚我们的第一个点球。两年前射进致胜点球的葡萄牙英雄门将里卡多猜对了方向，扑到了足球。这时我感到非常无助。葡萄牙错失了第二个点球，哈格里夫斯接着用一记大力射门为我们拿下了 1 分，就算里卡多猜对了方向，他也没办法扑出。埃尔德·波斯蒂加没有失误，该卡拉格了。他把球放下，后退，转身，射门，进球。但裁判还没鸣哨，卡拉格不得不重罚。他的第二脚射门绵软无力，里卡多把它托出了横梁。如果 C 罗罚进，葡萄牙就赢了。罗宾逊判断错了方向。

"我希望你们能评价我是一个尽了自己最大努力的老实人。"我在赛后的新闻发布会上跟媒体说。

我们一起飞回英格兰，接着我乘坐私人飞机直接去了图什比，那时我才真切地发觉一切已经结束了。

第 16 章　去留之间

我望向窗外的弗莱肯，7 月的韦姆兰是一年中最好的时节。家人聚在一起，布霍克福斯也终于完工了。它建成了我所希望的样子，门外没有记者，我终于可以放松了。但事实不会让我喘息。

我总是可以走出失败的阴影，约翰也总说在赛后从我脸上看不出胜败。这次不一样，1/4 决赛点球输给葡萄牙之后，一切都结束了，不仅是这场比赛或世界杯，我在英格兰的执教生涯也随之结束。你可以总结失利，但执教生涯结束就真的结束了。

我不断地反省我做错了什么，这也是从未有过的。我知道这是徒劳，但我无法停下来。如果鲁尼没被罚出场会怎样呢？但我们被淘汰不是鲁尼的错。

"别杀鲁尼，杀了我吧。"我赛后对媒体说，"你们还需要他，但不再需要我了。"

麻烦事烦扰着我。麦克拉伦在赛后对球员的讲话中感谢了我，并说如果英格兰入围 2008 年欧洲杯的话，会邀请我作为荣誉嘉宾。好像他能做到我做不到的事一样。

我只能想象到《太阳报》会怎么写我。在作为英格兰主帅的 5 年半中，我只在常规时间中输过 3 场比赛。这的确是个很特别的纪录。当我接任时，英格兰排名世界第十七，5 年半后排名第四。但媒体会说我得不到冠军。他们才不关心数据。

事实上，我们的目标是夺得世界杯，却失败了。3 次在 1/4 决赛被淘汰可不行，而且两次面对葡萄牙倒在了点球点上。成败仅在一线之间，可是成败关乎一切。我比任何人都明白。

我应该带一个能辅导球员缓解他们心理压力的教练。2004 年欧洲杯失利后我就应该这么做了。为什么没有呢？我觉得像杰拉德、兰帕德和贝克汉姆这样的俱乐部头号点球手知道如何去掌控这种压力。或许也有可能是我不想带一个专家专门处理不太可能发生的事。无论如何，这是我的错。

我坐在长椅上，静静地望着弗莱肯。

● ● ●

英格兰的主帅是我做过的最棒的工作，如果抛开媒体和政治、绯闻和炮轰，这是足球界最重要的工作。每个英格兰人都是球队的粉丝，这是非常美妙的感觉。在英格兰，球赛的激情无与伦比。我常常想到酒吧里坐坐，和其他球迷讨论比赛，可惜从来没实现。

我想留在英国执教一家英超俱乐部，但前英格兰主帅这个名头像是被诅咒了一样，他们在离开国家队后很难到豪门执教。许多人被迫远走他乡。如伟大的博比·罗布森，也在离职后去了荷兰。没有人想要一个前英格兰队的教练。

在我还担任英格兰主帅时我就想了这件事，或许是我离职之后立刻就想到了这件事——我是一个很有名的教练，年仅 58 岁，我还可以工作很多年，这我可以确认。我不会立刻偶然地成为一个坏教练。

日复一日，一切相安无事，只有时光匆匆溜走。之前的 11 个月中比赛逐一而至，可现在我的职业生涯中第一次有了空窗期，我理应享受。父母也在我身边，但不工作的日子太久了。我把好久没见面的朋友邀请到布霍克福斯，我健身、跑步、游泳。有时候我去布霍尔内维观看图什比的比赛。但空余时间越多，我的内心越是饥渴。丽娜搬到了英格兰，在诺维奇上大学。英超联赛将在秋季如期进行，但这次，没有我参与其中。

• • •

从英格兰离职的一个好处就是我和南希终于分手了。我甚至记不得她是否和我们一起从德国飞回来，她没有和我一起到瑞典。我也不记得世界杯后是否通过电话。没有冲突。我应该早些年就结束这段关系，但最后我和她还是无疾而终。

在 2006 年 1 月去迪拜的旅途中我遇见了罗伊，一位罗马尼亚的前体操运动员，现在是个歌手。她的性格非常讨人喜欢，我非常喜欢她。春天我见了她几次，世界杯后，她到韦姆兰找我。有一次我去了布加勒斯特找她，我们还在葡萄牙见过面。

我无法忍受坐在布霍克福斯等待电话响起的日子，这种生活让我坐立不安。我想要重新回到我的世界去。有几次我去以色列拜访皮尼和他的妻子，我们一起在死海游泳。一位斯堪的纳维亚航空的员工卡特琳娜曾和我同行，我们在饭店时被拍了下来，刊登在了瑞典的报纸上。看来在以色列也有狗仔。

我不是瑞典的注册公民，所以一年内不允许逗留超过 180 天。我很小心不超过限制。我和朋友拉尔斯·斯坦马克为一个房地产项目的发布会去了趟香港和泰国。没发生什么事。后来我又去了北京，也是一个房地产生意。也没有什么事值得大书特书。

在假酋长事件的一年后，卡塔尔足协邀请我接手卡塔尔国家队。我和阿索尔及另一位在迪拜见过的酋长萨米尔去了多哈。卡塔尔在海湾杯中多次夺魁，最近一次是 2004 年。他们的目标是进军世界杯，这是他们从未达到过的高度。我和技术委员的人会见了几次，但我不确定他们到底想不想要我。

我们在卡塔尔期间，受邀去参加了一场皇室晚宴。我和一群英国人坐在一桌，侍者过来请我去另一张桌子就座。我告诉他我在那里坐得很舒服，不想换。但萨米尔让我按他说的做。卡塔尔公主请我过去作陪。我和她聊了一会儿，她说她经常去伦敦购物、看球，她是阿森纳的球迷。

第二天傍晚我被邀请去了另一个皇室聚会。首先是一场筹集了数百万美元的拍卖，紧接着就是晚餐，我认为是在皇宫里举行的，我从未见过如此大的排场，到处都是黄金。晚餐快结束时，一个男人找到了我，萨米尔有一次过来帮助我。这回是卡塔尔王子亲自来的。我们互相寒暄，他问我要在卡塔尔待多久，我说第二天一早就要返程。"什么时候？"他问。"非常早。"我回答说。他说这太不巧了。看起来他想和我多谈谈。我们互相告别，当萨米尔听到我刚刚说了什么时，他快吓疯了。

"王子问你要在卡塔尔待多久，你说你明天就走？"他问。

很显然，我应该这么说："陛下，您需要我待多久呢？"

王子或许在谁将成为卡塔尔主帅这个问题上有话语权，但我在这个国家待了一段日子，什么都没发生，我就带着"没有"这个答案回家了。

● ● ●

这一段时间我一直在想写本书。有几本书写了我的故事，但都烂透了。一群不了解我的人也没和我在一起过，就写了我的故事。在当英格兰主帅时，有人出了很高的价码请我写本书，但我当时忙于工作。现在我有了空闲，但还是觉得不太对。我想写事实，但有些人不喜欢事实。可能我还没准备好讲述我的故事吧，尤其是那些球场外的纷纷扰扰。

一天贝克汉姆给我打电话。法比奥·卡佩罗接过了皇马的教鞭，这是贝克汉姆在皇马的第四个年头。卡佩罗把他放在了板凳上，贝克汉姆抱怨他没有足够的出场时间。他问我该怎么办。

"问问卡佩罗为什么把你放在板凳上。"我说。

卡佩罗是这么回答贝克汉姆的，"因为只能上 11 个人。"卡佩罗不是个好打交道的人。2006—2007 赛季末，皮尼打电话给我说有在乌克兰的工作提供给我，基辅迪纳摩的主帅。我们去了基辅，会见了俱乐部主席伊霍尔·苏尔基斯和他的哥哥乌克兰足协的主席。他们计划让我担任基辅迪纳摩的主帅，并在几年后担任国家队教练。这时官方刚刚宣布乌克兰将和波兰一同举办 2012 年欧洲杯。

我们在体育场见了面。我们吃了顿史上绝无仅有的早餐自助。各式各样的贝类和鱼子酱，当然还有伏特加。我不习惯早上喝伏特加，但主人极力劝酒。我认为他们非常想让我当教练。可能是俱乐部副主席说，如果我同意，他就给我当司机，开着他的宾利。当我笑的时候，他掏出了钱包，拿出了他女朋友的照片，一位两年前的乌克兰小姐。

"你也可以拥有她。"他说。

我当然知道这是个玩笑。距离谈妥非常接近了，这是个大的签约。虽然看起来是在走下坡路，乌克兰足球不像昔日那么强大了，但这不是我拒绝的主要原因，因为有一份能带我回英格兰的工作正等待着我。

●　●　●

在他信·西那瓦斥资 8 千万英镑在 2007 年 6 月买下曼城之前我从未听说过他，后来有人告诉我他曾是泰国的首相。一天我正在和杰洛米·安德森联系，一个我之前见过的经纪人。他信向他咨询想要购买曼城的事宜，然后安德森就在主帅候选人上提了我的名字，接着他想在伦敦和我会面。

我们在莱昂纳德酒店见了面，我没有带经纪人。安德森代表俱乐部出席，曼城想让我成为新任主教练，问我有没有兴趣。当然了，曼城是一家老牌英国俱乐部，有很多的支持者。总有人说曼城比曼联的球迷还要多。曼城远离一流队伍行列已经很久了，但在他信的帮助下，事情很快会有起色，购买球员的投资会有一大笔。

我立刻说了同意，我从未想到要调查一下他信。他买下了曼城，英超联赛也批准了，我知道这些就够了。相比我当英格兰教练的薪水还差了一些，但还是很丰厚的。这就是我所期待的工作。我签了份为期两年的合约，从 2007 年 7 月 6 日起正式生效。我成为了曼城的新帅，也是俱乐部历史上第一位非英籍教练。

● ● ●

曼城进入英超联赛已经 5 个年头了。凯文·基冈在辞去英格兰主帅后，在甲级联赛中接手了球队，并将球队带到了顶级行列中。从那时起，事情急转而下，斯图尔特·皮尔斯治下的赛季，也就是我来之前，曼城勉强保级，38 轮只拿到了 11 轮胜利。阵容太单薄，充斥着平庸的球员。赛季将在 8 月 11 日开始，我有 5 周时间打造一支全新的球队。

我的首要任务是召集一个管理团队。自然，我第一个就打给了托德。我们需要新球员，托德·葛利普恰好是世界上最好的球探。俱乐部的球探德里克·法扎科雷曾是皮尔斯的助理教练，我不想让任何人失去工作，所以让他继续担任助教，这有助于保持连续性。德里克证明了他是个很好的教练，就像很多英格兰教练一样，他很善于给予提示。这是我非常欣赏的。

我还想要一名瑞典助教。托德熟知瑞典足球界的任何一个人，向我推荐了非常有经验的哈塞·巴克，他主要在斯堪的纳维亚工作。25 年前我结识了哈塞，当时他刚在瑞典完成了教练培训。我当时是哥德堡的主教练，曾给哈塞上过课。我在本菲卡的第一年，哈塞曾到葡萄牙参加另一个教练课程，后来他也到大部分我所任教的俱乐部拜访过我。我想他对于我邀请他加入我的曼城团队会非常惊讶。他毫不犹豫地答应了我，谁不想来英超呢？

我们最多需要 10 名新球员，所以尽管有很多钱，也不能全部押在一两名巨星身上。我变得非常仰仗托德，但有可能更多依靠哈塞。他曾在电视台工作，游历了整个欧洲。他认识许多球员，我们没有时间去考察球员，7 月也没有多少比赛可以看，所以我们就埋头观看录像。太慌乱了，但这也是我所经历过的最为生机焕发的时光，打造一支新球队的感觉太美妙了。

一周后，我们签下了第一个球员，来自雷吉纳的意大利前锋罗兰多·比安奇。尽管他是上赛季意甲联赛的第四号射手，英国媒体也完全不知道他是谁。第二天我们宣布了第二份签约，年轻的瑞士中场热尔松·费尔南德斯。之后，我们就去了瑞典参加了训练营。我的老校友 P. G. 斯考格兰德在短时间内就安排妥当了一切。在我到达前，俱乐部里没人想到我把赛季前训练安排在这里。

回到英格兰后我们接着买球员。我把巴西人吉奥瓦尼从克鲁塞罗以自由转会的方式带了过来，还有来自马竞的保加利亚人马丁·佩特罗夫。我们把乔伊·巴顿和辛克莱尔分别卖到了纽卡斯尔和卡迪夫城。其他球员也租了出去。一周后我们又在一天内宣布了 3 个签约——克罗地亚人科尔卢卡、巴西人埃拉诺和西班牙人加里多。保加利亚人博季诺夫在第二天也到了。好像我们每天都要召开新闻发布会。媒体叫我"花钱"埃里克森。他们好奇我都是从哪儿找到的这些球员，我又怎样把他们打造成一支球队的呢？

这是个好问题，我自己也不知道有没有用。我善于在更衣室里营造和谐的气氛，但我们的球员来自多达 20 个不同的国度。这一定是历史上最国际化的足球队之一。在 8 月 11 日赛季首场比赛对阵西汉姆前，有很多球员我都没有看他们踢过一场竞技比赛。就算这样，情况也好得不得了。比安奇早早就进了球，接着吉奥瓦尼又踢进一球锁定了胜局，我们忠实的球迷唱起了"到底怎么了？"

第二周我们主场战胜了德比郡，第三周是个大挑战——曼联。对曼城的球迷来说，曼彻斯特德比是整个赛季最重要的比赛。在我作为曼城主帅召开了第一场发布会后，一个曼城球迷就过来告诉我，忘掉那些进军欧洲的高谈阔论吧，击败曼联是唯一重要的事，最好连着干掉他们两次，其他都不要管。

我也想击败曼联——尤其是击败弗格森，但曼联掌控了比赛。开场还不到 10 分钟，博季诺夫就受伤严重被替换下场。曼联创造了大把进球的机会，前 30 分钟就应该拿下比赛。忽然，吉奥瓦尼在曼联的半场得球，带球向前并在大禁区外突施冷射。足球在曼联后卫的身上轻微弹射了一下，从横梁下面钻进了网窝。曼城球迷疯狂了。曼联控制了比赛，但我们的防守密不透风，并以 1：0 赢得了比赛。

赛后，我和弗格森一起喝了杯红酒，这是英格兰的风俗。他没有表现出不高兴的情绪，还向我表示了祝贺。如果说我没有感到非常满足的话，那肯定是骗人的。我们赢下了德比。3 场比赛后，我们不丢一球积 9 分登顶联赛榜首，我也被评为当月的英超最佳教练。城里挂起了一面巨大的我的海报，写着"老蓝眼回来了"。曼城的球迷在艾伯特广场吃到了免费的泰餐，一切美好得太不真实。

●　●　●

他信对足球一无所知，我很快就弄清了这点。他会在赛前打电话给我，让我告诉球员们要踢得有侵略性。对于他信来说，这就是他能提出的最好的建议。但对于我来说，老板对足球一无所知还是头一遭。在意大利和葡萄牙，俱乐部老板都以足球为生。像他信一样的商人们认为足球和其他生意一样，高投资自然会带来高回报，但足球远不止这么简单。

关于他信如何赚钱和他实际投资俱乐部多少钱的谣言不绝于耳。我知道他是个很有争议的人物，但我不知道的还很多，比如说他在 2006 年还担任泰国首相的时候，出售电信公司被指控税务诈骗。我不知道他信在 2006 年的军人政变后被放逐了，当时他还在纽约。事后他信没有回到泰国，在英格兰住了下来。

在俱乐部，我们不讨论他信的财务，起码最开始没有。据说他的财产在泰国已经被冻结了，但我们还能拿到工资。他信的投资事宜和我们无关，和我有关的只有足球。与此同时，我们也在想他信为何要买下这家俱乐部。是他想要赚钱吗？还是想要加强他在泰国的影响力？足球生意是他其他勾当的掩饰吗？我们从未得到答案。

我曾去泰国度假，但从未与泰国人共事过。他们聪明、礼貌且慷慨。在最开始，他信经常打电话来想聊聊足球。绝大多数时间他住在伦敦，但比赛日他会到曼彻斯特来，有时也会出现在训练场上，接着他会请大家吃晚饭。他总是有人簇拥着，晚饭的时候大概会有 15 到 20 个人。每个人都想谈论比赛，这种足球主导一切的氛围特别美妙。

他信看起来就像普通人，但他有自己的方式。他经常带着妻子一起。他的心腹帕罗·皮蓬桑也总是一起出现。帕罗在泰国扮演着总理顾问的角色。我和他在一开始关系就很好，虽然那时我还不知道他究竟是做什么的。还有位女士也经常出席，她年长一些，是前泰国驻英国大使的妻子。她也总来看比赛。

只要赢球，一切都很奇妙。在第四轮，我们客场对阵阿森纳，整场比赛发挥都很好，但在最后关头丢了一个球，0∶1 输了。我和温格喝了杯酒。他很好奇我是怎样用一支全新的球队在客场完全掌握了比赛节奏的。这话从温格嘴里说出来是莫高的赞誉。他信对此却并不感冒，在赛后他打电话给我。

"施文，"他信很难发出"斯"这个音节，"上周你表现很好，这周很差。"

● ● ●

距离我上次执教一家俱乐部已经过去了 6 年，我发现我非常怀念执教俱乐部的感觉——规律的作息、训练课，和球员们的近距离接触。这些都是作为国家队教练很难得到的。我乐于和保健医师以及厨师们聊天，不是为了作秀。平等待人是我的性格，这是我父母教我的。

过了这些年，我的哲学有了变化。也许是发生了一些意料之外的事情。现在的我总是跟着训练课，让哈塞和德里克钻研执教的方式。作为教练，我很随和，就像我的生涯刚开始那样，我对球员的生活和组织纪律要求不严。或许是和世界上最好的球员们共事了这么多年，我发现需要给球员们以自由。绝大多数时间他们都知道该做什么。

曼城不以美丽足球著称。在我上任之前，长传冲吊是主要的踢法。我想要改变这种现状，让他们真正用脚踢球。我引进的许多新球员，技术非常娴熟。埃拉诺就是其中之一。科尔卢卡在后卫中也算技术出众。佩特罗夫球风比较粗犷，但他速度很快，左脚也很致命。

　　与此同时，在更衣室中确立领导者也很重要。爱尔兰球员理查德·邓恩是我们的队长，他不是世界上最快的中后卫，但无论是训练课还是联赛，他在场上都拼尽全力。对于队里其他人来说，理查德是在危难时刻可以靠得住的人。我让我们的德国中场大师迪迪当了队副。迪迪过了巅峰期，在训练中他也不怎么动。德里克打趣说迪迪训练后都不用洗澡。但没有人说迪迪对待比赛不认真。他是我所执教过的球员中最聪明的一个，很少传丢球。

　　同样，我也任命了几个年轻靠谱的球员，包括 19 岁的后卫米卡·理查兹。几乎拥有一切才能的他在我们战胜曼联的那场比赛中是关键先生。在中场，我还有迈克尔·约翰逊和史蒂芬·爱尔兰。后来他们都在场外遇到了麻烦，但 2007—2008 赛季他们表现得非常棒。

　　我们的主要问题是进球，我来的前一个赛季，曼城的 5 个前锋才进了可怜的 13 粒进球。其中还有我在英格兰执教过的国脚达里乌斯·瓦塞尔。我留下了达里乌斯。博季诺夫在对阵曼联的比赛中撕裂了十字韧带，赛季报销。一号得分手是比安奇，我和比安奇同在国际米兰的教练曼奇尼聊了聊，曼奇尼即将带队第四年征战。曼奇尼说比安奇在英格兰绝对会大放异彩，但事实并不如此。首轮比赛破门后，他就陷入了低谷。

　　我还有个困境，但这次是幸福的——好门将太多了。当我来的时候，瑞典国门安德烈亚斯·伊萨克森是球队的正选门将，队里还有两个非常有潜力的年轻门将——乔·哈特和卡斯帕·舒梅切尔。在赛季前我让伊萨克森守门，球门固若金汤，但有个问题——他太安静了。

　　我和理查德·邓恩在我的办公室里谈了谈，我向他请教了我的守门员的处境。邓恩说伊萨克森和后卫的交流有问题。当传中进来时，他只会跑过去试图把球击飞。

　　"我经常被他从后面打到头，"邓恩说，"太疼了。"

　　在赛季开始前，伊萨克森和哈特都受了伤，也让我的选择变得简单起来。我让卡斯帕·舒梅切尔上了场。他是丹麦传奇门将彼得·舒梅切尔的儿子，老舒梅切尔在曼联效力多年，但在曼城退役。卡斯帕像他的父亲一样脾气火爆，但门线移动极其迅速。前 7 场比赛他都首发了，在 1：0 输给阿森纳的比赛中，他被评为该场最佳。

在和阿森纳的赛后，我们的 3 名门将都痊愈了。我不得不做出选择，他信想让舒梅切尔继续首发。我也得考虑金发帅哥舒梅切尔显然在泰国更受欢迎这一因素。这时就需要听听我们守门员教练埃里克·斯蒂尔的意见，他向我推荐了乔·哈特。哈特人高马大且非常敏锐，他比卡斯帕更擅长处理传中。

我决定听从埃里克的建议，让乔·哈特成为我们的一号门将并让伊萨克森作为替补。我向伊萨克森解释了我的选择，他也很专业地接受了，伊萨克森不是那种爱抱怨的人。接着我们将卡斯帕租借到了卡迪夫城，后来又租给了考文垂。他很年轻，需要积累经验。让哈特成为我们的第一选择看起来很正确。他后来成长为一名世界级门将，并在很长一段时间内都是英格兰的一号门将。但我一直对卡斯帕·舒梅切尔的离开抱有歉意。

● ● ●

我热爱在曼彻斯特的生活，但是天气让我爱不起来。在 7 月 1 日的第一堂训练课上，我竟然还穿着冬天的夹克衫。在曼城的卡灵顿基地，风总是呼啸不停，但我的住所没的说。我住在城中心的丽笙酒店的套房里。套房有两间卧室，多出来的卧室被我当作了更衣室。酒店的员工把我视若上宾。无论我需要什么，他们都会为我准备好，而且出门就有许多家餐馆。我还记得见过一个曼城的忠实拥趸。他说他是个歌手，叫诺尔·加拉格，我从未听说过他的绿洲乐队。

"唱歌感觉怎么样？"我问。

"棒极了。"他说。

哈塞和托德住在不远处的公寓里，他们经常过来接我去卡灵顿基地。如果我想去别的地方，比如说去看预备队的比赛，俱乐部就会派司机来接我，有时俱乐部会出一辆劳斯莱斯。在纽卡斯尔的预备队比赛，开着这样一辆车招摇过市还是有些尴尬的。

　　我也遇见了一个叫马林的女人。我们在斯德哥尔摩大酒店结识，她在那里工作。马林是瑞典人，是个非常好的姑娘。她总来曼彻斯特见我。但她比其他我认识的女人更为独立，总是想掌控我，这让我很不习惯。我总认为她看得更远，但我对稳定的关系不感兴趣。我对其他女人也这样。

　　有一天南希出现在了曼彻斯特，我5月末在曼彻斯特见到了她，那时我正要去庆祝约翰的生日。她写了一本书，刚要出版。她跟我保证说书中半点儿没提我，但我也没看过。她在书中描述了一段非常幸福的感情经历，太可笑了。而且当她来到曼彻斯特的时候，我们的关系早就结束了。我们只是需要达成一些财产上的协议。

　　我和南希从未结婚，但在我担任英格兰队主教练期间我们一直住在一起。英国法律规定，同居就意味着她有财产支配权。我对此没有问题，我有钱，她没钱。我刚刚卖掉了摄政公园的房子，但我还有一处位于贝尔格拉维亚的房产。我记得我们达成的协议是南希会收到一笔现金，大概少于100万英镑，并且她会得到我在意大利的沙滩别墅。除此之外，她还会免费在伦敦的公寓里住两年，这种处理方式非常慷慨。或许我对她还有些道德上的责任，更重要的是，我想一次性永久地解决这些事。

● ● ●

　　2008年我们取得了开门红，客场2：0击败了纽卡斯尔。在21轮比赛后我们在积分榜名列第四，占据了最后一个能进军欧冠的名额。自1992年有英超比赛以来，曼城队从未占据如此靠前的名次。当转会窗口开启后，我把比安奇租借去了拉齐奥，他在英格兰没有上佳的发挥让我非常失望。到转会窗口关闭之前，我引进了两名新前锋——费利佩·凯塞多和本贾尼·姆瓦鲁瓦里。本贾尼是津巴布韦人，从朴次茅斯队引进。那年春天伊始，他便成了我们的头号得分手。

　　但是在取得开门红后，接下来的4场比赛我们都没能取得胜利——两平两负。他信认为输球的不可控性是个大问题。对于他信来说，输球就意味着丢脸。他在输球后会忽视我，在走廊里我们擦肩而过时，他不会打招呼，甚至都不看向我，这太诡异了。

在年度最重大的比赛之前，我们的锐气已经被挫败。2 月 10 日客场对阵曼联，与赛季初的惨淡不同，曼联的球风变得聪明，势不可当地回到了联赛第二的位置。C 罗、鲁尼和特维斯组成了英超联赛最强力的进攻三叉戟。

在老特拉福德进行的比赛还有一层特殊的含义，纪念慕尼黑空难 50 周年。在 1958 年 2 月，满载着曼联队的飞机飞往慕尼黑，遭遇了一场风暴。飞机上 44 人中有 23 人丧生，其中包括 8 名球员。为了纪念这场悲剧，赛前集体默哀了 1 分钟。

曼联和曼城是同城宿敌。在这场比赛的前一周，球队里的每个人都担心我们的球迷会对逝者有不尊重的举动。但我们完全没必要担心，当我和弗格森走进球场将两个花圈放进中圈时，全场观众都充满敬意地鼓起掌来。之后的默哀仪式是如此静默，7.5 万人的球场里，安静得连一根针掉在地上都听得见。我们对球迷的自豪感难以名状，他们的举动让整个仪式令人动容。

我们曾在主场击败过曼联，但在老特拉福德他们是无敌的，本赛季他们在碰到我们之前，在主场还未尝败绩。我们又一次让曼联的球迷陷入沮丧中，达里乌斯·瓦塞尔踢进第一球，本场比赛表现上佳的本贾尼踢入了第二个球。曼联在比赛的最后时段踢入了挽回颜面的一球，我们 2：1 获胜了。这是曼城自 1969—1970 赛季以来第一次双杀曼联。

赛后我们照惯例去和曼联的教练组喝红酒，但弗格森没有露面。他的助手卡洛斯基·奎罗斯解释说弗格森有事，所以仓促离开了。他跟哈塞说，曼联球员们因为心理负担太重才会输球。

● ● ●

与此同时，萨米尔·汗掌握着我的财权，我信任他。当我还是英格兰队主帅时，萨米尔建议我投资一家叫灵芝的科技公司。这家公司即将被惠普收购，估计会赚很多钱。听起来是个好投资，萨米尔跟我说不需要用我自己的钱去投资，他会以非常低的利率借到一笔钱。我同意贷款投资，接近100万英镑。阿索尔也贷了一大笔钱。

大概过了一年半，这家公司还没出售。那时我又投资了萨米尔的另外一个项目。这次是一家在朴次茅斯叫作"南海发展"的房地产生意。在朴次茅斯的主要投资者是哈利·雷德克纳普，阿索尔向哈利的员工咨询过，看起来一切都很可靠。我不记得我投进去了多少钱。

一天阿索尔接到了来自哈利·雷德克纳普的会计的电话，询问他是否知晓"皮尔24"这个项目的事宜。很明显，"皮尔24"是萨米尔的公司，我是主要股东。我们是通过"皮尔24"这家公司投资南海的。从会计口中得知，萨米尔·汗的"皮尔24"是一个骗局。我打给萨米尔说，我不想参与他的骗局。"没问题。"萨米尔回答我，他会让我置身事外。但后来我去了哈利那里，他对南海计划抱怨不已，并指责萨米尔是个浑蛋。哈利说我的钱还在项目里，我很生气，又去质问萨米尔为什么没把我的钱取出来。他借口说取款需要一段时间，但保证一定会完成。我后来就没多考虑南海公司的生意。

这不是我需要处理的唯一财务问题。在我收到工资的一个月左右，扣除了一笔5万到10万英镑的巨款，我对此却一无所知。似乎是作为经纪人的费用打给了杰洛米·安德森，的确是他把我介绍给了曼城，但据我所知，杰洛米是代表俱乐部而不是代表我，当我向他质疑时，他说合同上白纸黑字写得清清楚楚。我对此无能为力，只能说很不公平。

●　●　●

和曼联的赛后，我们7场比赛只在主场拿下了热刺。他信也不给我打电话了，我和他断了联系。他终于获准返回了泰国，但还面临着严峻的法律问题。他的财产还在冻结中，过了一段时间，我们开始好奇他信到底投给了俱乐部多少钱。购买球员的大部分费用似乎都是从电视转播权收益中贷款而来，不是他的钱。

一天，我在我住的丽笙酒店和他信见了一面。应该是还有半个月赛季结束的赛后一天。当我到的时候，他信、帕罗、前泰国大使的夫人沙欣都在。我对会面的内容不担心，我们最近赛况不是很顺利，但依旧在积分榜前半段，目标是留在前十。我们刚刚在主客场双杀了曼联，球迷们已经开心得上天了。我们计划建立一支崭新的球队是如此的艰难，我期待着他信跟我谈他下赛季对球队的计划。

然而我错了，我不记得会面里说了些什么，不过都是些没有建设性的废话。不过当我离开的时候我知道我在曼城没有下个赛季了。我碰到托德和哈塞时，告诉他们，"我们要被解雇了。"

我们赢下了后两场比赛，客场对战桑德兰和主场迎战朴次茅斯。他信还是没有打来电话。在倒数第三轮，我们主场输给了由罗伊·霍奇森执教的富勒姆。在那之前，我即将被解雇的消息已经不胫而走。球员们当然很不开心。我百分百确定如果赛前不知道我会被解雇的话，球员们会专心比赛赢取胜利的。这场胜利也帮助霍奇森的富勒姆队免遭降级。

我还是没有收到他信的任何正式通知。但是我知道我只是垂死挣扎而已。我将要丢掉我梦寐以求的工作，就因为这个泰国商人兼前政客不懂足球。球迷中只有非常少部分人认为我该下课。在客场对阵利物浦的比赛中，我们的球迷唱起了平克·弗洛伊德的《墙上的另一块砖》，他们改写了歌词：

"我们不要穆里尼奥，

"我们不要斯科拉里，

"嗨，他信，把斯文还给我们。"

●　●　●

赛季的最后一场比赛是客场挑战米德尔斯堡，赛前理查德·邓恩来到我的办公室。他告诉我说整支球队都要罢赛。我告诉理查德坐下冷静一下，接着我用正确的方式结束了谈话。我告诉他我非常感激他们对教练的支持，但职业足球运动员的工作就是去踢比赛。

他们还是上场了，但也就是上场而已。在比赛的第十五分钟，理查德就因为鲁莽的铲球吃到红牌被罚出场，还送给了米德尔斯堡一个点球。我知道这是我在曼城的最后一场比赛了，我不想输，但球员们完全没有兴趣踢球。他们只是想表达情绪的不满。米德尔斯堡在半场前进了第二个球。

下半场完全就是场灾难。米德尔斯堡为所欲为，一个接一个地进球。我们全场最佳的球员当属伊萨克森，他是那场比赛里我们的门将。最终米德尔斯堡 8 ∶ 1 战胜了我们，但讽刺的是，我们的 2000 名球迷从开始唱到比赛结束："一个斯文－戈兰·埃里克森，唯一的斯文－戈兰·埃里克森。"

●　●　●

但是赛季还没有结束，他信安排了一段赛季前泰国之旅。我们将要和泰国国家队进行比赛。球员们依旧拒绝，我不得不再次劝说让他们工作，参加这种宣传活动也是他们的责任。我还没有正式离职，这就意味着我也要去。我对这次旅行没什么向往，但是别无选择。

我们在泰国待了几天，我认为托德没有来。在曼谷的一天晚上，他信邀请教练组去卡拉 OK 俱乐部。我那时还是主教练。晚饭后，许多衣着暴露的女人出现了。我觉得她们是雇来的。他信带着一个姑娘上台唱歌，他站在台上，挽着姑娘喝着龙舌兰。他跟我讲过一次，人要喝龙舌兰不应该喝红酒。我不知道他从哪儿拿到的。他信唱歌很棒，活脱脱就是弗兰克·辛纳屈。唱了几首歌后，他说："斯文，这首歌献给你！"音乐响起，是 Clash 的"我该是去还是留？"他信下台走到我面前站定，唱道：

"我还是犹犹豫豫，

"如果你不要我就放我走,

"拜托让我知道,

"我该是去还是留?"

● ● ●

他信回到了台上,门将埃里克·斯蒂尔靠过来让我掐他,说感觉像是在做梦一样。我不知道那一夜究竟过得有多漫长,当我回到酒店休息时,我还是曼城教练。

第二天早上斧头就落了下来。我在酒店的私人餐厅里和他信及曼城 CEO 阿里斯泰尔·麦金托什共进早餐。他信用他自己的方式感谢了我,但他不得不请我离开。我问他为什么,今年我们做得不错。他说只是一种感觉,阿里斯泰尔会照顾交接。我的合同还有一年,我会拿到 50% 的年薪作为补偿。我们对此没有大的异议。在结束后,阿里斯泰尔离开了,我和他信独处。这次我又问他为什么要解雇我。这次他说:"我不知道。"

后来我问了皮尼和帕罗是否知道他解雇我的原因。他们说可能和一次我缺席的训练课有关。我缺席了一堂训练课不假,但当时我正在去谢菲尔德帮博季诺夫办劳工证的事情。

我一时难以接受。关于我的辞职流言四起,但我不知道究竟谁在背后捣鬼。我觉得背后一定有周详的计划,因为在我离职的两天后,他信就宣布了马克·休斯成为了曼城的下一任主帅。

两个月后,他信把曼城卖给了阿布扎比联合集团,一个阿布扎比皇室控制的财团。曼城一夜之间成为了世界上最富有的足球俱乐部。他们可以花上亿英镑购买新球员。与此同时,他信在泰国被指控贪污,不得不再一次逃离祖国。他的妻子朴乍曼也因为税务欺诈遭遇牢狱之灾。马克·休斯在曼联主教练的位置待了一年半,接着被曼奇尼接替了。在 2012 年,曼奇尼率领曼城夺得英超冠军，这也是俱乐部 50 年来第一次获得联赛冠军。

当然，我曾经有可能站在曼奇尼的位置上，如果他信在解雇我之前就卖掉俱乐部的话。我相信新老板不会解雇我。但我对此没有考虑太多，你不得不接受职业足球的一切。许多专业人士在业内，但控制足球的多数是门外汉。

第 17 章　客场赢球的艺术

没有足球的一年是我生命中最糟糕的一年，我想从各个方面避免重复。但我除了等待另外一份工作还能干吗呢？作为足球教练，你不用去找工作，而是需要等工作。经纪人们一听说我被曼城炒鱿鱼了，就开始给我打电话。有些关于拉齐奥和费内巴切的邀约，但并不确切。有一天，不知怎的，时任本菲卡体育总监的鲁伊·科斯塔、本菲卡主席费利佩·维埃拉来到曼彻斯特，邀请我再次担任本菲卡的教练。我很动心，因为我在葡萄牙有房有根，但第三次执教一家俱乐部，感觉就像戴了一项旧帽子。托尼·奥利维拉也警告我说本菲卡没有能与波尔图竞争的资本，所以我拒绝了这个邀约。

在随曼城队去泰国后，一位年轻的墨西哥经纪人小胡安·卡洛斯·帕迪利亚带着墨西哥队主教练的邀约找到了我。我之前就认识卡洛斯，因为他曾把墨西哥中场内里·卡斯蒂略带到了曼城。尽管墨西哥队经常打进世界杯，我对墨西哥足球却是一无所知。所以这是进军下一届世界杯的好机会，我也从未在欧洲外任教过。我很想尝试新鲜事物，所以我想为什么不呢？

墨西哥足协主席胡斯蒂诺·孔佩安领着我和墨西哥的代表团在伦敦的一个酒店见了面。他们解释说第一选择是墨西哥人哈维尔·阿吉雷，但阿吉雷已经出任了马德里竞技的主教练。之前我总是第一选择，至少我认为是。如果我的老板实际上是想要其他人的话，接手一份这样的工作实在有风险。与此同时，这也是证明自己的机会。我从来不拒绝挑战。

又一次，我开始了签约流程，非常顺利。卡洛斯已经通知了墨西哥人我想要一份说明具体金额的合同。墨西哥人提供给我一份到 2010 年世界杯后的合同，年薪大约是每年 200 万欧元，这比我在曼城赚得还多。如果成绩好，我还会得到奖金。墨西哥人的主要目标是在世界杯上能踢 5 场比赛，换句话说，如果我带领墨西哥队进入 1/4 决赛就会拿到奖金。我带英格兰队取得这样的成绩时却被炒了鱿鱼。

2008 年 7 月 3 日，我签署了合约，当天就飞往了墨西哥城。第二天就召开了介绍我的媒体发布会。发布会在墨西哥足协总部召开，记者数量几乎和当时出任英格兰主帅那场发布会上一样多。很显然，我想给大家留下个好的第一印象，这就意味着我要说西班牙语。我完全不懂西班牙语，但我带了本西班牙语语法书。葡萄牙语和西班牙语很相像，所以我觉得我搞得定。我排了一下顺序，对于一些问题我不太能理解，但我抓住了大部分的要点。我西班牙语、葡萄牙语混杂，甚至还说了几句意大利语。足协官员们在理解出现偏差时帮我翻译一下。媒体很受用，他们没有对我的到来表现出极大的热忱，但他们在发布会上对我非常友好。没有人问我墨西哥球队以外的事情。

紧接着我就回了布霍克福斯的家中，坐在电视前看卡洛斯给我的墨西哥足球的录像。我对于他们的高超技术非常惊讶，他们的体系不如欧洲足球，但这就是我要工作的重点。哈塞和托德都来帮我，托德会出任球探，关注在欧洲的墨西哥球员，托德会和我在墨西哥工作。我还需要一个墨西哥助手，所以我找来了帕科·拉米雷斯。他曾经是墨西哥队的助理教练。很快，就像在本菲卡我和托尼一样，我和他之间的友谊也突飞猛进。

我和哈塞一起到墨西哥城正式上任。记者和摄影师在机场发现我们的时候都疯了。哈塞受到了惊吓，我们不得不从后门逃了出去。在这次露面后，我们又到了美国。墨西哥的几家俱乐部正在美国开展赛季前巡回赛。托德在美国加入了我们，我们尽可能多地看比赛。我去了华盛顿，哈塞去了加利福尼亚，托德好像去了芝加哥。

我和哈塞在联赛开始时回到了墨西哥。和阿根廷联赛一样，墨西哥联赛分为两个单独的赛季。秋季赛季叫作 apertura，春季赛季叫作 clausura。两段联赛的胜者都是每年的冠军。我们飞遍全国，尽可能多地考察球员。这里的足球水平超乎我的想象，而且人们对于足球的兴趣非常浓厚。人们无时无刻不在谈论着足球，我都数不清有多少电视频道只播足球了。每个人对我都非常友好，无论到哪儿，都是红毯待遇。

墨西哥足球的组织和欧洲绝大多数国家截然不同。墨西哥足协实际上是由俱乐部控制的。在英格兰，英超联赛和英足总或许会经常起冲突，但起码英足总会有底线，就是为国家队的利益做考量。在墨西哥，俱乐部老板们坐在足协的位置上发言。或多或少俱乐部老板们会决定国家队的走向。至少我在到那里工作之前是这样了解到的。这对我来说还很新鲜。从来没有过老板或者领导告诉我该如何踢或者该用什么战术。

在我上任一周左右，我第一次和足协领导层见了面。在会议室里，U 形桌子后面坐的全是俱乐部的老板。在桌子前面有两把椅子，是我和哈塞的。哈塞悄悄跟我说这看起来就像是审讯室一样。想想这些人如何反对把我选为墨西哥队教练的时候也挺有意思的，当然每个人对我都很友好。无论如何这只是个见面会而已。

在墨西哥城，我和哈塞受邀去会见了博拉·米卢蒂诺维奇，他曾多次担任墨西哥主教练，他和妻子正住在首都。米卢送给我一本关于墨西哥人性格的书，非常有用。墨西哥人非常自豪，因此我理解他们是个爱国的民族。他们也非常有礼貌，有些固有的墨西哥人负面形象在世界范围内却广泛流传。

中北美洲及加勒比海足球协会有 3 个世界杯席位。墨西哥和美国牢牢把控着其中 2 个。在淘汰赛的前两轮，世界杯竞争者将要进入到一个 3 组、4 支球队的 3 轮小组赛。每个小组的前两名进入第四轮，6 支球队各自进行两次比赛，积分榜前三名会进入世界杯。

我们的小组赛对手相对比较强，分别是洪都拉斯、牙买加和加拿大。洪都拉斯是一支强队，我们会在 2008 年 8 月 20 日最先跟他们相遇。自从墨西哥城的阿兹特克体育场 1961 年建成以来，墨西哥仅仅输过一场预选赛，我可不想不小心再输一场。正如先前所料，我们赢下了全部 3 场比赛。这开局和我在英格兰和曼城时一样完美。生活真美好，我喜欢待在墨西哥。

· · ·

　　我最开始住在酒店里，但卡洛斯·帕迪利亚很快帮我在波兰科的高级街区找到了一间公寓。这间公寓坐落于可口可乐公司在墨西哥城修建的 3 座大厦里。可口可乐卖掉了两栋大厦变成了公寓。每个出租车司机都知道"可口可乐大厦"在哪儿。我的公寓非常大，有 700 平方米，独占了一整层。巨大的封闭式阳台围绕整座建筑物。从那里，我可以俯瞰半个墨西哥城。

　　我需要自己为公寓付钱，它很贵。租金中还包括一位管家的薪水，是个大约 35 岁的墨西哥人巴勃罗。他为这间房子的房主工作。房主是个年轻的女士，我见过她几次。她从祖母那里继承了这间房子，但实在是太大了，就决定把它租出去。巴勃罗很聪明，他做饭、打扫并洗衣服。

　　在街区里有很多饭馆和商店，一切应有尽有。哈塞住在附近。当托德来墨西哥时，他住在附近的一间酒店里。在街道的另一边，是一个有着长长的煤渣跑道的公园，大概有半英里长。我通常会跑上五六圈，但有一天当我回来的时候，一位警官在等我，跟我说以后绝对不要一个人在公园里跑步。不然的话我被绑架只是迟早的事。在墨西哥，我不得不买了辆防弹的车，车门都快有一吨重了。

　　在每天早上 8 点，一位叫安德烈斯的瑞典人给我和哈塞上西班牙语课。他的母亲曾在 1970 年墨西哥世界杯期间为瑞典足协工作，紧接着就留在了这个国家。课后，我们回办公室。我和那儿的人相处得很不错，主要讲英语。我和哈塞、帕科会讨论球员和周末观看比赛的计划。下午，我们会回家，在健身房里做运动，晚上再一起去吃晚餐。

　　一天吃完晚饭后，我和帕科在酒吧里和朋友们喝了几杯红酒。当我们离开酒吧的时候可能很晚了，走出酒吧，有两位女士迎面走来，其中一位认出了我并大喊，"Dios！Es el！"（天哪，是他！）

　　夜里很黑，女士披着披肩。她的明眸和皓齿在月光中闪耀。我敢肯定她非常美，可能因为某些原因吧，她看到我非常激动。忙不迭地握着我的手，并用西班牙语快速地说着什么。我有些无语，不仅因为我不能理解她的话。帕科不得不翻译，女士说她叫亚尼塞斯，在一家饭店和一家夜总会跳舞，想邀请我去看她跳舞。

那天可能是周一，两天后的周三，我、哈塞和他的未婚妻索菲娅一起到了亚尼塞斯所说的那家饭店。索菲娅从瑞典赶过来看我们，她正在一家矫正治疗研究所工作。这间饭店相当豪华，这里的服务员都认识我。我们坐下开始点餐，我们快吃完的时候，饭店隔壁的一家酒吧里似乎有个乐队在演出。在我们坐的位置没办法看到，所以我请索菲娅去看一下亚尼塞斯是不是在那儿。我跟索菲娅描述说亚尼塞斯皮肤黝黑、很漂亮、眼睛大大的、牙齿很白。过了一小会儿，索菲娅回到了我们桌旁。

"是的，"她说，"我觉得唱歌跳舞的就是她。"

晚饭后我们都去了酒吧。一个男人在弹钢琴，一个姑娘在唱歌，还有两个女人在跳类似萨尔萨的舞蹈。其中一个就是亚尼塞斯。她衣着暴露，展现着诱人的身姿。当我走进房间时她就看见了我，立刻停下了舞蹈。在继续跳舞前，她呆站了一会儿。我们找了张桌子坐下欣赏表演。演出一到了间隙，我就买了瓶香槟走到了她那张桌子旁，问是否能请她喝一杯香槟。她不敢相信埃里克森先生真的来看她的表演。在她再次登台前，我们用西班牙语谈了大概有 10 分钟。她给了我电话号码，让我有机会打给她。接着，我和索菲娅和哈塞就回了家。

第二天我打给亚尼塞斯邀请她到我的公寓共进晚餐。巴勃罗做的晚饭，亚尼塞斯非常惊讶。我的房子是她见过最大的。她来自巴拿马，像其他来自中美洲的人一样，她来墨西哥城是为了赚钱。她热爱足球，并在许多足球俱乐部当过服务生。她说她的妈妈也住在墨西哥城。但对她有一个儿子的事只字未提，我也是很久之后才发现的。

● ● ●

　　墨西哥队有个大问题——客场从来不赢球。在主场，墨西哥队基本是无敌的。但是在客场，似乎是一种心理障碍，它变成了另一支球队。我们前三场小组赛都在主场获胜了，只需要一分就能晋级下一轮。但当我接手这支球队的时候我就知道仅仅能赢下主场比赛是不够的。墨西哥队能否赢下客场比赛的关键也取决于我。

　　在 2008 年秋天，我们剩余的 3 场小组赛第一场是在金士顿对阵牙买加，那场比赛简直是个灾难。草坪没有修剪，场地也坑坑洼洼。牙买加人知道我们的技术优势，可是在这样的场地上根本不可能好好传球，这正中了牙买加人的下怀。在为斯托克城效力的里卡多·福勒踢进了比赛唯一的球后，我们输掉了比赛。4 天后，我们在埃德蒙顿对阵加拿大队。事情也没好起来，加拿大人以 1∶0 领先，在我们踢进扳平一球本以为可以带走 1 分后，加拿大人又把比分改写成了 2∶1。

　　这回俱乐部的老板们介入了，动机是为了向我展示到底在国家队谁说了算。足协主席说我需要去和一些俱乐部老板们会面。这就像英足总主席科洛奇要求我去向曼联老板解释为什么国家队会输球一样不可思议。但这就是墨西哥。我和一些豪门的老板们会了面，他们每个人都各持己见，觉得我的做法有问题。为什么选帕科·拉米雷斯当助教？不能带别人来吗？为什么不说服 35 岁的墨西哥足坛旗帜人物布兰科回归呢？

　　太荒谬了。我不可能对有着不同想法的人一一汇报。我习惯只向一个人汇报工作，这个人根据自己的想法通过我给他的信息做决断，但这在墨西哥不可能。我需要和那些凌驾于足球规则之上的人结盟，只要能让国家队赢球！

　　事情越来越糟，我们又在最后一场预选赛里 0∶1 输给了洪都拉斯。在这场比赛中，我们打进了乌龙球，还在最要命的时刻被罚下了两名球员。这就意味着我们在积分榜上被洪都拉斯超越，仅仅以净胜球优势超过了牙买加进入下一轮。接下来想赢球感觉不可能了。

　　足协的人开始着急了。他们把我送到欧洲去考查墨西哥球员。我和托德跑来跑去，足迹遍布英国、荷兰、西班牙，我们还去了几家俱乐部，包括拉法·马克斯效力的巴塞罗那。我们参观了两堂巴萨的训练课，惊讶于他们在训练中竟然能不做任何基本实质工作，也没有任何技战术训练。瓜迪奥拉根本不参与训练。这和我们之前所习惯的哲学完全不一样。

　　之后我回到瑞典庆祝圣诞节。有时圣诞节是我们全家团聚的唯一机会，还需要大家精心安排才能凑到一起。我们平安夜相聚在布霍克福斯，也有可能是前一天或者后一天。丽娜和约翰去他们妈妈那里，拉斯的孩子会去拜访他们的妈妈。这个圣诞节，亚尼塞斯和我第一次一起回了瑞典。否则的话，又会是一个平淡无奇的圣诞节。

● ● ●

　　我们决定性的第四轮预选赛被安排在 2009 年 2 月 11 日，面对强大的美国队。你可能会以为场地或许会在某个温暖的地方，比如加州或佛罗里达。但美国足协不这么想，他们把比赛安排在俄亥俄州的哥伦布市，二月平均气温在 0℃以下的地方。他们知道我们的球员比美国队更难以适应寒冷的气候。

　　墨西哥足协也经常玩这样的把戏，在面对加拿大队的时候，他们就把场地安排在酷热的恰帕斯。现在我们也要尝到恶果了。当我们到达俄亥俄州时，气温骤降到了 0℃以下。赛前那天，我们本以为会下雨，结果却下起了雪。我们的训练又被安排在了像停车场一样的草坪上，这可是世界杯预选赛前的训练啊。我愤怒了。

　　"你听说过公平竞争吗？"我质问古拉迪。

　　古拉迪是美国足球联盟的主席，曾经在 1994 年世界杯前招募我成为美国队的主帅。后来这个工作交给了米卢蒂诺维奇。后来古拉迪声明说把比赛安排在俄亥俄州不是他的决定，他指责这是赞助商的安排。都是废话，他还说过之所以选择俄亥俄州是因为那里有很多墨西哥人居住呢。

开场阶段冷风刺骨，甚至还有龙卷风预警。我们在开场阶段表现强势，还创造了几次破门良机。但美国队渐渐把场面扳了回来，在伤停补时阶段，他们在反击中用一脚并不是很难扑救的远射踢入了第二粒球。

回去后我的帅位就不稳固了，不仅是因为输掉了对美国队的比赛。一周以前，哈维尔·阿吉雷刚刚被马竞炒了鱿鱼，现在赋闲在家。墨西哥人从一开始就想让阿吉雷当主帅，虽然现在有了我，可我的战绩急转直下。

我会到墨西哥去和俱乐部老板们会面。在瓜达拉哈拉，我遇见了芝华士的主席，感觉我就像在回答庭审一样。为什么还保留着原来的守门员教练？从我们的守门员守不住这么简单的射门来看，守门员教练显然没有尽职尽责。为什么我们一直在酒店里待着？一个问题比一个问题愚蠢。

哈塞认为我们的地位太不稳固了，他觉得我们有太多的反对者。我还认为我们能反败为胜。总之，考虑到环境因素，对美国队的比赛里我们踢得不错，尤其是在环境如此恶劣的情况下。年轻人上得越多，我们就会变得越好。但就连我这样的乐观主义者也深知不能再输球了。我们的下一场比赛是在阿兹特克体育场对阵哥斯达黎加。我们2：0轻取了对手，赢得了一丝喘息的机会。

但几天后，洪都拉斯又来了，这次是在圣佩德罗苏拉，体育场是封闭式的。每当墨西哥队出征这些中美洲小国，现场的气氛都是一触即燃。洪都拉斯人认为没有什么比在足球上击败老大哥墨西哥更重要的事儿了。球迷的热情传染给了球员们，他们疯狂地跑动，我们难以招架。上半场我们就被攻入了两球，下半场时他们又攻入了第三球，我们最终只能扳回一局。比赛以3：1告终。

就算是我知道一切都结束了。哈塞也感到释然，因为我们会摆脱这项不可能的工作。在赛后，足协的所有人都不想和我讲话，但好像是队长帕尔多听说高层决定第二天就解雇我。他一语成谶，第二天我就被叫去和足协主席及他的亲信们开会。很不幸，他们需要我离开了。我说他们错了，墨西哥仍有希望进军世界杯。我们还有主场对阵洪都拉斯和美国的比赛，但一切太晚了，我不得不离开。第二天阿吉雷就担任了墨西哥队的新主教练。

这是我连续三次被解雇，我很理解他们为什么想尽快摆脱我。客场战绩不佳，我也没能扭转颓势。在场下的竞争中，我不是最有力的竞争者。从一开始，墨西哥足坛里就有我的敌人。但我不知道他们是谁，也不重要。

接受这项工作我不后悔，但我很失望。我喜欢墨西哥，我特别想把墨西哥队带进世界杯。正如我所料，在预选赛里他们主场击败了美国和洪都拉斯，但是客场输给了萨尔瓦多，只要在客场战平特立尼达和多巴哥就能出线。

我回到了瑞典，从 4 月末开始，整个春天我都无所事事。我决定回到墨西哥，那里还有我的房子。我和亚尼塞斯第一次共进晚餐。几个月前，我见到了她 6 岁大的儿子阿尔西德斯。阿尔西德斯的父亲也从巴拿马来到了墨西哥，却不探望他的儿子。后来阿尔西德斯和他母亲搬回了巴拿马，他开始在学校自称埃里克森。

我和亚尼塞斯出去吃饭的第二天，一家报纸就刊登了我们的照片，我丝毫不介意，他们完全可以随心写。

● ● ●

2009 年春天的某个时候，阿索尔打电话来说他和伊安·图恩兰想见我。伊安是我在库茨银行的营业员，我刚到英格兰时就用的是库茨银行的服务。阿索尔担心我可能会损失在灵芝的投资，他联系了伊安去查萨米尔·汗的交易。伊安早就怀疑萨米尔对我财产的运作方式。萨米尔将大量资金从我在库茨银行的户头上取出，投资到了一些项目里。萨米尔说这些项目有利可图，但伊安认为这些项目风险很大。伊安和阿索尔一起去质问萨米尔，据说是一次非常激烈的会面。

阿索尔和伊安警告我说萨米尔可能会诈骗我的钱财，但他们还没有确凿的证据。那时我正好不想听任何话，"好的，"我说，"我会处理的。"但我什么都没做，现在悔之晚矣。事实是我仍然相信萨米尔·汗，当他说会一切以我的利益出发时，我就相信他了。

不仅仅是阿索尔和伊安警告我萨米尔的事情了，在斯堪的纳维亚运营IMG体育公司的拉尔斯·斯坦马克也对此表示了怀疑。他的同事马茨·布霍克曼开始监视萨米尔的一些交易，发现了很多疑点。马茨和我的弟弟拉斯说，萨米尔正在窃取我的钱财。拉斯听从他的建议警告了我，但我还是没有听进去。很快，马茨身患白血病，只剩下几个月的时间可活。后来我弟弟告诉我，马茨在弥留之际还发短信给他，让他跟我好好谈谈萨米尔的事情。

萨米尔抵押了我在布霍克福斯的房产，将钱投资到了两个不同的项目中。我对此还是知情的，他许诺说自己将偿还贷款的利息，他只这样做了3个月就悄悄地断掉了。这让我起了疑心，之后萨米尔还想抵押掉我在葡萄牙的房产，去投资在加勒比海的一些房地产项目，这又加重了我的怀疑。在6月的某天，我正在葡萄牙时，萨米尔带着一纸协议让我签字。原来这是他在葡萄牙早就让律师起草好的，用我的房产去加勒比海投资的协议。

这时，我决定结束这一切了。在阿索尔的推荐下，德勤会计师事务所帮我审查了所有萨米尔用我的钱所做的投资。我跟萨米尔说，在我弄明白钱怎么花之前，不允许他再染指我一分钱。

第 18 章　童话

2009 年 6 月，丽娜即将从诺维奇的东安格利亚大学国际发展专业毕业。我以她和她的成就为傲，自然也想参加她的毕业典礼。但当我打电话给她问是否能去时，她回答说："最好还是算了吧。"我理解她的想法。

在丽娜 7 岁的时候，我和安琪就离婚了。她随妈妈搬到了佛罗伦萨，在那里度过了学生生涯。从一开始，每个人都知道她是谁，或者说她的父亲是谁——先是桑普多利亚，后是拉齐奥的教练。丽娜在男孩中很受欢迎，他们想要签名和球衣，还不断追问她我在接下来的比赛中会让哪些球员首发。显然，女孩子们就不是很喜欢她。

当我在拉齐奥执教时，丽娜来罗马见我。她开始在佛罗伦萨的美国高中读书时，我就搬到了英格兰，她会在假期里过来。丽娜也喜欢足球，会随我去看联赛比赛。但她不喜欢跟我在一起时所受到的关注。那是我从未在意的一点，对我来说，镜头随时对着我是再正常不过的了。

丽娜很像我，我们都不苟言笑。她有很多伤心事，但一直是家里最受宠的孩子，就像我小时候一样。她是我父亲的掌上明珠，可能是因为他们天性相近吧。他们的话都不多，但都喜欢观察身边的事。

当丽娜在意大利的高中毕业时，我和南希出席了毕业典礼。那时我还是英格兰的教练，法利亚的事情刚过去还不到一年。记者不知从哪得知我将要出席丽娜毕业典礼的消息，一大群摄影师在丽娜毕业典礼的大日子里围着我们，那简直是场灾难。我不知道他们是如何得知的，但整场典礼他们都在围着我和丽娜，尽管其他的学生们也在欢度庆典。这使丽娜感到非常受伤，我能理解。

在高中毕业典礼后，丽娜迫不及待地进入了社会。她已经是个世界公民了,作为瑞典人,她从未在家乡生活过,也不必考虑是否离家的问题。她去了巴西,在一家为孤儿和艾滋病毒携带儿童服务的机构工作。后来她又去了泰国,在一家酒店工作了几个月。紧接着就开始了她在英格兰的大学生涯,不难理解为什么她会选择国际发展专业。在她十四五岁的时候,她就跟着教会机构去尼加拉瓜帮助穷人了。

丽娜在我从英格兰教练的岗位上离职那年开始读大学。每个人都在讨论世界杯和英格兰在 1/4 决赛被淘汰。许多英国学生迁怒于我,觉得是我搞砸了世界杯。丽娜没有告诉同学们她的父亲是谁,只有一小部分人知道。她曾经来曼彻斯特看我,但我从未去诺维奇看她。我知道她会觉得不舒服,所以我不惊讶她拒绝了我想去她毕业典礼的想法。但我依旧很伤心。

● ● ●

2009 年夏末,阿索尔打电话给我,说帮我找到了一家新的俱乐部——诺茨郡俱乐部。

"诺茨郡?"我想,"它在哪级联赛啊?"

成立于 1862 年的诺茨郡俱乐部,是世界上在所有还活跃的俱乐部中最有历史的。它的宿敌是诺丁汉森林,但自从 1980 年从顶级联赛降级后,诺茨郡就一直在二级联赛徘徊。上个赛季,它勉强保级成功。阿索尔解释说诺茨郡刚刚被中东财团买下,新东家想花重金恢复球队昔日的荣光。他们想让我全权主管足球事务。

"至少过来见见这些人嘛。"阿索尔劝道。

我和这些英国人——拉塞尔·金和内森·威利特在伦敦的多尔切斯特酒店见了面。我从未听说过他们,他们看起来也不像搞足球的。金需要用手杖来帮助行动,比起足球来他更喜欢 F1 方程式。威利特高高大大,看起来很了解足球。他谈论的低级联赛球员都是我从未耳闻的。

他们都很有魅力且健谈,也都是受过高等教育的人。他们证实了阿索尔的话，代表巴林王室而来，他们的公司蒙托金融将要巨额注资诺茨郡。他们的计划是 5 年内将球队带回英超。非常有野心，但蒙托金融有能力做到。他们的出现非常有说服力，我也不是唯一一个这么想的，阿索尔也相信他们。

阿索尔调查过了蒙托金融，证实他们在非常有实力的第一伦敦银行有着固定资产。英国足球联赛还没有批准这项收购，但联赛主席跟我说一切就绪，就差程序没走而已。看起来一切都安排妥当了。我还打给了英足总的戴夫·理查兹爵士，他也说了同样的话。

但我 3 年前曾是英国国家队的主帅，我真的会在英国足坛执教这么一支低级别的球队吗？如果我没有完成带领诺茨郡回到英超的宏愿呢？

挑战伴随着机遇，白手起家重新打造世界上最古老的足球俱乐部是千载难逢的机遇。我已经 61 岁了，在我退休前是不是该尝试些新鲜事物呢？我没有其他的邀约，诺茨郡准备和我签约 5 年。它付给我股份作为报酬，非常有可能比我之前的工作赚得还多。最重要的是，这是建功立业的好机会。在 2009 年 7 月 21 日，我签订了合同。

• • •

当我接手工作时，离赛季开始只有两周了。诺丁汉人非常热情，他们的球队实在是沉寂得太久了。如今球队转交给了中东富有的老板，还有了前英格兰主帅作为足球总监。每个人都在讨论我们会吸引哪些球员的到来。

在墨西哥生活后，回到英格兰的感觉真好。在这里我不用和所有的政客们打交道，我就是我的老板。在和球迷的见面会上，一些忠实的球迷过来和我说我能来帮助俱乐部他们非常感激。我也很受触动，就像回到了家乡一样。

我将和主席彼得一道工作。彼得曾在埃弗顿担任市场总监，他的收入情况和我差不多，都很少甚至几近于零。作为报酬，我们会拿到与蒙托金融有关的一家叫瑞士控股的公司的股权。瑞士控股面向大众，股权收益将用来资助俱乐部。

　　我立刻把托德带到诺茨郡担任顾问和球探，同时也让他管理青训。一线队的教练是伊恩·麦克帕兰，一位苏格兰的前诺茨郡球员。金和威利特想要解雇他，但我坚决反对。我不想让我上任后的第一个举动就是炒掉教练，这不是我的风格，至少要给他一次展示能力的机会。尽管我们之间的关系不是很好，我表明了我不会对球队的阵容有干预，但他似乎并不领情。真是个脾气暴躁的家伙。

　　我的首要工作是带来新球员。最开始我们没签大牌球员。赛季开始得很顺利，我们5：0击败了布拉德福德，转会自奥尔德姆的李·休斯上演了帽子戏法。紧接着我们就签下了第一笔大买卖——卡斯帕·舒梅切尔。

　　卡斯帕还属于曼城，但被租借到了一连串的俱乐部。他只有22岁，在我看来是一个世界级的门将。说服他来第二级联赛很困难，而且我需要说服的不仅是他，还有他的传奇老爹舒梅切尔。在金和威利特和他聊过后，老舒梅切尔同意了。我们花了140万英镑，这也是二级联赛俱乐部所创下的转会费纪录。

　　麦克帕兰反对这项签约，他说球队已经有个好门将了。他认为卡斯帕太矮了，也容易冲动。卡斯帕明确表示已经可以上场了，可麦克帕兰雪藏了他。老舒梅切尔都快疯了，他和小舒梅切尔的女朋友专程来英格兰看球，比赛输了。第二场卡斯帕上场，我们轻而易举地就取得了胜利。在赛后，我们再也没提起小舒梅切尔是不是我们正选门将这一问题。

　　我觉得球队需要一笔大签约来提升球队的知名度，并向外界展示我们的工作。很快就找到了完美的人选——索尔·坎贝尔。从我当英格兰队主帅时我就认识了坎贝尔。他有着73场国际比赛的出场纪录，在2002年世界杯和2004年欧洲杯中表现都很出众。他已经34岁了，但我的话让他相信他还有几年的巅峰期。在离开朴次茅斯后，他没有加入任何一家俱乐部。当我打给他问他是否能来跟我们一起踢球时，他立刻就答应了。

　　诺茨郡成了每个人讨论的话题。球队的前几周就像童话一样，整座城市都支持着我们，成为历史的奠基者非常刺激，并且富有成就感。我们计划修建几个新的训练场和基地，新老板有着长远的目光。我可以预见我会在诺茨郡终老，那时球队已经在英超站稳了脚跟。这会成为故事的完美结局吗？

● ● ●

拉塞尔和内森大部分时间都待在伦敦，但如果他们来看球的话就会在诺丁汉多待几天。这时候他们就会待在办公室，在我离开后还待在那儿。周末，我们待在一起。我和托德分别在诺丁汉市郊的一个小区里拥有自己的公寓，距体育场 10 分钟的路程。拉塞尔和内森在那儿也有房子。在我们的楼上住着诺茨郡的前老板德里克·帕维斯，现在他是俱乐部的荣誉主席。

周日，我们有时会共进午餐，要么在托德家里，要么在拉塞尔和内森的家里。内森会做地道的英国菜，甚至会做约克郡布丁。我们会经常聊诺茨郡的事，但也经常谈天说地，政治、板球什么都聊。内森有着图像式记忆，能说出足球或者板球的很老的赛果。拉塞尔和内森都很健谈，这和他们在公众面前展示的并不一样。在比赛中他们经常试着藏起来，也从不对媒体说话。

但这都不是让我烦恼的事儿，我有别的事情要忙。索尔·坎贝尔在一场客场比赛中完成了首秀，那场球我们输掉了。紧接着坎贝尔请了一天的假，当第二天他回来参加训练的时候，又在训练中途离开了。我当时在看训练，不知道坎贝尔为什么离开了。但我的身份不便于插手。在训练后我到了更衣室，但别人告诉我坎贝尔已经回家了。我打他的手机，但他没有接。

坎贝尔第三天没有来训练，我想联系他但他一直不接电话。我也没办法联系到他了。很明显他不想和我谈。在比赛结束 3 天后他宣布要离开俱乐部。彼得跟媒体说没了坎贝尔诺茨郡也会表现得很好。但很明显最大牌球员一场比赛后就离开看起来不妙。我还是不知道为什么，之后我和他见了几次，但我也不想问他为什么。

· · ·

　　我不知道具体从何时起，诺茨郡的情况变得不妙了。可能是我听说没有付牛奶账单的钱吧。我们的现金流是个大问题。拉塞尔和内森向我和彼得保证说这只是暂时问题，一旦我们的股权商定了，财务状况就会好转。联赛批准了购买诺茨郡的事宜。俱乐部一下子就开始变成了催账的。联赛方解释说新东家不想出示自己的身份才拖了这么久。但拉塞尔和内森跟我说这不奇怪。他们说巴林王室不想公开。

　　教练的问题从一开始就存在。拉塞尔、内森甚至彼得都想换掉麦克帕兰，他们也提出了几个候选人。我觉得麦克帕兰的位置肯定保不住了，于是就想到了我的好友曼奇尼。在我被曼城炒掉的时候，他也从国际米兰下了课，而且已经有一年没工作了。或许他有兴趣来诺茨郡？我咨询了他，他说他有兴趣。对于拉塞尔和内森来说，曼奇尼是符合他们对球队期望的大牌教练。

　　9月末，我们在诺丁汉城外的一家酒店会了面。有我、托德、彼得、内森、拉塞尔、曼奇尼和他的助手。曼奇尼此时仍和国际米兰有约在身。他每年能赚600万欧元。这没有吓退内森和拉塞尔，他们愿意支付相同的薪水，并询问曼奇尼想要签多久的合约。当我离开时，我确信我们找到新教练了。曼奇尼是想来诺茨郡的。

　　与此同时，我们的老教练麦克帕兰，在赛季初的强势后，成绩就走了下坡路，球队接连失利。在10月11日，我们主场仅仅逼平了托基联。我们在积分榜名列第五，可能是拉塞尔或内森从巴林打电话给彼得，他说这样的情况不能再继续了。麦克帕兰必须走人。

　　第二天早上彼得来到了办公室，跟我解释了情况。我们决定打电话给助教戴夫·凯文。他也是苏格兰人，性格很和善，我们想让他代理主教练。我们正和戴夫商量，麦克帕兰就咆哮着冲了进来，他想弄明白到底是谁在背后议论他。彼得让他弄清楚——他被解雇了。当他听到这件事时，完全崩溃了。

我很少见到有哪个主教练像那天的麦克帕兰一样行为失控。他咆哮着指责我一手策划解雇了他，可事实上我是从最开始就在维护他的人。很长一段时间后，我在某个场合和麦克帕兰见了面，我想跟他握手，但他拒绝了。

● ● ●

在我加入诺茨郡的几个月后，我接到了瑞典足协主席拉尔斯－阿克·拉格瑞勒的电话。他问我是否对瑞典队主教练的职位有兴趣。瑞典队没能入围2010 年世界杯，主教练拉塞·拉格贝克也因此辞职。如果我空闲下来的话，我是可以接受在瑞典长期工作的。许多年以前，拉格瑞勒就来到图什比我父母的家中，想要给我提供工作。那时我还是拉齐奥的主教练，还不能离开意大利。拉格瑞勒说等我准备好了，这份工作就是我的。

当他打电话提供给我瑞典足球界最重要的工作时我感到非常骄傲。有 30年了，我都没有为瑞典工作，但我还是个骄傲的瑞典人。我希望有一天能带领瑞典队，但问题是我刚刚和诺茨郡签订了一个巨大的项目，要从无到有建立一家足球俱乐部。我不能仅仅给了大家希望后干了几个月就离开。我请求拉格瑞勒给我点儿时间考虑。

几天之后，拉格瑞勒告诉我可以当瑞典队教练的同时兼着我在诺茨郡的工作，但我知道我分身乏术，这是我在英格兰和拉齐奥学到的。我很了解自己。当我在诺丁汉时，我会想着瑞典队，反之亦然。我知道作为国家队教练需要做什么——无休止的旅行。我不能两方面都百分百尽力，只能选择一边。

我向拉格瑞勒表示了抱歉，我不得不拒绝瑞典队的工作，我不能离开诺茨郡。我们也同意不把谈话的内容告诉媒体。几周后，埃里克·哈姆伦成为了瑞典队的主教练。出于某些原因，拉格瑞勒和媒体说从未提出让我担任瑞典队主教练，我知道这是假的。他曾邀请了我，但我决意待在诺茨郡。后来的事情证明这是个大错误。

• • •

一天，内森来到办公室说，我持股的那家和蒙托金融有关的瑞士控股公司正在和朝鲜谈一笔大生意，是有关矿产资源的。内森和拉塞尔要去朝鲜和当地政府磋商。

"我希望你也和我们一起去。"内森说。

我很奇怪，我和他们在朝鲜的生意有什么关系呢？内森解释说我的名字能帮助他们拉近关系。此外，朝鲜足球协会也需要建议，需要我去视察训练场地，和当地的足球人谈谈。

我很怀疑，我去了朝鲜究竟会发生什么，感觉不妙。他们能不能保证我的安全？外交不是我的强项，因此我咨询了安·泰勒，一位我熟识的政府安全政策专家。安是博尔顿的粉丝，他强烈反对我去任何靠近朝鲜的地方。但当我第二天将安的话转告给内森时，他告诉我说陪同他们一起去朝鲜是为了我和俱乐部的利益。

"俱乐部的未来就指望这笔生意了。"他说。

我觉得别无选择了，我也得到了瑞典外交部的保证。当我联系他们的时候，瑞典外交部告诉我去朝鲜没有问题，瑞典在朝鲜设有大使馆。我拿到了大使的名字和电话号码，接着我就打给了他。他表示非常欢迎我到朝鲜去，会和我共进午餐，于是我决定去看看。在我做了决定后，我就把这趟旅行往好处想。毕竟，不是很多人能去朝鲜的。

我、拉塞尔和内森在旅途中还有伴儿，出行的人中还有一位名叫汗的巴林王室成员，还有一位我之前见过却记不住名字的女士，她是蒙托金融的一位总监。我们中还有两位矿业专家，一位来自加拿大，另一位来自澳大利亚。我们全员在北京会合后出发去了平壤。

当我们抵达时，一个朝鲜代表团迎接了我们。莉莉介绍说她是我们的翻译，将会在接下来的 4 天里陪伴我们。我本期待着会直接从机场带我们去酒店，结果却被带到了一座金日成的巨大雕像前，每个人都要向前任"伟大领袖"鞠躬献花表示尊敬。接着我们才被带到了酒店，一座占地辽阔、建筑优雅的公馆。我记得比尔·克林顿就在这里住过。

食物和服务都无可挑剔，瑞典大使同我们 3 人在公馆里共进了午餐。气氛非常融洽，但我对此次朝鲜之行还是充满了疑虑。朝鲜人带我们去参观平壤外的一个养猪场，途中鲜少遇见其他车辆，人也很少，看起来这儿哪也不是。有些人骑着自行车，但绝大多数步行。我不知道他们走去哪里，没有看到任何房子。这里没有红绿灯，穿着紧身制服的女人们在指挥着交通。当我们驾着政府的车通过时，清洁工深深地向我们鞠躬，我正坐在一辆白色豪华加长轿车里。

朝鲜足协主席——至少我认为他是主席——陪着我看球赛、视察训练场地，朝鲜国家队的教练也陪着一起。他们对能打进 2010 年南非世界杯非常自豪，这是这个国家 44 年以来第一次进入世界杯决赛圈。朝鲜队的教练是 1966 年在世界杯上击败意大利的那支朝鲜队的一员，这场比赛也是足球史上最大的冷门之一。

第二天他们领着我去看了青年队的比赛，我坐在主席和教练旁边，莉莉坐在我的身后，她翻译道：主席告诉我他有自己的球队，有全国最好的球员。他会让球员们掌握如何最大化自身速度和力量的方法。

我们允诺以足球和物资的形式援助朝鲜，我以为就是给青年队几双鞋子而已。主席非常感激，他说他们会用另一种方式报答。他还请求我在世界杯上帮朝鲜队抽个好签。

"这话什么意思？"我问道。

他认为我认识 FIFA 的人，就能保证朝鲜队分到一个简单点儿的小组吗？

我简直不敢相信我的耳朵。这些人在想什么？我能给布拉特打电话让他帮我抽个好签吗？

"不可能，"我说，"这点你得搞明白。"

主席点了点头，但看起来完全不相信。他似乎认为我绝对有能力帮他们搞定世界杯抽签。

最后一天我们在政府的宫殿出席了一场盛大的会议，我确信我见到了朝鲜主席金正日。我们步入满是大理石和玻璃的宏伟大厅，我还发现了电视摄像机，这场会议会被直播。我不想出现在电视上，所以每时每刻都在躲避着镜头。

拉塞尔和女性代表团团员在这次来访中做了讲话。内森在公开场合前未发一言。在会议中，拉塞尔受到了国王一般的礼遇。我不知道到底在谈什么样的生意，但我知道数额肯定很巨大。在热烈的气氛中，拉塞尔将价值20亿美元的股权凭证交给了朝鲜人。当我们回到酒店时，正在播放交接仪式。我没有出现在画面里。

紧接着我们就去了机场，我们被领进了贵宾休息室，然后怪事就开始发生了。拉塞尔和内森的表现很奇怪，他们很焦急。当我问他们出了什么问题时，他们却无法给我一个直接的回答。可能是和中国向朝鲜输送石油有关。从我收集的信息来看，这应该是个礼物。输送的石油本应在我们还在时就到达，可现在很明显那些石油还没到。

本来我们登机的时间到了，可飞机来了又走了。莉莉说海关方面有点儿问题。贵宾休息室里非常闷热，我想出去呼吸呼吸新鲜空气，所以我径直从大门走出去想到机场里，却被一位穿着制服的女人拦了回来。她禁止我出去。我回到了休息室，一位安全人员跟着我，我才得以走出休息室。当我回来时，事情没有任何改观。内森在电话里拼命地说着，拉塞尔不断地冒冷汗。这时我们的行程已经拖延数个小时了。我问莉莉我们还能不能离开。

"嗯，你们会离开的。"莉莉微笑着说。

我不确定后来发生了什么，但有人似乎做了决定，我们可以离开了。拉塞尔飞似的逃离了椅子，我从未见过他行动如此迅速。我们飞往北京，从那儿又飞回了伦敦。拉塞尔和内森可能去了巴林，但是他们的机票还出了点儿问题。在我离开机场时，拉塞尔还在向柜台后的女人咆哮。这是我最后一次见他。

• • •

时至今日，我也不知道那些石油是否运到了朝鲜。拉塞尔和内森在离开朝鲜时不知所措的举动让我感到很奇怪，但是矿物交易看起来完成了。我亲眼见证了股权凭证交接到了朝鲜当局。这家公司还没有公开，也没有任何想要公开的迹象。俱乐部还在严峻的现金流问题中苦苦挣扎。

曼奇尼还想来诺茨郡，但我决定要三思。很明显，在瑞士控股公司走到台前以前，俱乐部无力支付曼奇尼的薪水。我也不想让曼奇尼放弃他从国际米兰领到的高薪，来诺茨郡这种地方受罪。我感到非常的内疚，我打给了曼奇尼，告诫他不要来诺茨郡。

我让哈塞担任新的主教练，他的薪水比曼奇尼低多了。我们在曼城和墨西哥一起工作的日子非常愉快。哈塞是个好教练，富有激情和活力。在2009年10月26日，官方宣布了哈塞成为我们的新任教练。

我对这个宏伟蓝图依旧抱有幻想，但财务状况远比任何人想象得都要糟糕，俱乐部无力付账。更糟糕的是，连球员的薪水都付不起了。如果球员们拿不到薪水，俱乐部的麻烦就大了。我不知道的是，10月份球员的薪水是彼得自掏腰包出的。直到11月他又从自己的口袋拿钱，我才发现了这件事。

我们再也没见过拉塞尔和内森。有一天我接到了一通来自宝马方程式车队的一位总监的电话。他自我介绍说我们素不相识，但只是想警告我拉塞尔·金这个人。拉塞尔曾想协商买下宝马车队，但他在财务和投资方面造了假导致交易告吹。我在FIFA的朋友赫加蒂帮我在瑞士调查了瑞士控股公司。结果显示这家公司就是个骗子公司。

2009年11月8日，《太阳报》发表了一篇关于拉塞尔·金和内森·威利特的文章。标题写着:《诺茨郡俱乐部的重要人物曾经是骗子》。多年以前，拉塞尔因为谎称价值60万英镑的跑车被窃诈骗保险而被判入狱。《太阳报》还指出，他们俩一起干过许多不光彩的勾当。这都是彼得主席和他俩一起在诺茨郡工作之前的事。这些交易都被闹上了法庭。这些也不由得让人怀疑围绕俱乐部的混乱事件中，彼得到底站在哪一方。

我确信彼得没有隐瞒。拉塞尔和内森欺骗了他，正如欺骗了我一样。我和彼得的财务状况是一样的，他也会持有瑞士控股的股份，他也没有从俱乐部里贪污一分钱——恰恰相反，彼得自掏腰包垫付了球员的薪水。而且他还认为拉塞尔和内森从他个人户头上偷去了50万英镑。12月，德里克·帕维斯介入了，帮彼得垫付了该月球员的薪水。

财务方面状况不佳，球队表现也不尽如人意。哈塞可能也发现了我们所处的困境，在这样的环境下选择了放弃。12月15日，他离开俱乐部去纽约工作了。但对我来说不一样，在道德上我有责任去拯救俱乐部。我不能让球迷和球员失望，这是我的伟业。我们起用了戴夫·凯文当主教练。在哈塞离开的几天前，彼得用1英镑买下了这家俱乐部。他的计划是为诺茨郡找到新东家。

我之前从未追逐过资本。在伦敦，我们一次又一次会见了潜在的买家们。有些人很认真，但有些就是在开玩笑。彼得主要负责谈，他提出了有关俱乐部的长期和短期计划。我说的不多，对生意方面我并不擅长。但我现身支持彼得非常重要。现在我们已经坦然面对了拉塞尔和内森欺骗了俱乐部的事实。有些潜在的买家想要进一步了解，但彼得很谨慎，他不想把俱乐部随随便便就卖给什么人去打理。

临近新年，我和一位挪威商人伊达尔·沃尔维克的经纪人有了联络，他帮我跟沃尔维克搭上了关系。我请他接受诺茨郡。沃尔维克邀请我和彼得去奥斯陆详谈。他在电信行业赚了大钱，一度是整个挪威最富有的人。但他因为做了错误的投资损失了全部财富。现如今他正重整旗鼓开了间新的电信公司。他对诺茨郡很有兴趣，但要考虑一下。

去过奥斯陆后，沃尔维克带我们去了他在西班牙的度假别墅。俱乐部的总裁加里·唐森和我同行。旅途很愉快，但沃尔维克还是决定放弃交易。他说如果我5年前来他就会买下这家俱乐部，但现在他付不起。

在2010年1月，我们差不多找到了一个不仅仅想要买下俱乐部，而且想要投资俱乐部的买家。他叫苏希·古曼,在诺丁汉拥有一家保安公司。他整合了一个财团,愿意出十位数来打造诺茨郡。但出于某些原因,彼得反对这桩交易,最终也付诸东流了。

另外一组想要购买俱乐部的买家是由当地商人雷·特鲁率领的。特鲁和他的同事在交易时一直藏在幕后。我们知道他们没有足够的资源把诺茨郡打造成一支有竞争力的球队,但彼得最终还是发现我们没有更好的选择了。如果迟迟没有找到想要接手的人,球队就会变得一文不值,而且管理也会出大问题。2010 年 2 月 11 日,彼得以 1 英镑的价钱把俱乐部卖给了雷·特鲁。

作为交易的一部分,我和彼得也同意终止自己的合同。我们不会发表声明公布俱乐部到底欠了我们多大一笔钱。特鲁对此很感激。根据交易条款,我会获得俱乐部未来 5% 的股份。在这场交易中,我不指望赚取利益。俱乐部还负债 700 万英镑,不得不卖掉包括小舒梅切尔在内的最好的球员。在我们离开后,球队战绩很好。诺茨郡以 10 分优势领先伯恩茅斯赢得了乙级联赛,升入甲级联赛。

1 年后,BBC 的全景节目对诺茨郡的事情做了一个纪录片。我参与了片子的拍摄,这部片子信息量非常大,揭露了诺茨郡交易中很多我都不知道的内幕。还有其他事,就是神秘的汗,他和我们一起去的朝鲜,当时别人介绍说他是巴林王室成员,实际上他是拉塞尔在英国的商业机构的一员,涉嫌巨额盗窃。

记者采访了巴林王室的代表,他说拉塞尔和汗与巴林王室没有任何关系,但我还是不相信。在纪录片中,证实了拉塞尔·金在诈骗事发后曾在巴林安逸地生活了很久,内森背后也有巴林王室的支持。在《太阳报》的文章刊登后,巴林王室迅速撇清了与拉塞尔、内森二人的联系。不仅是俱乐部的工作人员,还有很多人也被他们欺骗了。

或许我还是不能接受眼前的事实。真相是我被骗了,付出了巨大的代价。但我依然相信拉塞尔和内森对俱乐部的愿景。他们为什么要卷进诺茨郡俱乐部里来呢?买下俱乐部无利可图。时至今日,我还把诺茨郡当作梦中的一个宏伟蓝图，如果一切成真，我可能如今还在这家俱乐部。

●　●　●

几个月以来，我试图挽救俱乐部的财务情况，却放任了我自己的财务一落千丈。在 2009 年夏天，我雇了德勤会计师事务所来帮我调查萨米尔·汗到底用我的钱做了什么。调查结果震惊了我。

在我不知情的情况下，萨米尔在世界各地投资了数百万美元。他还在巴巴多斯购买了一座房子，使用布霍克福斯的抵押贷款，很显然，就在鲁尼的房子边上。他还创办了《Icon》杂志，我是主要投资人。他还用我的钱豪华装修了他的房子，还在伦敦的办公室里购买了昂贵的画作。我没去过他的办公室，不过据说是整个伦敦陈设最豪华的办公室之一。会计估计萨米尔至少挪用了我 1000 万英镑的财产，也就意味着我剩不下什么了。

在德勤的推荐下，我雇了一个律师团队采取法律手段制裁萨米尔·汗。他在伦敦城市银行的保险不会承担任何损失，因为他的行为已经构成了犯罪。在 2010 年 5 月，法庭正式受理了这桩案件。

第 19 章　非洲

约翰总是被非洲吸引，他和非洲人民有着特殊的联系。我不太确定这种联系从何而来。当他年幼的时候，他让我们领养一个非洲男孩儿。他想要一个同龄的兄弟我可以理解，但为何是非洲人我不得而知。我们没有领养那个孩子。但当约翰长大后，他用自己的方式去了非洲，参与到了非洲足球中。

毫无意外地，约翰很受妈妈的宠爱。是我离开了安琪，离开了家庭。当他还小时，可能会对我生气。作为知名足球教练的儿子绝非易事。约翰从高中毕业后，去了美国学习体育心理学，在那个国家住了 6 年。我们每年的圣诞节假期和暑假在瑞典相聚。当约翰回到欧洲后，他在挪威住了几年，和专业高尔夫球手们一起工作，但不是时时都能找到客户。他会回归足球可能是宿命吧。我可以帮他打通关系，尽管约翰总想自立自强。这也是他想去非洲的原因吧。

在 2006 年年末，他搬到了尼日利亚，去给一家俱乐部当助理教练。主教练罗杰·帕尔姆格伦曾去桑普多利亚拜访过我，所以约翰认识他。罗杰曾在塞拉利昂和卢旺达国家队担任教练。当罗杰和约翰在尼日利亚生活了 4 个多月时，我接到了一通来自瑞典大使馆的电话。他们收到警告说约翰可能会有被绑架的危险。罗杰和约翰立刻离开了尼日利亚。

与此同时，我受瑞典商人、慈善家丹·奥洛夫松的邀请前往南非，丹在泰达的球队中拥有一个五星级的包厢，球场位于德班以北几小时车程的地方。丹和瑞典马尔默俱乐部有联系，我们聊了很多足球的话题。我建议他应该在泰达开办足球学校，他马上采纳了这个建议。我跟他说约翰和罗杰可以管理学校，和丹的儿子一起，也叫约翰，他那时和我们一起在南非。

事情的发展真的很快，约翰和罗杰得到了这份工作，启程去南非参加了这个项目。丹买下了约翰在内斯堡城外的一家足球俱乐部，想把它迁到德班和学院放在一起，这样罗杰和约翰就能执教球队了。但问题出在卖给丹球队的人不愿意转交所有的球员。在第一场对阵南非最大的俱乐部凯撒酋长的比赛中，他们艰难地凑齐了首发阵容，连热身的足球都没有，但他们仅仅以1：2惜败了。

时来运转，约翰·格伦莫出任了俱乐部的总监。他和我儿子成为了至交好友。俱乐部和祖鲁国王达成了协议，改名为泰达祖鲁皇家足球队。历经千辛万苦，他们成功地在南非顶级联赛中保级了。

学院相安无事，但约翰和罗杰还是很失望，因为球队很难吸引到球迷。第二个赛季依旧艰难。丹发现运营俱乐部比想象中更难，有一天他打算抽身了。新买家接手了俱乐部，罗杰和约翰买断了合同，离开了俱乐部。

约翰和未婚妻阿马纳搬到了伦敦。我们曾讨论过将约翰带进诺茨郡的管理层，但没有成功。紧接着约翰作为经纪人助理和皮尼·萨哈维工作，但他心心念念的还是回到非洲。约翰去象牙海岸和当地的合伙人合作开办了一家足球学校，还被邀请去执教一支球队。

阿马纳对于搬到象牙海岸感到很焦虑，毕竟科特迪瓦前几年还饱受内战的战火洗礼。她没有要求约翰不要接受那份工作，而是换了一种方式，她问约翰能否在带队出征客场时不带上自己。约翰心里有了答案，所以他回绝了执教球队的邀请。我不确定在同样的情况下我会怎么做。

● ● ●

2010年夏天，世界杯第一次在非洲举办，准确地说是在南非。我还对没能将墨西哥带进世界杯耿耿于怀。这是1998年以来我第一次缺席世界杯。这时我也和诺茨郡完全脱了干系。阿索尔给我带来了一个新的工作——尼日利亚国家队的教练。尼日利亚队是5支入围世界杯决赛圈的非洲球队之一。

或许我和世界杯还能再续前缘？

我对非洲足球非常好奇。当我第一次看到 1994 年世界杯上尼日利亚差点儿淘汰意大利时，我被震惊了。两年后，尼日利亚问鼎了奥运会。在过去的 10 到 15 年，非洲球员漂洋过海来到欧洲，大部分人在欧洲的最高水平联赛里站稳了脚跟。在世界杯里，非洲球队从未成功迈过 1/4 决赛这道坎，是时候更进一步了吗？

也有很多问题阻碍了非洲足球的发展。草根阶层和精英阶层都不富裕，腐败丛生、缺少长期规划。在非洲杯上，尼日利亚输掉了半决赛后，尼日利亚足协解雇了主教练。这时距世界杯还有 4 个月，他们想要一个来自欧洲的教练。和其他非洲国家一样，尼日利亚不相信本土教练。

我飞到了尼日利亚首都阿布贾，会见了尼日利亚足协的官员们，商讨了有关成为国家队主教练的事宜。我知道他们也对埃及国家队的主教练有兴趣，但我以为这份工作唾手可得。我还是太乐观了。

我们在阿布贾的希尔顿酒店见面。在会议室里，有 10 个人坐在桌子后面，就像陪审团一样。我一进门他们就开始问些愚蠢的问题：我想要用什么阵容？为什么我是正确的人选？我怎样能带领尼日利亚赢得世界杯？这不是协商，是面试。我在足球界摸爬滚打这么多年，已经很久没被人面试过了，尤其是现在被一帮不懂足球的人问东问西。不过他们也调查过我的背景，都知道我曾在英格兰工作过。

在会面后，一位曾和阿索尔一起工作过的当地经纪人跟我解释说我的半数薪水会被汇到一个特殊的银行账户中。不难想象，如果我得到了这份工作，肯定有人会从这个特殊银行账户里分一杯羹。我绝不会答应。可以想象，他们最终连带合同的邀约都没给我。事后不久，前瑞典主教练拉格贝克接任了尼日利亚的主帅。后来我见到拉格贝克的时候，问他有没有被尼日利亚足协面试过，他果然给了我肯定的回答。

· · ·

　　我以为我错过了能搭上世界杯末班车的唯一机会，但当我回到伦敦后，阿索尔又带着一份新的工作来找我了，又是非洲球队——科特迪瓦的主教练。科特迪瓦在非洲杯 1/4 决赛被淘汰后也解雇了他们的主教练。科特迪瓦是非洲最强的队伍，他们轻松杀入世界杯决赛，还有迪迪埃尔·德罗巴和图雷兄弟这样的巨星。我对这份工作非常有兴趣。

　　科特迪瓦国家队在女王公园巡游者体育场进行友谊赛时，我和他们的足协主席、副主席见了面。他们比尼日利亚人直爽多了，我觉得这才是在和足球人打交道。约翰在阿比让足校的合伙人也帮我说了好话。友谊赛后的第二天，我们在伦敦见了面，签订了执教到世界杯后的合约，月薪 10 万欧元，如果成绩好的话还有奖金。

· · ·

　　我知道会很艰苦——科特迪瓦队被抽入了死亡之组。我们将和五星巴西、2006 年世界杯四强葡萄牙和朝鲜进行比赛。很明显，朝鲜人想在抽签上作弊的事付诸东流了。

　　科特迪瓦人对于球队的期望值非常高，我很快发觉足球对于这个国家的人就是全部。2006 年科特迪瓦第一次入围世界杯决赛圈，在之前一年，北部的穆斯林和南部的基督徒的内战已经把国家一分为二了。因为国家队在踢世界杯预选赛，双方甚至协定停战。这件事的真实性我不得而知。战争已经结束，但南北方还有着不少冲突。但令人惊奇的是，在足球上这个国家空前团结。

　　杯赛开始前只剩下两个月的时间，这么短的时间内我怎样才能组建一支球队呢？首先，我得尽可能多地考察球员，为此我需要帮助。自然而然，我把托德带到了我的新教练组里，但我同样需要一个能说科特迪瓦官方语言法语的助理教练。我记得是托德推荐的本尼·伦纳特森。本尼在瑞典执教过很久，但现在他住在巴黎，说着一口流利的法语。他会考察在法国的球员，同时托德会留意德国和瑞士。我会考察在英格兰的科特迪瓦球员。足协为我在伦敦租了间公寓。南希还住在我的旧公寓里，所以我还不能回去。尽管根据协定她一年前就该搬走了。

我第一站去了切尔西，那里有着锋线王牌德罗巴。我在英格兰和曼城执教的经历让我对德罗巴了如指掌。我觉得他为我向科特迪瓦足协说了不少好话。他这样的超级巨星在主教练人选上还是很有话语权的。德罗巴作为球员处于鼎盛期。这赛季他表现抢眼，夺得了英超金靴。他共为国家队出场 69 次，打进 44 球。

安切洛蒂执教着切尔西，我和德罗巴在安切洛蒂的办公室里见了面，聊了世界杯的准备工作。我跟他说计划在杯赛前到瑞士进行训练，他觉得是个好主意。我还向他寻求了球员名单方面的建议，我给他看了一个足协帮我归纳的 30 人名单。德罗巴的工作不是挑选阵容，但我为什么不寻求他的建议呢？他熟悉每一个位置上的有力竞争者。

我们就球队的事情简要地聊了聊，我解释了我想要的战术。德罗巴说尽管科特迪瓦是非洲最好的球队，但经常会在比赛中犯一两个致命错误。这就导致了诸如埃及这样的弱队都能在非洲杯上战胜我们。德罗巴说，如果我们能避免犯错，就能在世界杯上走得更远。

接下来的一个月我像疯了一样飞到各地看比赛考察球员。托德和本尼也差不多。我去西班牙考察一名球员的时候，还要让托尼在葡萄牙帮我留意另一名球员。这让我想起了我在曼城寻找新鲜血液的日子，虽然很繁忙，但我很喜欢这种充实的感觉。

我把约翰也拉过来帮我们。他对非洲足球可是一点儿也不陌生，还有语言天赋，已经会说法语了。就像我一样，约翰目标明确、专心致志。这种性格很重要。约翰和托尼一道协助我们分析对手、提供情报。我相信约翰能干得不错，如果我不认为他是最佳人选的话我也不会把任务交给他，一切看起来都井井有条。

· · ·

我们在瑞士的阿尔卑斯山麓开始训练。5 月 24 日我们到达后，我才第一次见到 23 人大名单中的大部分人。球员们分别在 12 个联赛效力，只有两人来自国内联赛，而且他们都是替补门将。

在我之前的两届世界杯期间，我都和英格兰队同吃同住。和科特迪瓦队球员住在一起真是一种特殊的体验。英格兰球员安静严肃，科特迪瓦人却喧嚣热闹。他们坐着聊天时，有事没事都能笑作一团，也经常会忽然就开始唱歌跳舞。在长长的饭桌上，球员们距离太远，他们就互相喊话。阿森纳队的埃布埃经常讲笑话，逗得大家哈哈大笑，可我却完全找不到笑点。有一次我实在是不好意思，向酒店经理连连抱歉，说噪声太大。但他只是笑了笑，拒绝了我的道歉。"不，不，最近 20 年来我们从来没享受过这么好的时光。"他说。

连热身都是一道风景。最开始我让理疗师带着他们热身几分钟，但后来球员们就成了主角。埃布埃会带着球队热身，球员们和着歌声跳起了精心安排的舞蹈。真是纯粹的艺术。啪—啪—啪—砰！没人失掉节奏。他们可能在学校就开始这么跳了，对舞步烂熟于心。

训练课上也很快乐。球员们非常专业，谦和有礼，乐于接纳新鲜观点。有一次不知发生了什么，气氛立即发生了改变。有些人说了些什么话，混乱就蔓延开来。我不明白发生了什么，不得不两次中断了训练。我试着找到原因，却发现只是件小事。但是不是还有深层次的原因呢？是宗教原因吗？还是不同的文化差异？我没找到答案。但这影响不了这支球队，在回去的大巴上，球员们载歌载舞恍若从未发生过什么一样。

科特迪瓦人的逻辑和英格兰人迥然不同。5 月 30 日，在法国的依云小镇我们和巴拉圭队进行了一场友谊赛。我们的更衣室相对要小一些，30 名球员很快挤满了更衣室，他们又唱又跳。不仅仅是球员们涌入了更衣室，还有足协人员，以及一些我从未见过的西装革履的家伙。我数了一下，更衣室里起码有 50 个人。

然而，装备管理员独独没有出现，球员们没有装备换。我当时在想足协副主席索里·迪亚巴特这家伙到底死哪去了。索里跟我保证他马上就到。最终，他来了，把带着的两大包装备扔到了更衣室中间。球员们立刻一哄而上找自己的衣服。号码的喊声和球衣短裤在更衣室上空飞来飞去，我从来没见过这样的场景。看起来他们就像是一支五级联赛的球队，而不是一支即将参加世界杯的国家队。本尼和托德绝望地看着我。我告诉他们出去喝杯茶吧，本尼很困惑——我们在开球前 45 分钟、现场乱作一团的情况下去喝茶？是的，我说，今天这种情况不是我们处理得了的。

当我来到球场时，我看到埃布埃只穿着袜子走来走去。他找不到球鞋了，所以不能上场比赛。第二天，我问球员他们怎么能如此无组织无纪律。他们在俱乐部可不是这样吧。

"当然不，"他们回答道，"但这是非洲。"

第二天我官方召集了足协官员和同我们一起去参加比赛的人，明确跟他们讲了赛前谁能出现在更衣室里，以及谁不能。如果你不是球队的一员，就得在外面等着。我还告诉装备管理员他需要准时到，并且要在球员到达之前就把装备摆好。这项工作并不复杂，也再未出过问题。第二场赛前球员们到达时，所有的球衣都整齐地摆放着。

我还有一个远比更衣室问题更麻烦的艰巨任务，那就是不得不从名单中淘汰 7 名球员。无论是英格兰球员还是科特迪瓦球员，所有人都梦想着在世界杯上代表国家出战。我不得不击碎这几名球员的梦想。只有一周来衡量这些球员，无疑让决定更加难做。做正确的选择很重要。我和 7 名球员私下见了面，向他们解释了处境，谢谢他们的付出。有一位球员，西布朗维奇的后卫梅特尤为不舍。他已经在国家队里踢了 7 年。

现在我终于有了我的最终阵容，没有伤兵。在启程去南非之前只有一场对日本的热身赛。

• • •

我认识德罗巴之前，对他的印象还停留在想象中。他看起来是个难缠的家伙，但是后来我发现我错了。德罗巴是一位巨星，但他是我所见过的最令人敬畏的人。听到越多他在科特迪瓦帮助他人的消息，我对他就越发敬佩。他一掷千金在祖国修建医院、资助慈善工程。在科特迪瓦，他被视为国家的救星。

他是队长，也是责无旁贷的领袖。德罗巴总是讲世界杯对科特迪瓦人民是多么的重要，对于他本人也是如此。他已经 32 岁了，深知这是最后一次在世界杯的舞台上表演的机会。

与日本队的比赛是在 6 月 4 日，在瑞士的锡永。正好是世界杯开幕的一周前，我们第一场比赛的 11 天前。我挑选了我们最强的阵容，德罗巴突前。比赛早些时候，他就用一脚任意球带来了领先，紧接着他就和一名日本后卫发生了碰撞。看起来无关紧要，但我们瞬间就觉得大事不妙，因为德罗巴撕心裂肺地抓着他的胳膊喊叫着。

我带着这支队伍里的瑞典医生马茨跑过去检查，德罗巴伤势非常严重，不得不下场休息。结果表明，他的胳膊骨折了。德罗巴自己的医生也到了瑞士。他和马茨确认了是手肘附近的骨头骨折了。在一个瑞士骨伤专家的操持下，他们一起在第二天给德罗巴做了手术。他们应该是把夹板植入到他的手臂中，接着放进了一个保护层。他在世界杯前——甚至世界杯期间——都没办法康复。德罗巴能否参加世界杯被打上了大大的问号。

德罗巴自己坚定不移——他要比赛。还有一个问题就是德罗巴的俱乐部切尔西。切尔西方面不想让他冒着进一步受伤或造成永久损伤的风险继续比赛。这涉及很多的经济利益。切尔西的医生告诉马茨，德罗巴无法比赛了，这和 2006 年鲁尼的情况非常类似。马茨向雷夫·施瓦德寻求建议。在鲁尼的事件后，雷夫确立了他在运动伤病方面的权威，大牌运动员的伤病保险问题都要请教他。雷夫警告马茨说如果让德罗巴贸然上场风险极大。一旦德罗巴再受伤，马茨就要被起诉、索取巨额赔偿，这是他不能承担的风险。德罗巴自己解决了问题，他直接和切尔西说他要上场，一旦有问题自己全权负责。他的手臂断掉与否不是问题，德罗巴说，他要参加世界杯。一切不可改变。当我们飞往南非时，德罗巴是第一个登机的。

● ● ●

我们在杯赛期间的酒店距约翰内斯堡有一个小时车程。也还不错，虽然不能和英格兰队在出征期间的住宿条件相媲美。然而就像英格兰队一样，妻子和女友们住在不远处的另一家酒店。亚尼塞斯和阿尔西德斯住在那里，丽娜也在。

有一天我打算去见见她们。本来打算乘出租车，但发现根本不可能。没有保安的陪同，谁也不能离开酒店。我要了一个司机和一辆车。我不太确定这辆车是南非足协的还是南非政府的。南非当局对这届杯赛的安保尤为重视，他们不想再上演上届安哥拉非洲杯那样的悲剧。多哥队的大巴被武装分子袭击，3 人在袭击中丧生。也正因为如此，我们有些球员想要外出购物也变成了奢望，他们仅仅去了一次。

作为非洲球队，南非人热情地欢迎了我们。对于球员们，他们能理解在非洲参加一届世界杯是多么特殊。一开始我认为我们能走得很远，但后来就充满了未知。德罗巴的伤势让我们变得思前想后。训练很顺利，但媒体的所有问题都集中在德罗巴和他的手臂上。他的伤情所引起的关注度，更甚于 8 年前众人对贝克汉姆和鲁尼的伤病的热议程度。最后，确定了德罗巴不能参加第一场比赛，至少不是首发。

这是个非常大的损失。第一场我们就要面对棘手的对手葡萄牙，德罗巴还将缺阵。如果我们输掉了第一场比赛，就很难从小组赛晋级了。这就意味着我们在第二场比赛中要战胜巴西队。第一场比赛在南非东南海岸的伊丽莎白港举行。本尼·伦纳特森在赛前非常消极，"我们肯定不行。"他说。但这是本尼的看法，他来自厄勒布鲁城外的菲于耶斯塔，他说："那里的人们都很消极。"

我排出了3个前锋的进攻阵容——卡卢、热尔维尼奥和丁达内。我们不仅不想输球，而且想争胜。如果在最后20分钟需要进球的话，我还有德罗巴可以派上场。热身后，球员们回到了更衣室。我们在更衣室里肩并着肩，听着德罗巴念诵天主教祷词，紧接着科洛·图雷也用穆斯林传统祈祷了一番。

理所当然，葡萄牙最大的威胁点就是C罗。比赛的前几分钟，他就击中了立柱。但之后的比赛中，双方都没有觅得破门良机。我虽然采用的是进攻阵容，球员们却小心翼翼，这是典型的杯赛第一场的心态。下半场中段，我换上了德罗巴。观众沸腾着表示支持。但就算是德罗巴也不能改变比赛，最终以0∶0握手言和。

"双方都不想输球。"赛后我告诉媒体。

事实上战平我们的损失更大。巴西队不出意外地击败了朝鲜，但比分仅仅是2∶1。我派托尼和约翰去看了他们的比赛。我们面对他们至少需要一场平局，否则的话巴西和葡萄牙就会在最后一场比赛中知道该怎么踢才能双双超越我们一起晋级。

我看过一场巴西队的热身友谊赛，他们不如2002年那般强大。但在我昔日佛罗伦萨球员邓加的带领下，他们轻松地通过了南美区预选赛，还赢得了去年的联合会杯。他们当然是夺冠热门，但我们的德罗巴回归了。

索韦托的足球城球场容纳了8.5万名观众。德罗巴首发居中，卡卢和丁达内在两翼，德罗巴的身后是亚亚·图雷和埃布埃。我们知道巴西会占据绝对的控球权，但我们也知道反击是他们的弱点。

但比赛没有按照我们写好的剧本去演。在上半场中段，路易斯·法比亚诺利用我方的一次防守失误为巴西首开纪录，这正是德罗巴之前警告过的。半场之前，法比亚诺梅开二度，尽管在他进球之前有手球的嫌疑。我们渐渐支持不住巴西队的强大压力了，他们完全掌控了比赛。接着埃拉诺用第三个进球锁定了胜局。德罗巴虽然打进一球但已无力回天。

赛后，我拒绝接受这一切。我们仍有机会晋级，但需要朝鲜队的帮助。他们在和巴西队的比赛中表现不俗，是否在和葡萄牙队的比赛中也会这样呢？他们能不能在比赛中取得 1 分？在最后对阵朝鲜的比赛中我们获得胜利就会晋级了。

我们在酒店房间里用电视观看了这场比赛。开场时正如我所料，朝鲜队的攻势就像面对巴西时一样凶猛。但葡萄牙人反击进球了。我们接着就出门训练了。在大巴上我们听着葡萄牙队接二连三地进球，当我们到达训练场时，葡萄牙已经 5 ：0 领先，最后比分是 7 ：0。

我们想要晋级变成了不可能完成的任务。巴西需要击败葡萄牙，我们还得在与朝鲜队的比赛中尽可能多地进球来保证净胜球数多于他们。我在球队面前试图保持冷静，让球员们专心比赛，不要急于进球。事实上我根本不相信我们能做到，其他人也不相信，球员们也不信。我们 3 ：0 击败了朝鲜，但葡萄牙和巴西战平，我们出局了。

● ● ●

我和球队一起飞回科特迪瓦，亚尼塞斯和阿尔西德斯与我们同行。回到阿比让后会受到什么样的待遇我不得而知，人们可能会和球员们一样对出局感到失望。几年前在战时，球队丢掉非洲杯后，球员们回到科特迪瓦就被政府软禁了起来。是真是假我不确定，但的确很让人担心。

我还是多虑了，在机场我们受到了热烈的欢迎。数以百计的人们感谢我们的努力。第二天，总统和其他政府高官出席了为我们举行的宴会。这很奇怪，我们被当成了英雄。虽然我们没能达成既定的目标——晋级淘汰赛——但我们的努力不被看成是失败。德罗巴用法语做了演讲，我听不懂。他和我说想让我继续出任科特迪瓦的主教练。图雷兄弟也想让我留下。足协给我提供了一份新合同，我非常想接受，但薪水实在是低得可怜，我还是拒绝了。

第二天我们乘船去一座岛上吃午餐，主人是一位足协官员的法国朋友。岛上建满了美丽的房子。我们在一座奢华的花园里吃了午饭。一起看德国以4：1的比分羞辱了英格兰。我真替英格兰球员感到难过，但也有一些奇怪的满足感。法比奥·卡佩罗这时应该发现当英格兰主帅是有多么不容易了。

墨西哥也没能晋级8强。当天稍晚些时候，墨西哥在第二轮比赛中1：3输给了阿根廷。把布兰科带回到了队中的阿吉雷，因为世界杯期间阵容选择不当招致了严重的批评。在墨西哥被淘汰的3天后，他辞职了。

第 20 章　我的头号粉丝——妈妈

2010 年夏天，我的母亲开始生病，她的胃有些不好。9 月初，她去图什比医院检查身体，发现胆囊有些增生。当时医生允许她回到家中。一周后，实在是疼痛难耐，她又回到了医院。这次医生说她的胆囊已经感染了。几天后它被摘除了。胆囊贮存胆汁，但没有它对人体并不能构成威胁。手术听起来不大，最开始几天我母亲感觉好些了，但几天后痛感又一次袭来。她被送到了乌普萨拉的医院，正在这时我收到了回英格兰的邀请。

皮尼和帕罗问我能否在伦敦见面。他们说这次是一份在印度尼西亚的工作。我和他们说可以，但见面之后，他们说的却是一份英格兰的工作，准确地说是莱斯特城。我不明白为什么他们不在电话里说清楚，可能他们觉得我不会考虑去莱斯特城工作吧。

莱斯特城在英超和英冠之间徘徊，现在他们正在英冠挣扎。在赛季初，莱斯特城起用了保罗·索萨，他曾在本菲卡作为教练组的一员为我工作。皮尼完成了这项交易。紧接着拥有泰国所有机场免税店的王权集团的老板维猜·拉克斯里科索恩，率领一个财团买下了这家俱乐部。掌舵的索萨在之后的比赛中仅仅赢了一场，他们在积分榜上垫底，索萨即将被辞退，谁会接替他呢？

我不确定会不会接手一支英冠垫底的球队，但我总想把事情往好的方向去想。泰国老板会大笔投资，让莱斯特城重新变成一家大球会。同时我也没有任何工作邀请。

10 月 1 日，索萨被炒。两天后，我被揭晓是新任教练。那天之后我和俱乐部去曼谷和泰国国家队进行了一场比赛，还为球队在泰国做了些公关宣传。但我还没和球队一起训练过呢。

曼谷机场贴满了王权的广告，维猜在泰国很有名也很有影响力。比赛前一天，我们在体育场进行了训练。曼谷的交通实在是太差了，我们花了两个小时才从酒店到达体育场。但维猜保证说比赛当天，这段路程只需要15分钟。我不信，但我还是决定相信新老板。最终的结果是，他错了，根本没用到15分钟就到了。所有的道路都被封闭了，路上一辆车都没有。

转会窗口当时已经关闭，我们没办法签下新球员。尽管我们球队的年龄结构很好，但锋线还是非常孱弱。当我得知达里乌斯·瓦塞尔跳出了合同正在寻找新东家时，我就把他带来了莱斯特城。在教练组方面，由托德出任首席球探，我在曼城的同事德里克成为了我的助手。我在英格兰执教时的左后卫克里斯·鲍威尔已经是一名教练组成员，他也会协助我，但主要负责青训工作。我留任了守门员教练迈克·斯托维尔。对于教练组的构成我很满意，对这项工作我也很喜欢。莱斯特城不是英超球队，所以应该不是特别困难。

新教练上任，球队进入了加速期，这很正常。我的一部分工作是向思想已经消极的球员脑中灌注胜利的信念。我希望他们能找回踢球的快乐。在训练中，我也总是尽可能多地鼓励和赞许球员。我们在第一场比赛中主场战平了胡尔城。3天后，我们客场击败了利兹联。球队走在了正确的道路上，6战4胜。

维猜在让我们如何取胜上有很多怪主意。像很多泰国人一样，他也是个佛教教徒。有一天在比赛前，他来敲我的房门。和他在一起的有他的儿子和5位黄袍僧人，他们想在赛前为我们祈福。和尚在我的书桌上写了什么东西，并在我的口袋里贴了一张纸。维猜相信我们能赢球，但我们没有，后来就再也没见到那些和尚了。

● ● ●

秋天到来，母亲的健康仍旧是个问题。她在医院间辗转，最终在卡尔斯塔德做了手术，结果显示她的腹腔中有很多胆汁。11月我有几天假期，和亚尼塞斯一起去卡尔斯塔德探望了她。我知道妈妈病得很重，但由于手术很成功，医生看起来也很乐观。虽然妈妈状态很差，但她的头脑很清楚。圣诞节前，她回到了图什比医院，但身体却每况愈下，有时还会有呼吸问题。最终，她决定不再做徒劳的治疗了。

圣诞节我有机会回家，9 天内我们踢了 4 场比赛。在节礼日大战中，我们主场 2：2 战平了利兹联。两天后输给了米尔沃尔，但在足总杯中击败了胡尔城和斯旺西。2011 年 1 月 9 日，我们主场迎战曼奇尼率领的大热门曼城，他们以 2：1 领先，但后来守门员乔·哈特犯了错让我们扳平了比分，比赛结果是 2：2，我们对此非常满意。9 天后，也就是 1 月 18 日，将在曼彻斯特重赛。和往常一样，球队会在曼彻斯特城市中心的拉迪森酒店住下，那里是我昔日的家。比赛日我弟弟拉斯打电话跟我说，妈妈病重了，我需要尽快赶回家。

"可能很快她就要走了，小斯文。"他说。

我和父亲以及阿斯特丽德姨妈谈了谈，决定第二天尽早乘飞机离开。

那晚当我走进曼彻斯特的体育场时，全场掌声雷动，这是曼城球迷为我昔日在曼城工作所给予的报答。我非常开心能听到这掌声，但我们没能带给曼城球迷另一个惊喜。曼城 4：2 击败了我们，在赛后接受 BBC 采访时我说，我对球员们今天的表现非常骄傲。

第二天我就飞回了家。我没能赶上直达奥斯陆的航班，所以从阿姆斯特丹转机。当我正在阿姆斯特丹走向机舱门时，拉斯打来电话，传来了噩耗。

"妈妈去世了。"他说。

后来拉斯说他当时正要开车到奥斯陆接我，父亲从医院打电话给他，让他立刻到医院去。我们的妈妈当时正在弥留之际。还没开多远，父亲又来了电话，告诉了拉斯母亲去世的消息。拉斯又转道回了奥斯陆接我，花了两个小时开到图什比直奔医院。我母亲还躺在病床上，工作人员在为她准备后事，她还是那么的美丽。父亲和阿斯特丽德姨妈都在，父亲在哭泣，我和拉斯也流了泪。

如果我在赛前知道母亲只剩下几个小时的生命，我肯定会在赛前赶回到母亲身边。没有人发现她离去世只有一步之遥。我父亲说她几周前就坚持不住了。她可能告诉过他不打算继续坚持了。我不知道我有没有听进父亲的话，但我不相信我的母亲在拥抱死神。

她的葬礼在一周后的 1 月 26 日举行。在那之前，我回到了英格兰。我们主场 4：2 战胜了米尔沃尔。葬礼规模不大，只有家人和一些亲近的朋友，我觉得母亲也是希望如此的。在葬礼上，我在致辞中表达了母亲总是有心去关心他人。如果英格兰天气变冷，她就会担心我有没有穿厚鞋子。我说她总是很体谅别人，就算我做了错事。之后，我和拉斯抬上了棺木，他哽咽得说不出话。我说："妈妈，现在我失去了我最有力的支柱。"

● ● ●

紧接着我和拉齐奥一起赢了意甲冠军。拉斯打电话给我，他说他想要把房子卖掉，带着妻子和 3 个孩子搬到葡萄牙去卖高尔夫旅行产品。我听到这个消息非常震惊。拉斯有两份工作，分别是消防员和当地体育机构的顾问，在图什比也有建好的房子。为什么他会放弃一切搬去葡萄牙呢？他能和那些大旅行社竞争吗？他不知道他一点儿葡萄牙语都不会说吗？但拉斯心意已决。他相信他的决定是正确的。

事实并非如此，几年后，他和家人搬回了瑞典。他在哈格福斯外买了房子，在一个离孙讷 25 英里外的乌德尔霍姆。那里前不着村后不着店，到底为什么他会在那定居而不想回到图什比呢？他说他厌倦了被当作小斯文的兄弟。

这么多年来，他一直活在我的阴影下，就算是我们小时候也是如此。对于母亲来说，我是特殊的那个，虽然她不想很明显地表现出来。当镇子上的人问她儿子怎么样时，她总是要问："哪一个？我有两个儿子。"但他们谈论的话题总是我。在消防站的日日夜夜里，拉斯的同事们总缠着他问我的事情。他们讨论着我的足球、女人和金钱。拉斯到我工作的地方来过，葡萄牙、意大利和英格兰。接着就回了图什比。我每天都和父母通电话，但是拉斯每天都能陪他们喝咖啡。如果有一天拉斯没出现，母亲就会觉得是出了什么事。但每半年，我这个"大人物"一出现，就会抢走母亲所有的注意力。

当母亲生病时，拉斯就成了家里的顶梁柱。他除了照顾母亲，更重要的是还要照顾父亲。他会陪父亲在医院里一坐就是数个小时。如果可以的话我也很想回家，但我还有足球事业。拉斯背负了太多的重担。

我们怀疑过量的药物毒害了母亲，不然她为何会在腹痛后 4 个月就去世？她没有罹患癌症，去世时头脑还很清醒。因为没有进行尸检，死亡原因也就不得而知。但我父亲不想去争辩了，他和我一样，不喜欢冲突。图什比医院的主席是我们家的一个老朋友。母亲已逝去了，父亲不想再和医院卷入任何争论中。

阿斯特丽德姨妈却不想草草了事。她是卡尔斯塔德医院的护士长，在母亲患病期间她一直在照顾母亲。她凭一己之力起草了一封给国家健康医疗委员会的投诉信。一年后，她收到了回音。调查显示母亲没有必要做摘除胆囊手术。之后，这个医生又犯了一系列错误。委员会的官员从图什比医院打电话给父亲，向他汇报了调查结果。他们说医院会妥善处理未来的事宜。

● ● ●

约翰总认为我喝了太多酒，他因此也很担心我。有一天，他想出了个绝妙的点子，我们俩要过一个无酒精的"斋月"。我不知道他是否能做到，但莱斯特城如果赢了球就可以喝一杯，这就更有趣了。我决定试试。

当时正值莱斯特城 5 连胜，在联赛排名第七，距英超季后赛的席位只有 1 分之差。我们完成了绝地大逆转，在我来之前球队还困在降级区。斋月初期我们 0：2 输给了卡迪夫城，所以没有酒喝。第二场比赛又主场战平了考文垂，赛后还是没酒喝。紧接着，我们又在客场输给了女王公园巡游者，主场输给了诺维奇，我一个月都没喝到酒。

有一天我在球队吃饭，忽然感觉不舒服。我需要去卫生间。我走了几步，却摔在了地上。我不知道为什么。几天后，我咨询了俱乐部的医生。他检查后说可能是和心脏相关的问题，给我介绍了一位心脏病专家。测试结果显示我的心律不齐，医生说没什么大问题，但也警告我说心脏可能会有早搏的情况。从那时起，我就开始服用稀释血液的药物了。

或许是因为我可以再喝红酒了，抑或是对手比较弱，我们在下一场比赛中客场战胜了有降级危险的斯坎索普联。"斋月"已过，既没帮我们赢球，我的健康又出了问题，约翰就再也没有提出尝试斋戒。

· · ·

在前一个月的糟糕战绩后，我们距离季后赛席位已有 5 分之差，只剩下 9 场比赛了。冬季转会窗口期间，我们从埃弗顿租借来了皮尼的一个客户，雅库布·阿耶格贝尼。雅库布一开始就大放异彩，在 4 月 2 日客场对阵米德尔斯堡的比赛中，尽管我们只收获了平局，但他的帽子戏法非常抢眼。我们主场战胜了伯恩利，但后面两场球都没能取胜。进军季后赛的最后机会也丢掉了。最终我们在积分榜上排名第十，诺丁汉森林拿到了最后一个季后赛入场券。

假期里我照常回到了瑞典。约翰也陪我一起，但丽娜需要工作，这个夏天不能回家了。在 2010 年世界杯后，她就开始在斯威士兰工作生活。我和约翰想，如果丽娜不能回家，我们可以去斯威士兰见她。我们通知她后几天就出发了。

斯威士兰是遭受艾滋病困扰最严重的几个国家之一。丽娜在一家小型慈善机构工作，主要工作是抚养婴儿、给孤儿提供学费和学具。她在大学时期结识的英国男朋友汤姆也在斯威士兰工作。我和约翰住在他们的家里，房子坐落在美丽的河畔旁。我们会做些锻炼，沿着河岸跑步，度过了一段悠闲的时光。看到丽娜总会让人心情愉悦，我也喜欢汤姆，虽然他不踢足球只玩橄榄球。

● ● ●

当《每日镜报》曝光乌尔丽卡的事时，乌尔丽卡认为是她奶奶爆料给媒体的。而我认为是乌尔丽卡自己爆的料，但我们都错了。2011 年 6 月，苏格兰场联络了我，他们想跟我谈一桩电话窃听的事件。

苏格兰场的两位警探和我在伦敦的梅菲尔酒店见了面，之前我对英国的电话窃听丑闻知之甚少。调查显示就是那家用假酋长愚弄我的《世界新闻》，非法窃听了名人的电话和语音信箱，并且读取了他们的短信。丑闻爆发导致这家报纸在 2011 年夏天倒闭了。但看起来不仅是他们一家报纸的记者会做电话窃听的勾当。证据显示《每日镜报》发表的文章中也有一部分是窃听来的结果。警探说我的一部手机就被《每日镜报》窃听了。

我非常震惊，这一切真相大白了。一直困扰我的疑团终于揭开了。不仅仅是我和乌尔丽卡的关系，我还很好奇他们是怎么拍到我在卡尔斯塔德的火车站去接马林的照片。我甚至怀疑是拉斯一直在向媒体爆我的料。很明显他没有，这一定是窃听我电话得来的消息。

我回想起和法利亚在纽约的会面。我以为是她爆料给媒体的。阿德里安·贝温顿建议我不要去，他说我在媒体中还有朋友。但不是法利亚提供的线索。我的手机或她的手机被窃听了，也有可能都被窃听了。我非常愤怒，也觉得自己很愚蠢，总把女人想得那么坏。

● ● ●

2011—2012 赛季前，莱斯特城的目标非常明确——获胜晋级到英超。为了达成这个目标，我们需要签约新球员。我的工作就是去甄别需要签约哪些球员，然后俱乐部会决定是否要买下他们。

有一次，BBC 邀请我去参加一个晚宴，贝克汉姆夫妇也在。贝克汉姆已经在洛杉矶踢了 4 年球，我半开玩笑地问他，是否愿意搬回英格兰到莱斯特城踢球。他说这听起来很有意思。贝克汉姆就是这样的人，从来不会拒绝我。但维多利亚像看疯子一样看着我。

"斯文，"他说，"你觉得在莱斯特城能见到我？"贝克汉姆笑着说："我们住在马德里时，她都觉得那里不够时尚。"

一个更现实的签约是卡斯帕·舒梅切尔。很多人对他有所批评，说他当门将太矮了，脾气也很暴躁。但我很喜欢卡斯帕，就买下了他。我们又买了一系列的球员。有利物浦的保罗·孔切斯基、普雷斯顿的肖恩·圣莱杰。维猜说希望我们在 10 场比赛后还能保持领先，我对此没太在意，我知道我们的目标是进军欧冠。如果没成功，我的位置就不保了。我们在赛季末还要保证在积分榜上保持领先，可不仅仅是 10 场比赛。

问题出在前锋线上。我非常希望留住表现亮眼的雅库布，但他的身价太高了。后来他在夏季转会窗口结束前去了英超的布莱克本。在这之前，我还想把雷丁的爱尔兰前锋肖恩·朗带到我们阵中，但他的身价同样昂贵。

在转会窗口关闭前几小时，我们已经不抱希望能买到好前锋了。但忽然一个名字出现了——杰梅因·贝克福德。他是一名前利兹联球员，去年在埃弗顿打进了 8 粒球。我联络了埃弗顿的主教练大卫·莫耶斯，询问他有关贝克福德的问题。我不太相信贝克福德就是我们需要的球员。谈话越深入，我就越绝望。最后我们别无他选，在转会窗口关闭前几小时买下了贝克福德。后来他是个替罪羊。

赛季初期极其不顺利，我们取得了开门红，但是输了后两场比赛。9 场比赛后，我们只赢了 3 场，位列联赛第十一位。维猜没有联系我，也没有来看最后一场比赛。这和他信在曼城时一模一样。维猜的儿子，叫托普的家伙，对媒体说想要晋级英超。我向他表达得够明确了，我想要专心工作，除了这样我还能做什么呢？我依旧乐观，和球员们关系很好，也有信心我们会重回积分榜前列。

我父亲和拉斯来看我。他们见证了我们主场 2 ：0 战胜了沃特福德。4 天后的 10 月 23 日，他俩还观看了我们主场迎战处于降级区的米尔沃尔的比赛。我们完全掌控了比赛节奏，但却抓不住机会破门，反而被他们在上半场打入 2 球，下半场又打入 1 球。我明白如果在主场 0 ：3 输给了一支联赛垫底的弱旅的话，这将是个大麻烦。可能在赛后我就应该下课了，但没有人告诉我这个坏消息，我觉得非常惊讶。第二天我还带了另一堂训练课，父亲和拉斯已经回了家。我和整支球队一起观看了比赛回放。看了他们的表现我非常生气，告诉队员如果我是球队老板，看他们踢成这个样子绝对会考虑炒了教练。

训练后，球队的体育总监通知我说维猜的儿子想要见我。我立刻明白了即将到来的风暴。托普非常友善礼貌。他说最近的赛况不是很好，维猜希望我们在 10 场后在积分榜取得领先，我也答应了可是没有做到。他也说到根据泰国的习惯，我要被解雇，我非常难以理解这种做法。有传言说他信对维猜雇用斯文 - 戈兰·埃里克森的做法非常不满。真假是非，我不知道。

我当足球教练 30 年，才第一次被下课。但自从卸任英格兰主帅以来，除了和科特迪瓦的短期合同，我没有保住任何一份工作。如今我被一支英冠球队炒了鱿鱼，在英格兰再找一份工作基本无望了。或许回到欧洲是个好选择，尤其是现在赛季刚刚开始两个月。现在我的名字已经不再是任何教练名单里的首选了，我应该到更广阔的天地里去。

第 21 章　亚洲猛虎

　　格伦·席勒是我在哥森堡任职时的队员，2011 年 12 月，在做球员经纪人的他给我介绍了一份在中国的工作。当时，一个叫山东鲁能的俱乐部在招一位教练。于是我去济南面见了俱乐部的老板。这件事情虽然没了下文，但它让我对中国作为一个足球国家有了新的认识。

　　我之前和桑普多利亚在 1994 年一起来过中国，和那时相比，中国发生了翻天覆地的变化，尤其是在经济上。但是在足球领域，中国依旧被那些欧洲过气球员和教练当成了捞金池。当然，我也曾经是那么想的。然而，中国足球和其他的亚洲国家一样，在过去的几年里取得了巨大的进步。中超联赛，作为中国最高级别的比赛，每年都有很大长进。中国已经不再是那个只能吸引退休人员的地方了。

　　帕罗是一个在亚洲足球上很有远见的人，他提出了一个和皮尼在曼谷进行商业合作的方案，建议我们可以做球员交易，也可以买一个中国的足球俱乐部。严彬博士是帕罗的一位朋友，也是一个中泰贸易的商业巨头，当时他想要买下一个俱乐部。我们都对这件事很感兴趣，于是开了一间叫帝国体育的公司。帕罗、皮尼和我，以及我们三个人的三个儿子成了公司的主要成员，记得当时我还出任了主席。

　　我们乘着严彬的私人飞机在中国寻找合适的俱乐部。严彬会在飞机上抽烟斗，他的助手在他的座位旁，随时等着帮他加烟叶。我很喜欢严彬，虽然他英文不是很好，也不是足球爱好者，但我想他应该也是欣赏我的，帕罗让他对足球有了点儿兴趣，但他最大的爱好还是歌剧。有一次他带我们去他在北京开的一家剧院，还请我们在那里吃了顿非常奢华的晚餐。

　　我们就这样来回地在中国的上空穿梭，在各种我没听说过的有着几百万人口的城市寻找着球队。我们计划买一支甲级或乙级的球队，并把它搬到云南最大的城市昆明。这样做肯定比重新建一个俱乐部要好得多，不然我们就必须从最低等级的联赛踢起。

在昆明，我们享受了国王一样的待遇。严彬和当地政府的领导达成了共识，所有人都很期待我们能把一支球队带到昆明。我们的想法是我先做这个俱乐部的体育总监，然后如果我愿意的话再接手主教练。那样的话，我的人生会进入一个新的篇章。

2012 年夏初我在瑞典时，库茨银行的伊安·图恩兰给我打电话说我已经濒临破产了，他不会再负责我的资产管理了。我和银行间的所有事务会移交给一个我从来没见过，甚至从来没有听说过的女人那里。

当时的问题不仅是没了钱那么简单，我还欠了巨额的税。我曾经投资了几部电影，通过这种投资可以少交一些税，这种情况在英国很常见。而且这种行为完全合法，所以很多足球教练和球员都会做类似的投资。

据我所知，我投资了两部电影，但实际上我投资了五部。当局开始盯紧这些项目时发现，包括我投资的项目在内的一些项目触犯了相关的规定。其实我对这些项目一无所知，但是一夜之间我就因为我的投资欠了超过 100 万英镑的税。

于是我必须开始大幅度削减开支，但首先我要确定从哪里开始下手。拉斯帮我发现了很多账目上的问题。我一直在花钱给一位前女友租车，不过这比起其他我根本不知道的每个月开支来说不值一提。拉斯估计我每个月有 3 万英镑的固定开支，这对我这个没有工作的人来说完全是行不通的。唯一的解决方法就是卖掉我的一些主要资产——地产。

可是，说起来容易做起来难。虽然按照约定来说，南希 3 年前就应该从我的公寓搬出去，可是现在她还住在那。南希和萨米尔这个案子的花费已经开始激增，但还是毫无进展。萨米尔·汗在巴巴多斯买的房子已经租出去了，但是租金连我的抵押贷款都还不起。我想要卖掉我在葡萄牙的房产，但是葡萄牙的经济已经糟糕到很难找到买家。后来拉斯开始考虑卖掉布霍克福斯，他可能比我更担心我的财务状况。对我来说，当务之急是找到工作，于是我又回到了亚洲。

● ● ●

我对在中国运营俱乐部的项目有着极高的热忱，而昆明是最佳选择。那里气候很合适，我们只需要再找到一个俱乐部搬过去就行了。距离严彬和昆明方面达成共识已经过去了几个月，然而我们依然没有进展。不久之后，我们听说中国联赛，或者中国政府，想让严彬在北京运营球队。于是突然之间，我们的中心转移到了北京。帕罗和贝克汉姆商量在北京开一间足球学校，因此我联系了贝克汉姆方面的人，他们还在讨论要不要让他也来中国。

但一切依旧没有进展，没有什么事情落实下来。大部分时间里，约翰和我都坐在曼谷的办公室里转着我们的大拇指。约翰是一个足球经纪人，也做一些生意。他把一些非洲球员带到了泰国。但是我完全无所事事，焦躁地坐在那等待着。

一天有人邀请我们去参加曼谷的一场足球比赛。其中一个参赛球队叫BEC 萨桑纳，它的老板是布莱恩·马卡尔。他是一个很富裕的泰国人，同时还拥有一家电视公司。我们在球场的 VIP 包厢见了面。布莱恩非常好相处，而且对足球非常热衷。他问我能不能去球队工作几个月，直到赛季结束，因为俱乐部刚刚炒掉了教练。起初我没太把他的请求当回事儿，但是差不多一天后，布莱恩又联系了我和约翰。这次我没有理由拒绝。反正我一直闲着等待在中国的机会，与此同时我可以做这份工作。

我担任了球队的技术顾问。布莱恩告诉我可以做我想做的事情。这个俱乐部的经理叫罗伯特·普罗丘勒，是个很大气的人，他来自比利时，对泰国足球很有经验。球队的医生叫米尔科，他指导了球队刚刚过去的几场比赛。布莱恩想让我做教练，我也想做教练，但是我不想在比赛的时候坐在场边，那些米尔科就能做到。

　　我回到曼谷后接触了很多泰国足球队，它们的水平比其他亚洲国家要低一些。泰国的球员受过专业的技巧训练，但是他们的身体素质不够好。他们好像都没听说过铲抢，与欧洲球员相比，在战术上落后很多。而且他们并不能完全看懂比赛。我猜原因应该是在这个国家足球文化不够浓厚。年轻人很晚才开始踢球，但事实上他们应该在他们能站的那天就开始踢球。

　　我那时住在曼谷市中心洲际酒店的套房里，那离体育场和训练场都不远。出于气温原因，我觉得我们应该在下午差不多 4 点半开始训练。但最大的问题并不是高温，而是雨。曼谷每天都要下上几场雨，而且都是大雨。暴雨让训练场在几分钟内变得踢不了球。我们订在下午训练的时候雨一般在下午下，于是我把训练挪到了上午，但是上午也开始下起了雨。

　　尽管如此，我还是很高兴回到球场，那时距离我作为教练从莱斯特城卸任已经过去差不多一年了。我们进行着高强度的训练，球员们很努力。我的薪水比之前差了很多，但这不重要，我并不是为了钱才在球队工作的，我是为了足球带给我的乐趣，虽然比赛的时候只能待在场边不能参与的感觉并不好。我会在比赛前和中场的时候到更衣室去，但是我不会插手太多。我希望让米尔科去指导球队，但他总是讲太多废话。

　　一天，布莱恩问我对他信做过什么。"我不知道。"我回答。显然，一些和他信走得比较近的人质问布莱恩他为什么要雇一个被他信解雇的人。据说这种事情以前在莱斯特城的时候也发生过，那些人质问过维猜同样的问题。我想这应该和帕罗有关系，因为帕罗和我是朋友。但是帕罗和他信在曼城那一年的时候就因为一些我不太懂的政治原因决裂了。不过他信显然在泰国还是很有话语权的，尤其是他的妹妹英拉成了新总理之后。

　　"就算他信的人全都来找我抱怨我也没有关系，"布莱恩对我说，"但是如果是我姐姐的话，那就有点难办了。"

　　他姐姐并没有找他抱怨，但很快我在 BEC 萨桑纳的职业生涯也终止了。我们在联赛取得了一个第三名的不错成绩。球队的巴西前锋克雷顿·席尔瓦成了联赛第一射手。而中国的项目已经无限期推迟，于是终于到了要回瑞典的时候了。

● ● ●

那时候已经是年末，我觉得那个赛季我应该找不到工作了，于是我决定着手写这本书，至少这样的话我能有些事情做。一直以来我都想写一本自己的书，毕竟已经有很多关于我的文字，但绝大多数都没什么价值。我想亲自讲述我自己的故事。在英格兰的时候，别人花大价钱请我写书，但我都拒绝了。自传应该是在一切完结的时候才能写的。我的故事完结了吗？我觉得并没有。

在瑞典，报纸报道说我接手了乌克兰国家队，但那其实都是足球经纪人的一面之词。我必须首先能接到乌克兰官方的邀请。那些经纪人不停地给我打电话，表示他们可以搞定我和乌克兰的合作。但从他们提出的一些合作协议来看并不完全合法。有一个经纪人发消息告诉我说年薪可以有 280 万欧元，但是同时要付 80 万欧元的各种费用。

另外一份媒体没有报道的工作也很有可能落到我的头上，也就是担任慕尼黑 1860 俱乐部的教练。慕尼黑 1860 曾经是个大俱乐部，也是德甲的创始会员之一。然而近些年，这支球队遭遇困境，降到了乙级联赛。他们的目标是重回德甲。

慕尼黑 1860 有了个新老板，是一个叫哈桑·伊斯迈克的约旦商人，也是我认识的人。我曾经到阿布扎比去和他见面讨论过这份工作。他是想把这个工作给我的，但是我不确定俱乐部的德国董事们会不会同意我是个合适的人选。毕竟在墨西哥我学到了一件事，那就是永远不要在别人根本不需要你的地方工作。

最后，乌克兰正式邀请了我，圣诞节之前我去了基辅和他们商量管理国家队的事情。这个圣诞节我没能和家人一起过，约翰、阿马纳都在曼谷，拉斯也是，他在曼谷碰到了一个心仪的泰国女人。我和乌克兰足联的代表见了面，那份工作不是件简单事儿，于是我很愿意做。乌克兰国家队在世界杯预选赛的表现很差，他们和英格兰被分在了一组。虽然出线的希望渺茫，但是毕竟还是有希望的。我要求合同要持续到 2016 年欧洲杯结束，但是乌克兰足联觉得我要价太高，于是最后这份工作落到了一个本地教练福缅科头上。最后我到巴拿马去和亚尼塞斯一起过了圣诞节。

2016 年 1 月 13 日，英国足联庆祝 100 周年纪念日，我接受了他们对球队历史上所有教练发出的邀请。随着时间的推进，我觉得我在英国的名声好了一些。事后和后来的教练们一比，很多人才意识到我那时带球队取得的成绩并不算很差。因为总是拿不到冠军，球迷和媒体对英格兰球队的要求越来越低。2012 年欧洲杯上，英格兰在 1/4 决赛上输了点球，但是大部分人觉得球队已经达到了他们的预期，包括我那位在比赛前一个月接任球队教练的朋友罗伊·霍奇森。

法比奥·卡佩罗曾经在意大利找我谈过。他在欧洲杯前突然从英格兰国家队离职，据他所说，原因是足联不允许他把约翰·特里任命为队长，因为特里可能涉嫌种族歧视问题。我觉得这只是卡佩罗的借口。他现在已经接任了俄罗斯球队的教练。我们聊了 10 分钟，不过大部分时间是卡佩罗在说话，讲他的新工作，讲莫斯科的种种事情，他完全没有问我的情况。

我还曾经和欧文·哈格里夫斯谈过，他在去年夏天离开曼城后就再也没有加入别的俱乐部。我问他有没有兴趣在迪拜踢球，但他不确定。他的伤势似乎已经把他折腾得筋疲力尽。很遗憾的是，尽管他才 31 岁，但他的身体状况已经不行了。2006 年世界杯是他的巅峰时期，那会儿他绝对是世界级球员。托德很喜欢他，我也是。

我之所以问哈格里夫斯愿不愿意来迪拜踢球，是因为我得到了一份迪拜的工作——阿尔纳斯尔的体育总监，不过还没有最终确定。在回英国之前我去了趟迪拜见那个俱乐部的人，那份工作听起来不错，不过我最终没有接受。报纸都在报道我要去慕尼黑，而且慕尼黑 1860 突然在他们主页上公布我和他们已经达成了协议，将成为俱乐部新的主教练，这进一步证实了媒体的谣言。但问题是，这些都是假的，我并没有接受这个职位，他们这样公布假消息非常奇怪。也许这只是意外，也许还有别的勾心斗角。

第二天早上，俱乐部的一位负责人罗伯特·舍费尔到伦敦找我。他说官方公布任命我做教练完全是场误会。俱乐部的确希望我能出任教练，但是我的具体工作会包括什么尚不清楚。还有传言说可能让我和临时教练——德国人亚历山大·施密特共同担任主教练。我对这个完全没有兴趣，这样只会带来很多麻烦。最终我决定拒绝这份工作，搬到了迪拜。

● ● ●

在迪拜，一切都是崭新的，足球也是。1976 年我在迪格弗斯做足球教练的时候，阿联酋才是一个刚成立 5 年的新国家。阿联酋联赛直到 2008 年才创立，在那之前我已经做了 30 多年的足球教练。

我与阿尔纳斯尔签了 18 个月的合同，担任技术总监。虽然我在诺茨郡时的确想要以教练的身份退休，但我接受这份工作的初衷并不是这样。有些人认为我去迪拜是为了钱，这个猜测也不对。我的年薪是 70 万美元，这和我事业巅峰时期每年挣的还相差很远。真正的初衷更简单，我只是想工作而已。

我的工作是分析俱乐部里所有关于足球的操作，然后看是否有可以改进的地方，从一线队到青年队都是我考虑的范畴。阿尔纳斯尔和这个国家的其他球队一样有雄厚的资金支持，他们只缺一个长远的运营规划。他们那时想要赢球，或者说俱乐部的老板想要赢球。所有的俱乐部老板都是有钱的首长，说到底都是互相认识的。我们球队的老板同时也是国家财政部长玛卡图姆殿下。新闻发布会时他不在场，但是球队方面答应我会尽快介绍我和他认识。这位酋长不会来看比赛，但是他们让我放心他会密切关注俱乐部的动态，而且他想让球队夺冠。

成年队的教练叫沃尔特·曾加，是桑普多利亚以前的守门员。曾加从

2011 年起执教阿尔纳斯尔，在 2011—2012 赛季帮球队取得了联赛第三的好成绩，这也意味着球队取得了亚洲冠军联赛的资格。这个赛季却没有那么顺利。我到俱乐部时，球队在联赛的排名是第五。球队的高层对曾加不太满意，还表示要让我接任教练。我明确反对了这个意见，理由跟在诺茨郡的时候一样，我不想一来就害别人被解雇。曾加这个人看起来不太好对付，有时候还很沉默寡言，但是他做教练还是很有一套的。我们应该给他一个扭转局势的机会。

我的办公室设在俱乐部的主场艾尔马尔图姆体育场里，我办公室门外的名牌上写的是"访问来宾"。第一天上班的时候直到午饭都没人出现，迪拜的日常工作安排和我以前的相差甚远。因为当地的高温，俱乐部里的大部分人都是从下午才开始工作。冬天的时候，训练一般从下午 5 点开始，那个时候的气温还比较舒适。但是随着冬天临近尾声，天气会变得越来越酷热难耐。迪拜夏天的平均气温在 40℃左右，球队不得不等到夜里 11 点钟才训练。

阿拉伯国家的球员们名字都差不多，像穆罕默德、易卜拉欣或者拉希德什么的，很难分清谁是谁。他们进入球场时必须路过我办公室的窗户，所以从我的办公室可以清楚地看到他们。于是我让我的埃及秘书伊斯兰给我一个带有所有球员名字和照片的名单。每次有球员经过我的窗户，我就会找到他的名字试着记下来。

所有亚洲联赛都遵守这样一个原则，每支球队允许有 4 个外籍球员，其中 3 个可以是任意国家的，还有 1 个必须是亚洲其他国家的。阿尔纳斯尔有两个巴西球员，一个叫莱奥·利马，他曾经效力葡萄牙波尔图，在球队踢中场。他是球队里最优秀的球员，但是曾加没有发现最适合他的位置。一般利马都踢防守型中场，我觉得这不是最适合他发挥的位置。利马总喜欢长距离带球，这不利于做一个防守型中场。

很快我就安排好了自己每天的常规工作。下午 2 点半到办公室，可能以技术指导的身份和俱乐部的经纪人或其他什么人见个面。5 点，在体育场看台上看一线队的训练。我心里迫切地渴望到球场上，那才是我最想待的地方。不过我每天去看球队训练让曾加感觉不太舒服。看完球队我会去体育场旁看青年队的训练，然后 8 点钟结束一天的工作回家。

找房子也花了很长时间。我在侯爵万豪酒店住了 3 个多月，这家酒店有 72 层，据说是全世界最高的。世界上最高的建筑——迪拜塔，坐落在迪拜市中心。我在那附近看中了一套公寓，但是价格实在太贵了，而且窗户不能打开。这点我很不喜欢，我会觉得很闷。

最后我在海湾区沙滩旁的绿洲海湾大厦的 27 层租了一套双卧的公寓。这套公寓有一个阳台，可以俯瞰那个棕榈树形状的人工岛，还可以看到远处的迪拜帆船酒店。这个区域非常热闹，到处都是从英国和北欧来的游客。大厦的一层是一间叫弗兰基的意大利餐厅，那是我后来最喜欢的一家餐厅。这一切都让我想到了我在曼彻斯特时住的酒店套房，迪拜的生活从一开始就让我喜欢。

● ● ●

在迪拜，人们对足球的热情很高涨。不过，像泰国一样，问题在于这里的人对英超联赛的兴趣比对当地俱乐部大得多。差不多只有 500 人会来我们主场看比赛，几乎每场比赛看台都是空的。其他俱乐部的情况也一样。虽然所有的比赛都会在电视上转播，但我也很怀疑会有多少人看。

这里的联赛缺少著名的球星。阿尔纳斯尔花了一大笔钱把欧洲的旧球员买过来。上赛季的时候，2006 年随意大利获得世界杯冠军的前锋卢卡·托尼曾在阿尔纳斯尔踢球。但这并没起到什么作用。很多状态已经不行的老球员来到这里只是为了报酬，而不是认真地为球队踢球，大部分俱乐部已经受够了这种行为。联赛里最有名的球星是阿萨莫阿·吉安，一个来自加纳的年轻前锋。他效力阿联酋的顶级球队阿尔艾因。吉安进球如麻，但即使如此也没能吸引很多人去看球。

在阿联酋，有能力引起大家对足球兴趣的一个人是大卫·贝克汉姆。大卫已经退出了洛杉矶银河，他 38 岁了，很多人都觉得他应该退休了。我想把他吸引到迪拜来开个足球学校，于是我联系了大卫的经纪人商讨这件事。他的经纪人说大卫非常有兴趣到迪拜去，不仅仅想开间学校，更想继续在这里踢球。

这无疑恰巧是阿联酋的联赛需要的。如果贝克汉姆能在阿尔纳斯尔踢球，我们的比赛一定会场场爆满，而且我相信除此之外他一定还能做出更多其他的贡献。如果不是这样的话，他是不会说他希望继续踢球的。我向俱乐部分析了请贝克汉姆来阿尔纳斯尔踢球的可能性，但令我意外的是，他们的反应很冷淡。俱乐部觉得贝克汉姆太贵了，因此拒绝了我的提议。

● ● ●

阿尔纳斯尔一线队的成绩起伏不定，随着好成绩接踵而来的往往是糟糕的表现。通常，曾加会安排一个 4-3-3 的阵型，但是这样的话我们缺少优秀的边锋。利马还是没有找到最合适的位置，队里别的外国球员又不够优秀。我们输掉了所有冠军联赛的小组赛。其他的技术指导们都觉得曾加应该被炒了，我警告他们不能这样。阿联酋的球队总是习惯不停地换教练，这其实会造成很大的问题。我建议再等一等，至少要到赛季结束。

然而，有些变动也是必要的，尤其是青年队。阿尔纳斯尔的青年队系统很庞大，分成 15 岁以下、17 岁以下和 19 岁以下 3 支。每天我都观看他们训练，很快我就发现有一半的教练都不行，需要换掉。而且他们需要更多场地，还有一些社会问题和经济问题要解决。大部分青年队的队员出身贫困，很多人依靠毒品才能维持高涨的精神状态。

从头整顿俱乐部的难度很大，而且我也很怀疑他们是不是有一个为了胜利而做的长期打算。能否整顿主要还是看老板以及他的资金。似乎没人知道老板对俱乐部的真正期望。都已经几个月了，我却还没有亲眼见到过他。

　　寻找一个合适的能替代曾加的人也是我的工作。哈利·雷德克纳普、山姆·阿勒代斯以及罗兰·安德森都很有兴趣。罗兰曾经担任过瑞典国家队的副教练，还在沙特阿拉伯做了很长一段时间的教练，他应该很适合迪拜的工作。但是球队管理层并不同意我请罗兰，他们想让一个更有名的人来做教练。我就不想亲自担任主教练吗？

· · ·

　　2013 年 5 月初，英超才结束几周时，有消息说亚历克斯·弗格森爵士会在赛季结束时从曼联教练位置上退休。我很难相信这是真的。弗格森马上就能带领俱乐部赢得第十三个冠军了，他已经 71 岁，没什么遗憾了。然而，我还是不信他会离开足球。怎么可能呢？足球就是他的全部。

　　一周后，大卫·贝克汉姆宣布退役。记者们立刻找我对此事发表评论，他们想知道大卫给我最好的印象是什么，我回答说应该是对希腊那场的任意球。

　　那时为了去给萨米尔的案子出庭做证，我正在伦敦自己的公寓。在协议判定南希应该搬出我的房子的 4 年后，她终于搬出去了。1 月份我去伦敦参加足协周年纪念时，我和南希又见面调解了一次，我的律师也在。经过 12 个小时的争论，南希没有听从她律师的建议，拒绝接受协议。之后她就变得越来越贪婪，她需要钱。最后，她接受了新的提议，意大利的房子归她所有，她还可以拿到伦敦公寓卖价中的 7.5 万英镑。2013 年 4 月 30 日，她终于搬出去了。

　　房子的状况非常差，大部分家具都不见了，南希还带走了所有的厨具。暖气停了，整套公寓都很脏。我想不通南希是怎么在这种环境中住下去的。之前她总是要求所有东西都要一尘不染。看起来她应该已经偷偷把这套房子租出去了。不过说实话，我不在乎。她能走我已经非常开心了。

· · ·

那时距离我控告萨米尔经济诈骗已经过去了 4 年。经过多次推迟，案子终于在雷丁开审了。开庭前一天，我和我在昂塞德律师事务所的律师商量了一下明天法庭上可能会发生的事。律师说，萨米尔的妻子萨拉同意把她和她丈夫的资产划给我，但是萨米尔不同意。

这个案子在法官的办公室审理。我们到的时候，萨米尔正和另外一个男人坐在那里。我的律师带了几箱文件和证据，都放在了桌子上。我坐在边上，因为第一天我不用出庭做证。法官是位挺强硬的女士，她说和萨米尔坐在一起的男人没有资格留在这里，要求他离开房间，萨米尔没有律师，他会亲自出庭。

这个案子持续了 4 天。第一天，我的律师陈述了案件，法官看了那一摞文件。我坐在那听我的律师讲解萨米尔是如何盗用我的资金的，他们还讨论了灵芝和男孩还有所有其他的事情。我什么都没说，只是一直听着。萨米尔也在认真地听着。他看起来已经崩溃了，不过那也可能只是假象。他是个非常优雅的男人，当这一天的听证会结束后，他回了伦敦。

第二天我们又回到了法官的办公室，这天轮到萨米尔辩解。我本来以为应该要回答问题了，不过并没人问我。萨米尔一开始就解释他已经决定宣布破产了，这意味着一切都结束了。我的律师都很高兴，他们觉得这是一次巨大的胜利。我们和萨米尔分道扬镳回到了伦敦，这确实感觉像是赢得了胜利。

· · ·

那时我们离本赛季结束只剩下一场比赛了，我应该在官司一结束就飞回迪拜，和俱乐部的管理层开会讨论一下下赛季前要做点什么。球队一直踢到了最后，可是俱乐部还没有决定曾加的去留，很可能他会继续留下来。

　　这对我来说就很难办了。我确信俱乐部不会让曾加离开，但同时他们又委托我找一名新教练。在伦敦的时候我和迪马特奥见了一面，他带领切尔西在 2012 年获得了联赛冠军，不过在那之后他就被解雇了。他想来迪拜工作，但是我觉得他要价可能有点高。俱乐部可能会让曾加留下，这样一来他们就会要求我也留下来指导曾加。我觉得这样可能行不通，或者曾加也不会接受这种做法。

　　我还有另一个选择。离开伦敦之前，我收到另外一份工作邀请，中国的广州富力邀请我去做主教练，薪资是我在迪拜的两倍，而且更重要的是，他们是让我去做教练，这是我非常乐意做的。在迪拜球场的看台上看的训练和比赛越多，我就越确信我应该在足球场上，我绝对不是做管理人员的料儿。问题是离我和阿尔纳斯尔的合同到期还有一年，而且我不想"背叛"这个俱乐部。那里的人一直对我很好，他们也希望我留在迪拜。

　　但是广州的球队却希望我直接从伦敦到中国去签合同。约翰参与了我和这个中国球队的协商，他也认为我应该直接去中国。拉斯给我打电话，也说了同样的话。皮尼也参与了这件事，他说如果我回迪拜，很可能就会失去在中国的这个工作。

　　不过这毕竟是我自己的决定。

　　那日伦敦冰冷，又阴雨绵绵。我搭出租车去了希思罗机场，办了手续，登机，离开。

第 22 章　特别篇

广州富力篇

当我抵达广州时夏天才刚刚开始，天气还没有变得太过炎热潮湿。在此前我也来过广州，那时是和帕罗、皮尼和严彬博士一起到这边物色一家合适的俱乐部并打算将其买下。如今我又一次踏上了这片土地，却不是作为俱乐部的潜在买家，而是作为主教练，加盟广州的两家俱乐部之一——广州富力俱乐部。

广州的城市人口共计1200万，在瑞典图什比这样一个仅有数千人的小城长大的我，一时还是不能想象那么多人竟住在一个如此拥挤的城市里。我这么说不是不喜欢这个地方，也许正是因为我是从小城市来的，我对这个大城市还是很有好感的。不管怎么说，在决定远赴广州之时我就知道这是个正确的决定，能够重操旧业令我兴奋不已。

离开伦敦之后，我便飞回了迪拜，因为我不想就这么甩手走人，俱乐部对我好得无话可说，让我在迪拜的日子过得都很开心。但我的心仍驰骋在球场上，毕竟干教练这行那么多年，俱乐部里的人也都理解，所以我们好聚好散。在这边我已经履行了我的职责，建立了足校，给他们一线队进行了指导，在俱乐部的未来发展方面也给出了建议，所以现在要发展球队就要看他们自己的了。

我自己也要迈向新的旅程，具体来说就是踏上前往中国的旅程。在世界足坛中，亚洲国家与欧洲国家相比，发展要滞后很多，但这种情况正在慢慢改变，这也是有目共睹的。比如迪迪埃尔·德罗巴和尼古拉斯·阿内尔卡这样的球星登陆亚洲足坛就是最好的例子，而且他们也绝不是去亚洲养老退休的。虽然中国足球联赛的曝光度不是很高，但我常会在网上看他们的视频或转播，看到他们的表现后，我十分期待将来在中国面对的挑战。

广州富力俱乐部在两年前就被总部在广州的地产巨头广州富力地产股份有限公司所收购，在我到达广州之后，俱乐部主席即富力地产公司的副总裁张力便与我会了面，他的办公室位于广州市内一座摩天大楼的顶层，我们约见在那里，景观令人叹为观止。不管对张力还是富力公司来说，足球是一块未知的领域，但公司方面野心勃勃，对我寄予了厚望，因为如果球队踢出了好成绩，公司在业内的知名度也就上去了。

我知道在中国人心中普遍都存在着这种想法，我们的同城死敌广州恒大淘宝俱乐部便是一个好例子。广州恒大淘宝是中国国内最好的俱乐部，为规模更为庞大的地产商恒大集团所有，他们投入了巨大的财力来打造球队的阵容及配置，执教恒大的是 2006 年带领意大利夺得世界杯冠军的功勋教头——我的老友马尔切洛·里皮。而且他们队内的阿根廷中场达里奥·孔卡据说是全球薪酬最高的球星之一，毋庸置疑，他绝对是中超数一数二的好球员。所以富力集团的人们自然也想要成就一番与恒大相比有过之而无不及的事业，但他们仍按兵不动，想等到球队取得一些令人信服的成果之后再慷慨解囊。

截止到我上任时球队的情形不容乐观，仅仅挣扎在积分榜第十三名的位置，离降级区并不遥远。上一任教练是来自巴西的塞尔吉奥·法里亚斯，他与队中多名球员不和，导致球队士气低迷，球员们的竞技状态都差得令人咋舌，他们中不少人都存在着明显的超重问题，就连我此前在莱斯特城执教过的雅库布也在此行列中。我很欣赏雅库布，在我执教富力的第一个赛季中他表现抢眼，曾打进我们与同城死敌恒大队比赛的唯一入球并帮助球队取胜，但我明白下个赛季还需要在他身上挖掘出更多的潜力。

我把曾在桑普多利亚共事过的瑞典籍教练罗杰·帕尔姆格伦招致麾下，此前他在非洲工作了很多年，现在随我来到富力，任助理教练。我对他颇有好感，相信他会在中国发展得不错。

与此同时，我还把一名叫作马茨·戴维森的丹麦年轻教练挖了过来，他在中国足坛混迹多年，深谙中国足球。我签下他的初衷是想让他去考察球员和分析对手，但随后他身兼多职，也充当了球队预备队的教练。

借助罗杰的人脉关系，我与一名叫作迪万·奥古斯丁的南非体能教练搭上了线并把他带到了球队。在加盟之后他马上就开始着手搞体能训练，导致手下的一些球员对额外的训练感到不满，但训练量是没得商量的，如果想要扭转颓势，所有人都要心往一处想，劲儿往一处使。

● ● ●

也就是在广州时期，在我和合著者斯蒂芬·拉夫格伦长期不懈的努力工作后，这本自传的撰写工作基本接近了尾声。写自传对我来说是完全陌生的一件事，我此前从未细细地追忆过往，因为在我瑞典的老家，人们都不喜欢谈论自己的事，尽管大家都很随和都很有礼貌，但对别人袒露胸怀却是极少的。这种性格也对我的教练生涯大有裨益，平时我都只说该说的话，不会把个人情绪带入到工作当中。但这仅限于足球的世界中，在球场外生活就不是这个道理了。

在我产生写自传的念头时，我突然回忆起了当初去尼尔斯·利德霍尔姆的红酒庄园拜访他的事。在这个节骨眼想起这段往事也绝不是巧合，因为我现在能够理解为什么当时利德霍尔姆会苦苦哀求我给他介绍个教练工作，哪怕是带个青年队也可以。现在想想，要他告别足球真是太难了，就算毕生心血全部倾注于足球当中，他还是欲求不满。如果像他这样的足坛传奇人物都还对自己的成就不满意的话，那么作为足球教练是不是永远都无法感到满足？别人我不知道，至少我是知足的。

完稿时，我第一次捧起全部原稿，细数此生，从初出茅庐到退隐江湖，让我万万没想到的是在完稿时我竟感到一阵忧郁。之前亚尼塞斯带着阿尔西德斯来中国看望我，不久前才回到巴拿马，他们的来访也让我感触颇多。有天傍晚时，我从家里骑着自行车，一路沿着贯穿广州的珠江边前行。眼前的美景让我感叹，也让我扪心自问：时间都去哪了？我的孩子、挚友、情人和青春都去哪了？然而我也明白，追忆往事必然是伤人的。

这些年间我都会写日记，记录着我的所作所为以及所到之处，母亲也有这样的习惯。我每天都会打电话回家，母亲每天也会记录下这一细节，在我看来这些电话稀松平常，只是聊聊家常，没有什么重要的内容，比如告诉他们我在哪儿，之后会去哪儿之类的事情，而母亲会与我分享瑞典的天气，拉斯当日有没有过去看他们，等等，但在我看来重要的不是这些聊天的内容。我知道母亲发现了那些报纸上关于女人以及花边新闻给我造成的麻烦，她都会记录下来，我曾劝过父母不要理会报纸上的流言蜚语，但他们还是会为我担忧。我和乌尔丽卡的事情被曝光后，母亲在 2002 年 4 月 22 日的日记中写道："孩子，妈妈为发生在你身上的事感到心痛，但你一定要坚强，一切都会过去的。"

母亲一直睡不好觉，晚上总是在床上辗转反侧，心中为我担忧，但她却不想跟我交代什么。有次父亲来找我，跟我抱怨说希望在报纸上看到我的时候，多点儿足球的内容，不要总是跟女人有关系。母亲对此很是不满，虽然是她让父亲来找我谈谈那些花边新闻，但她觉得父亲说话的方式太过刻薄。

我个人对此倒是一片无悔，我已将毕生精力倾注于足球，毫无保留，为取得今天的成就我也付出了很多代价，但我却从未考量过这些代价是否值得，否则在处理财务问题时我应该会改变心意的。不过钱对我来说从来都是身外之物，生不带来死不带去，在从生到死的这段时间中，我曾经富裕过，将来也会过得很滋润，这就够了。

● ● ●

球队的训练场建在市郊很远的地方，旁边连着一个宾馆，从我的住处乘车到训练场需要至少一个小时。俱乐部有再建一个训练场的想法，但选址问题迟迟未能解决，因为在广州基本没有空地，所到之处皆是摩天大楼和复式公寓。

　　训练场附近的综合设施我还是很喜欢的，全体球员及教练都在宾馆内有一间房间，休息时可以去更衣洗浴，用餐问题也是在宾馆的餐厅解决。训练期间大多中国本土球员都住在宾馆，而外籍球员都住在城里，我在宾馆有一个套房，虽说是套房，但根本说不上豪华。

　　但最重要的一点就是回到球场让我很开心，虽然此前我在阿尔纳斯尔俱乐部也过得很愉快，但坐办公室的工作实在不适合我。每天前往训练场的路上，我们要走过一段树林里蜿蜒曲折的小径，每每走到这里我都心旷神怡。训练场的格局是我此前未曾见过的：3 块长方形球场纵向排列，宽边相连。推开围栏，便可踏入球场，摆出锥桶、足球等一系列训练装备，这种重操旧业的感觉简直太美妙了。

　　根据足协规定，每队阵容中可以有不超过 4 名外籍球员，最多允许 3 名同时上场比赛，此外，每支球队还可以有 1 名非中国国籍的亚洲或者澳大利亚球员。除雅库布之外，我们队中的外援还有两名巴西中场达维和拉斐尔·科埃略以及一名澳大利亚后卫艾迪·博斯纳，而另一名澳大利亚后腰罗斯汀·格里菲斯则被我们算作是亚洲外援。

　　外援一直被大家看作是决定比赛胜负的关键人物，这种现象不仅存在于富力，基本整个中超都是这么认为的，自转会来到球队后，这些外援便自然而然当上了领军人物，球队的大多数进球也是他们创造的。我们队中唯一一个正牌射手便是雅库布，所以督促他减肥并保持体形至关重要，而且另外两名巴西外援也急需调整，他们的状态也令人担忧。

　　但任凭这些外援再厉害，整个球队的主要组成部分还是中国球员，毕竟算上门将，场上 11 人中必须至少有 7 人是本土球员。也就是说，在争冠的最后阶段，胜出的往往都是队中的中国球员质量高的球队。

　　单论体形而言，中国球员比外援好得多，我都为他们的自律感到钦佩，他们对教练给出的指导意见总是很重视。但遗憾的是，他们明显就不是从小在足球氛围浓郁的地方长大的，他们中的多数人脚下技术都较为粗糙，当然这也是能理解的，有些中国球员是在十四五岁才开始接触足球的，而欧洲的职业球员没有谁是那么晚才开始踢球的。对于这支球队来说，要提高球队的质量必须做好一件事，那就是合理地利用足球来练习，所以在我刚开始训练他们时，95% 的训练都是有球训练，果然在之后收获了成效。

战术上他们基本也是没有怎么受过训练，所以从执教初期我便给他们灌输战术知识。训练中，我让他们按照比赛时的搭配两两分组，比如搭档中卫的两人就分在一块，要提高战术素养，这是必经之路，而且我还得加速进程，此前球队的发展实在太慢。我也允许他们在训练中放铲，这可是此前他们从未被允许过的。

与之前相比，我的训练方式并无太多改变，生来沉稳的我一向不喜欢大吼大叫。中国球员给了我足够的尊重，关于我的履历他们无可挑剔，唯一的问题就是语言不通，我可是一点儿中文都不会。球队给我配了一个中国助教，名叫黎兵，他名义上是球队领队，但却干着我的助理教练的工作。即使如此，我还是得雇一个口译员，当时找了一个喜好娱乐、性格开朗的中国人为我翻译，大家都叫他"胡里奥"。但由于情况特殊，球队还需要专门为两名巴西国脚配个口译员，来把中文的指令翻译成葡萄牙语告诉他们。

在不久后的比赛中，我便看到了努力的回报，因为我们开始赢球了。雅库布体形方面有了进步，随后便进球如麻，司职中场的达维每场比赛也兢兢业业地拼抢。自那之后球队名次直线攀升，速度之快让外界都在讨论我们是否会挤进前三，进军亚冠，但当时距赛季结束仅有两场比赛了，我们还排在第五位，想要再进一步为时已晚，最终在那个赛季，我们以第六名的成绩收官。这样的成绩已经让球队上下兴奋不已，毕竟我接手时富力还徘徊在降级区附近，球队的定位也就是打到积分榜中游，而基于目前的情况，下个赛季我们就可以志向远大一些了。

● ● ●

我的儿子约翰继续从事着足球经理人的工作，主要在亚洲这边开展业务。有天他接到了富力俱乐部方面的一通电话，是俱乐部管理层找到他的，因为雅库布即将转会，球队想要签下一两名新的射手。皮尼已经帮雅库布与一家卡塔尔俱乐部协商好了，所以我们放他离开也是合情合理的，但需要找一个新的射手来填补雅库布的空缺，然而这并非易事，他上赛季打进 15 粒球，位列中超射手榜并列第三。

然而约翰对俱乐部提出的要求表示不满，他反问俱乐部的人，说："难道你们不知道我父亲就是你们的主教练吗？如果我卖人给我父亲，外界会怎么看？不免有裙带关系之嫌吧。"然而俱乐部却叫他放心，他们正是因为这层父子关系才决定让他来与俱乐部合作的，毕竟约翰不可能卖一个劣质的球员给他的亲爹。诚然，这样想也有一定的道理，但这种思维方式与我常年在欧洲养成的思维方式是截然不同的。

当时约翰与在挪威联赛效力的摩洛哥球员阿德拉扎克·哈姆达拉有着合作关系，这名球员在挪威联赛中表现出色，在射手榜上名列前茅，约翰向我们保证这名球员就是我们的不二之选，于是我们便把他招致麾下。在约翰的帮助下，我们还从挪威联赛顺利签下了另一名前锋，来自尼日利亚的 19 岁小将萨穆埃尔·奥拉纳尔，鉴于拉斐尔也要离队，我们又从韩国购入了两名潜力新星来填补他的空缺。

这几名新援都年纪轻轻，尚无名气，但这也是我们想要的，我们不想签下大牌，让他们来中超在退役之前最后捞一笔，我们想要的是求胜若渴的小将，为了有朝一日打出名气而努力拼搏的球员。球队人员的搭配是很重要的，所幸的是我们留住了队内球星达维，他较上赛季变得更加犀利了，在新赛季伊始之际，我充满信心。在新建训练场的问题上我们也谈妥了很多问题，我们从当地一所大学租用了场地，那里离我的住处就近得多了，也免了我总是奔波，生活也轻松了一些。

赛季初我们定的目标是夺得冠军，但由于队内的中国球员都很年轻，没有一个是效力于国家队的，球队老板对能否夺冠还持怀疑态度，但我们还是充满希望，如果实现了这个目标，我的合约就会自动延期一年。我们的同城死敌广州恒大已经实现了中超三连冠的伟业，尽管队内的中场大师孔卡离队了，这个赛季他们还是备受看好，面临如此强敌，我还是与马尔切洛·里皮打了赌，在广州德比中落败一方的教练要请对方吃饭。

这场德比大戏于联赛第十一轮拉开了序幕，赛季中恒大如往常一样强势开局，在积分榜上占据第一把交椅。而我们却不那么顺利，但也在取得一系列连胜之后、这场决战之前占据了积分榜第三的位置。比赛当天到场的观众多达4万有余，恒大主场天河体育中心被围得水泄不通，开赛前还阴雨绵绵，球场积起了水。上半场开始不久，恒大便得到了点球破门的机会，但所幸他们的巴西明星前锋埃尔克森一脚打飞，直到半场结束，比分仍是0：0。当下半场比赛进行到60分钟时，哈姆达拉过掉一名对方后卫，在禁区内一脚低射，门将鞭长莫及，只得看着皮球飞入远角。凭借着哈姆达拉的制胜球，我们在客场1：0小胜广州恒大。几天后，里皮如约来电，请我共进晚餐。

● ● ●

哈姆达拉的表现印证了约翰所言，他确实是一名出色的射手，身强体壮，速度超群，门前一脚也不逊色，他在场上只专注于一件事，就是要破门得分。但有时他又太过偏激，球队的点球手本来是达维，他一年之内主罚点球从未失手，但有点球时哈姆达拉硬要与他相争，而且他拿球常常就是一条龙杀进大门，不管队友的位置是不是更有利。

每当我赛后对他太过独断的风格提出批评时，他总是矢口否认，说自己并未犯错，只有在我放录像给他看，证明传球确实比射门更好的时候他才会消停。他这样的踢法也造成了其他队员的不满，有一次约翰甚至致电哈姆达拉原来的教练，问他是如何在这方面调教哈姆达拉的。谁知那教练竟说关键不是要调教哈姆达拉，而是要教会其他球员怎么和一个独来独往的天才球员共事。

哈姆达拉的经纪人是他的哥哥，他也是个难以相处的角色。他们兄弟俩自幼生长在摩洛哥，是穷人家的孩子，所以在他们眼里，钱是极为重要的，一旦哈姆达拉的工资没有即时到账,麻烦事儿就来了。但问题的关键就在于球队经常不按时发薪水,有时发薪日都过几周了工资才会发下来,其中的原委我也不知。

但不管如何,我还是很喜欢哈姆达拉的,他是个好孩子,在训练之后他会直接回家,在家里烹调摩洛哥风味的菜肴。他对球队很重要,我常常强调的一点就是一名好射手是球队成功的先决条件,在我的教练生涯中我也执教过不少顶级射手,例如迈克尔·欧文、克里斯蒂安·维埃里、托尔比约恩·尼尔森等。

一个好射手在中超就显得更为珍贵,因为在中国本土射手中能称得上优秀的射手寥寥无几。中国球员在门前畏首畏尾,就像没接受过射门训练一样。在 2014 赛季,哈姆达拉打进 22 粒球,在射手榜上排名第二,然而射手榜前 10 名中,中国本土球员仅占一席,而且还是第八位。

在拿下与恒大的同城德比后,剩下的赛程顺风顺水,达维也打出了身价,证明自己是中超中数一数二的好球员。球队老板也对我们的成绩表示满意,因为富力这个名字也在中国范围内传播得更广了,他们曾多次邀请我代表球队出席盛大活动,我对此也是欣然接受。球队主席张力很少参与有关俱乐部的决策,有时他会叫我去他办公室喝咖啡,跟他聊聊足球,听听他的见解。我很尊重他,与他相交甚好,但却不比我与前几任老板的关系,比如我和拉齐奥主席克拉尼奥蒂就是亲密无间,不过自离开拉齐奥之后,也没有哪个主席跟我能够相处得那样融洽了。

自第十轮之后,我们成功捍卫了积分榜前 3 的位置,在距赛季收官还有两轮比赛时,我们锁定了下赛季的亚冠名额。对球队来讲这是一个巨大的成就,富力在 2003 年获得联赛第五之后就未能超越这个排名。于我而言,这也算是一种自我实现,一扫前些年挫败的阴霾,我又一次站了起来。

球队自然是想要留住我和我的团队,在他们看来我们干得不错,踢出了好球的同时也节约了开支。在这个节骨眼儿我当然是希望俱乐部给我开出一份涨了薪水的新合约,而不需要我和他们过多地谈判或争执。在赛季行将结束之际，俱乐部确实给我提出了新合约，但薪水却不见涨，他们想干什么我心知肚明，这就是想试探我的心理价位，所以我回绝了他们。但之后他们就按兵不动，赛季结束之后也没有再给我开出新合同。

说实话，我觉得他们这样做对我或多或少有点儿侮辱的意味，我不知道自己做错了什么他们才会这样对我，球队今日前所未有的辉煌都与我密不可分，而且未来也是一片光明，现在倒好，他们摆出一副不确定要不要我续任的样子。

最终俱乐部还是与我的经纪人们坐下来商讨下赛季的合约问题了，我提出想要一份报酬更高的两年制合同，但俱乐部执意要在合约里加入一些特别条款，比如下赛季若是不能得到亚冠席位，他们就有权开除我之类的，这样的合约完全是无法接受的。

于是，双方便陷入了僵局。

上海上港篇

在 2014 年秋天的一天，我原来的经纪人阿索尔·斯蒂尔接到了一名中国经纪人的电话，电话那头说她是上海上港俱乐部（上海的一支中超球队）的人，想要问阿索尔是否有罗伯托·曼奇尼的联系方式，她听说曼奇尼自夏季离开加拉塔萨雷之后还没有执教任何球队，而上港在被新老板买下之后想要请到一名世界级的主帅，便想到了曼奇尼。

阿索尔是如此回应的："我当然可以给你曼奇尼的联系方式，但据我所知，现在中国境内还有一名世界级教练没有新合同，愿意尝试新工作。"

他说的那个人自然是我，当那个联系阿索尔的经纪人向上港推荐我时，俱乐部的人二话不说就同意了，于是我就这么成了上海上港的主教练。

当富力俱乐部高层得知上海上港有意将我招致麾下时，他们立刻使出浑身解数来挽留我，但那时我去意已决，再怎么说也无用了。在俱乐部的告别记者会上，我向球队以及每位与我并肩作战的同事表达了谢意，以及表示了在富力工作对我来讲是一份弥足珍贵的经历，希望大家不要因为我的离去感到失望。但之后我却得知富力的老板在媒体面前指责我，说我背叛了球队，为了追求高薪而加盟上港。他们这种言论只能说是吃不着葡萄说葡萄酸，本来我的合同就到期了，而且我也有了新的工作机会，我对富力已经是尽职尽责，问心无愧了。

上港的工作对我来说无疑是上了更高的台阶，这是一支蕴含着巨大潜力的球队。过去的几年间，球队的主要赞助商一直是上海国际港务股份有限公司，他们手下也控制着世界上规模最大的上海港口。在 2014 年年底，上港集团决定全盘收购该俱乐部，自那之后，球队就更名为上海上港集团足球俱乐部，全队上下壮志凌云，而且财力物力雄厚，足以实现他们的目标。

上港俱乐部历史虽短，却极为丰富，昭示着一个光明的未来。俱乐部始于 2000 年建立的足球学校——根宝足球基地，足校创立人是前中国男足队员及教练徐根宝。在球员生涯中，他司职左边卫，自 20 世纪 60 年代末到 70 年代初，为中国国家队效力近 10 年。在挂靴之后，他转行做了教练，曾执教国足以及上海申花俱乐部，都取得了辉煌成就，尤其是在 1995 年曾带领申花夺得联赛冠军，但他志在要为中国的青少年足球事业做出贡献。

徐根宝建立足球基地的灵感来源于曼联队，因为曼联曾一度推行青年足球发展项目并在 90 年代末取得丰硕成果。一进根宝足校大门，一块灵璧石上镌刻着徐根宝手书"缔造中国的曼联"。其实在最初，徐根宝从未想过要建立俱乐部，但随着青年一代慢慢长大，中国足球后起之秀越来越多，这就催生了他建立一个足球俱乐部的想法。这样一来，他手下的天才少年们就可以向职业球员们取经，这才有了 2005 年末建立的上海东亚足球俱乐部。

在 2006 年的中国足协乙级联赛（中国第三联赛）中，由一帮 14 到 17 岁的毛头小伙儿组成的上海东亚俱乐部排名第七，随后一年便赢得联赛冠军，升至中甲联赛。在历经了 4 年的奋斗之后，东亚俱乐部终得以跻身中超联赛，成绩斐然。

　　我对接手上港的工作兴奋不已，因为上港队中的中国球员都是由根宝足球基地栽培的，从建队之初便随球队奋战至今。在这年青一代中，有很多好苗子，如门将颜骏凌、右边卫傅欢、国足主力后腰蔡慧康等等。在这些潜力新星中最为耀眼的便是边锋武磊，23岁的他已经是中国足坛备受瞩目的球星了，他年仅14岁便获得了职业生涯首秀，从而成为中国职业足球赛场史上最年轻的球员，自那之后，他便成了国家队阵容中的常客。

　　当马茨得知上港向我发出工作邀请时，他欣喜若狂，作为中国足球资深研究人员，他知道我将要接手的是一支充满新鲜血液，前途一片光明的球队。我顺理成章地带走了富力时期的教练班子，罗杰、蒂凡、马茨都随我加盟了上港。执教上港还有一点让我开心的便是我又能和曾经执教英格兰时的门将伊恩·沃克重逢，彼时他正担任上港队的门将教练，我心满意足地把他纳入了我的教练团队中。

　　外援方面是上港急需改善的环节，在中国足坛中外援最大也是最基本的作用就是充当进攻端的一把利刃，但在上港阵容中已经有来自瑞典的高产射手托比亚斯·海森。我对他并不陌生，他的父亲便是我曾在哥德堡以及佛罗伦萨执教过的瑞典著名中卫格伦·海森。托比亚斯·海森速度奇快，球商奇高，有着敏锐的门前嗅觉，我自然是要把他放在主力射手的位置上。

　　我们主要的问题是在中场方面，缺乏能够为前锋输送弹药的人选，而那时广州富力的达维合同也到期了，我们便把他带到了上港，但这还不够，我们需要一个运筹帷幄的组织核心，球队给我提供了没有上限的转会经费，叫我看中谁就拿下，所以花再多钱也在所不惜。

　　在我初到中超的那年，广州恒大的阿根廷中场孔卡冠绝联盟，但他在2014年时离开了恒大，转投巴西的弗鲁米嫩塞俱乐部。但我们收到消息，说孔卡在巴西过得并不如意，恒大那帮把他卖掉的决策人根本没动脑子。于是约翰帮我们谈妥了孔卡的转会事宜，在他过来之后，我将把他安插在海森身后，为海森输送弹药。

　　同一时间，我们在克罗地亚联赛发现了极具潜力的科特迪瓦边锋埃弗拉·夸西，并把他招致麾下；此外，球队的亚洲外援名额尚未填满，我们又从 FC 首尔买入了韩国中卫金周荣。到此，阵容配备已经很合理，我们做好了踏上征途的准备。

* * *

当今的足坛兴盛至极，多方权势汇集，大量财力涌入，出现了前所未有的盛况。与 30 年前掌管财权的那批人相比，现今进入足坛的投资商们被完全不同的动力驱使着。有人也许会说，一些富商通过足球界来推动他们的事业，这会在足坛中埋下不少隐患，但说实在的，我从不认为这种现象是负面的。这些大量涌入的资金不仅使足球在世界上更受欢迎，而且为世界各地的球迷、球员提供了互联的途径。

同富力的老板们一样，上港的董事会也是受着同样的利益驱使，他们想要通过发展俱乐部，在港口管理市场上推广他们公司。上港公司董事长陈戍源也任俱乐部主席，当初同意雇我的人就是他。他对球队的关键作用显而易见，在政坛中手眼通天，但他为人务实且亲民，我刚上任时便对他印象深刻，认为他所有的领导力才能都源于一颗善良的内心。

我到上海不久后，便受邀与球队球员们一同参观上海港口，看看港口每天是如何运作的。那场景真可谓是令人瞠目结舌：映入眼帘的是数以万计的集装箱，里面装满了你所能想象到的所有商品，排队准备装载的车排出了数里长龙，等着装上货品之后运往世界各地，这样的运作规模令人叹为观止。要让规模如此巨大的工作有条不紊地进行定是极为艰难的，相比之下，执教一支职业球队完全就是小菜一碟了。

在结束了于土耳其进行的季前训练后，常规赛季随即打响，我们势头迅猛，连战连捷，在拿下了前两轮比赛后，第三个对手便是远征上海挑战我们的广州富力。我们也毫不含糊，2：1 将我的老东家斩落马下。前三轮比赛中托比亚斯均有入球，他的进球运也一直延续了下去，不久之后球队就占据了积分榜榜首的位置。有几场比赛特别值得一提，首先是与同城死敌上海申花充满火药味的德比大战，他们队中有三人被红牌罚下，最终我们5：0狂胜对手；其次就是做客挑战上届冠军广州恒大的比赛，我们以1：1的比分全身而退。我们一路奏凯，直到联赛第十一轮才遭遇赛季首负。

从赛季伊始孔卡便证明了自己的实力，也证明了购入他是明智之举。在我所执教过的球员中，他算是球商相当高的一个，视野宽阔，脚下灵活，技术细腻，在场上不管对方留给他发挥的空间有多小，他总会闪转腾挪，充分利用自己的优势。随着他渐入佳境，我越来越相信在阿根廷国家队中，如果不是梅西常年占据着主力位置，孔卡一定会有一席之地的。

队中还有几名技术型的球员，武磊便是其中一人，以速度见长的他在联赛中已有数球入账。除了身体优势以外，上港队的球员们也有着过硬的意志品质，其中后腰蔡慧康最为坚毅。在队里，我们不会说中文的人都叫他"丹尼尔"，他总是勤勤恳恳地满场飞奔，就算是经历了极度消耗体力的比赛，他也会在比赛后的周一投入到训练中，直到累得不能走路。即使这样，他还是向我保证能在下周日的比赛前恢复体力。

队内气氛一片融洽，我们的出镜率也越来越高，在上海也有更多的人在街上认出了我。有一次，俱乐部主席陈戌源带着全队人外出用餐，为我们的良好表现进行表彰，向我们致谢并鼓励我们继续保持。据他所说，现在上海上港俱乐部的名气不仅传遍了中国的每个角落，其他国家也对我们有所耳闻。到目前为止，俱乐部的目标仍是夺得联赛冠军，但就在我们与恒大展开头把交椅的角逐时，俱乐部老板似乎发现了更进一步的机遇。

在夏季转会窗口开启时，俱乐部就告知我，我可以引入任何我相中的外援，虽然我对当时俱乐部里的几个外援已经很满意了，但老板们想要我再签入一人，而且这次俱乐部也给了我上不封顶的转会资金，于是我和我的团队便开始考虑市场上所有有可能转会的大牌。我一开始对将要离开尤文图斯的阿根廷球星卡洛斯·特维斯很感兴趣，但他一心只想回故乡。我们当时也在考虑着马里奥·巴洛特利、埃曼纽尔·阿德巴约、登巴·巴等人，但当我听到阿萨莫阿·吉安这个名字时，我的胃口便被吊到了极点。

阿萨莫阿·吉安是加纳国家队的队长，也是国家队史上的头号得分手，意甲和英超都有他征战过的痕迹，但在前几个赛季他都是在阿联酋的联赛踢球，每场比赛至少能进一个球，在确定这是一笔好买卖之后，球队就敲定了这笔转会。

但现在问题来了，足协只允许每支球队拥有 4 名外援，而加上阿萨莫阿·吉安以后我们就有 5 名了，也就是说有一人得卷铺盖走人。不出意料，我们只得选择舍弃埃弗拉·夸西，让他租借离队 6 个月，在回来之后再做评估。我个人对他的评价是很高的，即使只是租借，看到他离队我也很不情愿，然而令我惊喜的是他在转会窗口关闭前几天来问我们能否让他留队，在预备队里踢 6 个月也行，因为他想通过留队的方式来证明自己的能力。

除此之外，还有一个麻烦事必须要解决，托比亚斯·海森在上半赛季是队内的主力射手，而且也有着上佳的表现，但一旦阿萨莫阿加盟之后我便只有让托比亚斯打替补了，抑或是在达维和孔卡无法上场时让他踢边路。托比亚斯很有职业精神，欣然接受了自己在球队角色的改变，然而他也明确表明在赛季末愿意回到哥德堡踢球，与此同时，他也渐渐开始遭遇伤病的折磨。

加盟之初，阿萨莫阿表现尚佳，训练刻苦，比赛中也频频入球。他有着很好的领袖气质，总是微笑待人，乐于帮助队友，对年轻球员更是热情，让我想起了迪迪埃尔·德罗巴。他的健康问题一直让我们很担忧，不过我认为签下他没有冒很大的风险。但话又说回来，只要是签新人都是要担风险的，谁也不能提前预知新援会不会顺利地融入球队，还是会失去状态、遭遇伤病，或者发生任何不可预料的状况。但我只相信一点，阿萨莫阿是一名顶级射手。在我们签下他之前，我与他加纳国家队的教练阿夫拉姆·格兰特交谈过，他告诉我阿萨莫阿有一颗大心脏，就是为大场面而生的。

然而正是那个时候，大场面在 6 场比赛后就要来了，主场作战迎战广州恒大的比赛在很大程度上将会决定本赛季中超冠军的归属，在这一战之前，两队的竞争相当激烈，难分难解。

广州恒大方面，他们的赛季过得并不平顺，在上赛季赢得联赛冠军后，马尔切洛·里皮离开俱乐部回到了意大利，接任的是前意大利队长，传奇中卫法比奥·卡纳瓦罗。但这是卡纳瓦罗的第一份主帅工作，显然事情没有向他想要的方向发展，6月份时，恒大突然宣布卡纳瓦罗立即下课，转而请来了我多年以来的老对手——路易斯·费利佩·斯科拉里。

显而易见，这是在夺冠征途中打垮恒大的最佳时机，但他们仍然是公认的联赛最强之队，而且在夏窗开启之后他们又引入了两名巴西球星，分别是来自热刺的中场球员保利尼奥和从巴西联赛转会而来的边锋罗比尼奥。补强之后，他们的进攻端人员过剩，于是在与我们的比赛中，主力射手埃尔克森坐了冷板凳。

我则派出了阿萨莫阿和托比亚斯搭档锋线的攻击阵型，把达维放在替补席上。开赛之后我们表现不错，但灾难发生在第十八分钟，阿萨莫阿受到侵犯，因伤下场。自那之后，形势急转直下，罗比尼奥为他们首开纪录，在半场结束时我们落后一球。在随后的比赛中，恒大又入一球，在那之后我们的韩国中卫金周荣被红牌罚下，他们把握住人数的优势再下一城，最终以3∶0击败了我们。

这样的结果无疑是令人失望的，如果阿萨莫阿没有受伤，也许一切都会截然相反，但说实话，恒大确实比我们强出一截。这次比赛的失利像极了2002年世界杯英格兰败给巴西的比赛，也是因为技不如人而败下阵来。恒大在我们身上全取3分后，我只能向他们脱帽致敬，诚然，我大比分输给了斯科拉里，但我心中却毫无芥蒂，对他这样一个好对手，我心中只有敬意。

在那之后，恒大在积分榜上一骑绝尘，收官之时他们以两分的优势排在我们前一位，夺得冠军。即使没能封王，这个赛季的收获也大大超出了我们的预期，在成绩上实现了大突破，而且获得了下赛季的亚冠名额，我坚信将来的上港会越来越好。

· · ·

中国的足球联赛与欧洲大型的联赛相比，还处于发展的初期阶段，前景一片光明。不仅仅是中国，随着各个强队的不断兴起，就地理层面来说，足球领域的强弱分布受到了极大的影响，足球正在世界各地生根发芽，从中国到亚洲，再到海湾各国，甚至到了远在大洋彼岸的美国。

我在中国工作的 3 年间，看到了中国足球事业的发展取得了长足的进步。在我刚抵达中国时，这里的足球还是一潭死水，然而如今却大不相同，比赛观众到场率上升了 40%~50%。而且我在中国工作的每个小时，各路球星的经纪人都会给我来电，告诉我他们的客户想来中国发展，在这些球员中，不是只有想来中国捞一笔养老金的老球员，更有处在职业生涯巅峰的球星。

2015 年冬，在转会窗口开放之际，所有人都蓄势待发、蠢蠢欲动，就好似所有球队都在觊觎着那几个世界足坛中响当当的球星，而且参与到激烈竞争中的远不止几个恒大这样的传统强队，后起之秀也是层出不穷，江苏苏宁先后从顿涅斯特矿工和切尔西买下阿莱克斯·特谢拉和拉米雷斯，而河北华夏幸福则先从巴黎圣日耳曼购入了艾斯奎尔·拉维奇，又抢走了罗马的热尔维尼奥。除此之外，甚至一些中甲俱乐部也斥资签下了几名大牌球员。

这些疯狂的转会似乎每天都要刷新一次转会纪录，比如特谢拉的转会就花掉了江苏苏宁 5000 万欧元，恒大当然不能示弱，随即砸出 4000 多万欧元从马德里竞技购下了杰克逊·马丁内斯。随着中超球队的疯狂收购，全世界足坛都为之震惊，纷纷猜想着中国足坛到底发生了什么。

我们当然不能袖手旁观，在托比亚斯·海森以及达维离队之后，埃弗拉·夸西自然就回到了阵容当中，但一名新的外籍射手是不可或缺的。看到恒大签下马丁内斯之后我心中暗喜，这样他们就愿意放走埃尔克森了，他可是在过去 3 年中两度荣膺中超头号射手的强力前锋，当我得知有机会把他签下时真是激动坏了，若是交易成功，他定能与阿萨莫阿组成令人闻风丧胆的锋线组合。

在 2016 年 2 月初，我们迎来了赛季的首场比赛，在亚冠资格赛中迎战来自泰国的蒙通联俱乐部，球队自然是顺利地取得了胜利。但在接下来亚冠小组赛的抽签中，我们的签运可不太好，第一场就要远征墨尔本，挑战澳大利亚联赛冠军墨尔本胜利队，但我却莫名地对球队充满了信心。季前训练进行得很顺利，所有球员都没有受伤，我决定给球队排出 4-2-3-1 的阵型，让阿萨莫阿踢射手，孔卡在他身后打一个前腰，两个边路就给埃尔克森和武磊，绝对是很理想的配置。

挑战墨尔本胜利的比赛确实十分艰难，他们上半场就领先一球了，好在武磊下半场刚开场不久就扳平了比分，但好景不长，阿萨莫阿又一次遭遇了伤病，我只能无奈地将他换下。还没坚持多久，我们的球门就又一次被对手攻破，那粒进球也杀死了比赛，我们在客场1：2惜败于对手，阿萨莫阿的伤病更是雪上加霜，一周之后对阵韩国的水原三星队时他就不能上场了，但还好我们也挺过了难关，取得了胜利，但他的伤病很严重，中超联赛3月初就要拉开序幕，而他还得好几周才能归队。

因为他的缺阵，我们开局很不利，在前三场比赛中仅取得了两分。终于，在4月底对阵延边富德俱乐部时，我又可以派阿萨莫阿首发了，而那场比赛我们也以3：0取得胜利。但仅仅在两周做客对阵北京国安的比赛中，他又一次倒在了病魔脚下，还是腿上肌腱的老毛病，他的这次受伤于他本人或是球队都无疑是一场灾难。自加盟球队以来，阿萨莫阿一直都是模范球员，当他健康时，训练的积极态度和优秀品质大家都是看在眼里的，所以我也一直坚信，若是他能保持健康，单赛季打进25个球是不成问题的，但遗憾的是他没能摆脱病魔的折磨。

除了阿萨莫阿之外，不少球员都遭遇了伤病，而且还都是关键球员，首先是埃尔克森，接下来孔卡也倒下了。他们3个人都缺席了5月29日迎战恒大的焦点战役，多亏夸西打进一球，我们与恒大1：1战平，但这绝对不是长久之计，在榜首竞争中是不可能不要外援帮助的。我们没能止住颓势，几周过后我们失掉了不少分数，我知道是时候要想想办法了。

恒大一骑绝尘，占据了榜首的位置，但我们还是得去拼每场比赛，因为大家都极其渴望排到前三，获得下赛季的亚冠资格。在大面积的伤病下，我们还是杀到了亚冠的1/4决赛，鉴于球队是第一次踢亚冠，这样的成绩算是一个不错的成就了。

在力压墨尔本胜利小组头名出现后，我们在1/8决赛中抽到了来自日本的东京 FC。第一回合我们客场作战，尽管取得了更多的控球权，但最终还是以 1：2 告负，但还好我们打进了一个珍贵的客场进球。大家都明白次回合在我们的主场一定要战胜对手，但大家也都知道，只要一球小胜就足够晋级下一轮了。

当天球场气氛爆棚，虽然下了整天的雨，连开场时都还没有停，但球迷们的热情还是很高涨，可以说是联赛中助威声势最浩大的，那天比赛时他们状态很棒，有人击鼓，有人舞动着巨幅红旗，这样的气氛才配得上如此关键的一场亚冠比赛。

球员们当然也受到了球迷们的鼓舞，在球场上掀起了一波接一波的进攻狂潮。比赛结束时的技术统计显示，我们占据了 2/3 的控球率，射门次数以 16 次比 5 次的优势压倒对手。但无论数据如何，球员们就是没能打进那个关键的球，直到伤停补时也还是平局，眼看着我们就要被淘汰了。但就在这时，埃尔克森一脚石破天惊的射门让对手的门将无法稳稳没收，脱手之后被武磊抓到机会，把球捅进球门，我当时被喜悦冲昏了头脑，站在边线上激动地举起双臂。

艰难地挺进 8 强以后，我们的 1/4 决赛对手是来自韩国的劲旅全北现代汽车足球俱乐部，看来我们必须要补强才能战胜对手了。阿萨莫阿当时还只能偶尔踢一会儿，在伤病复发之前就得被换下，如果不再引入一名新的前锋，显然我们是赢不了的。正值转会窗口开放时，俱乐部让我给他们列出想要的球员，我也照做了。

我此前一直看好一名球员，觉得他完全就是我们需要的人选，而且他最近也有来中国发展的意向，他就是犀利的巴西国脚胡尔克。胡尔克早年在波尔图成名，在 99 场比赛中打进 54 粒进球，之后他就一直为俄罗斯的泽尼特俱乐部效力，在俄罗斯联赛以及欧冠中都进球如麻，在 2014 年世界杯中也作为巴西国脚出场比赛。我、马茨还有罗杰一直都在留意他，我认为胡尔克是一名全能型前锋，可以胜任锋线上任何一个位置。

但眼前唯一的问题就是他的身价一定不菲，我大致估计会要 5000 万欧元才能将其收下，这笔转会费也很有可能超过江苏苏宁为特谢拉开出的价格，当时那个价格刷新了中国足坛的转会费纪录。我觉得就算是对阔绰的俱乐部老板来说，这也不是一笔小数字，但还是想："管他的，就把他列入名单吧。"于是我就写下了他的名字，上交给了俱乐部，然而1小时之后俱乐部总经理就给我来电话了。

"去吧，把胡尔克搞定！"他告诉我说。

我欣喜若狂，我们竟然要买下一名30岁、正值巅峰期的巴西国脚了！得知这个消息之后，球迷们也沸腾了，当胡尔克来到上海时，前往机场迎接他的球迷数不胜数。转会进行得快而稳，当我们在谈交易时，胡尔克也是刚结束了百年美洲杯的比赛，进入到假期中，不过看来他的比赛状态保持得不错，7月10号举行了法国对阵葡萄牙的欧洲杯决赛，同时进行的还有我们对阵河南建业的联赛，胡尔克在比赛中首次代表球队出场。

他的首秀堪称梦幻，上场仅8分钟胡尔克就接武磊的低传，禁区内把球打进，为球队首开纪录。这样的表现已经让我难以置信了，但接下来的比赛却让我大跌眼镜，胡尔克的梦幻首秀突然变成了一场噩梦，他在禁区边缘被河南的一名球员侵犯，倒地之后紧捂膝盖。他明显是受伤了，只能赶快把他换下，眼睁睁看着他被担架抬离球场，我简直无法相信球队是有多倒霉。

● ● ●

胡尔克受伤的那场比赛我们最终以5：0大胜对手，在那之后的一个月内，球队遭遇了伤病危机，但不久后所有伤员包括胡尔克都将归队。

在上个周末我们刚与我的老东家广州富力3：3战平，武磊在加时阶段打进关键进球扳平比分，还上演了帽子戏法。我对武磊这名球员很是赏识，他这个赛季已经打进了12粒球，占据了本土射手榜榜首，对于一个边锋而言，这样的纪录绝对是现象级的。

在主场迎战全北现代之前我们还有几场联赛要踢，虽然这个赛季我们可能无法赢得联赛冠军了，但鉴于我们的霉运，能够继续征战亚冠赛场已经是很大的成就了。除了我们还有山东鲁能也杀进了亚冠 4 强，这对于中国足坛也是举足轻重的，这一切都预兆着中国足球的未来一片光明。

距赶上世界足球强国，中国确实还需要几年的发展时间，毕竟几年前中国的联赛还深陷于贪腐问题和操控比赛的泥潭中，而且中国没有南美国家、非洲国家以及欧洲国家那样浓厚的足球氛围，大多数少男少女都不踢球，这一点必须要改变。

但我真的不觉得改变这些需要耗时太久，何以见得呢？因为目前中国政府有把中国发展成足球强国的意向，这对于足球的发展是很重要的。只要是中国政府强烈想要推行的事，那么一定会成功，根据政府新出台的计划，将要向全国 2 万所学校引入足球教育，要新建数万个新球场，画出了一幅宏伟蓝图。这样的计划如果实现，就意味着有近 3000 万儿童能够在 2020 年时经常接触到足球运动了。

一旦中国决心要在这个领域发展壮大，他们就定能成功，中国在其他体育项目上也没有落后于人，那足球怎么就不能追赶上呢？所以我有充分的理由相信中国队将在 2030 年夺得大力神杯，这个时间也许比很多人想象得都要早很多，也许是一个近乎癫狂的想法，但这也比莱斯特城在这个赛季夺得英超冠军靠谱些吧。

● ● ●

于我个人而言，我从未想过我会走到今天这个高度，能够见证足球世界的巨大变革。我的足球梦起源于在瑞超执教时期，但我今天所成就的这番事业远远超过了曾经的预期，我也曾经历过跌宕起伏的人生，但在此刻已归于平静，对我来说，最重要的莫过于做一个好人，用适宜的方式对待每一个人。当然，若是有机会能再赢得一个冠军头衔，我自然是心怀感激，但我很知足，自己能做自己喜爱之事，这便够了。

栖身绿茵，我心甚慰。

后记

年轻的"斯文尼斯杯"吸引了瑞典和周边国家的约130支队伍参赛。不同年龄段的男孩女孩们共聚于我的家乡图什比，享受着世界上最伟大的运动，世上还有比这更美丽的图景吗？

这个赛事会在每年8月如期举行，如今已是第十八个年头。大多数时间，我可能在其他国度任职，无法参加这项赛事。这是一项因我而冠名的杯赛，无法参加始终是一桩憾事。今年，我下定决心要参加。

6月末，正是瑞典最美的夏季，我回到了故乡。天色正好、明日高悬，阳光缓缓沉入福莱肯湖，我的家坐落在湖畔。留下布霍克福斯的寓所并整饰一新，是我做过的最明智的决定，这真是一个特别的地方。

我回到了出发的地方——北瓦姆兰。这里是我的起点，这里也将是我的终点吗？不会的。我属于此处，更属于别处。足球教会我一件事，那就是永远不要猜测未来将去往何方。或许这是一句老生常谈，但和其他经验之谈一样，它的的确确有意义。

● ● ●

当我写完这本书的终章时，我还在上海，为亚冠联赛对阵韩国队的1/4决赛苦恼。紧接着事情就起了变故，虽然令人沮丧，但这也是我热爱足球、热爱生活的原因。被辞退固然令人难堪，但这也是足球的一部分。在我第一次被辞退前，我走得过于顺风顺水了。或许被炒的概率不高，但每个人身上都切实发生过。

在上海队，我又一次被下课，或许我已经预先感到了它的来临。首先是阿萨莫阿伤停，接着是埃尔克森，后来又是孔卡。似乎每周都会有坏消息，我们的战绩越来越差。夏天，中国俱乐部又用一个接一个破纪录的转会费掀起波澜，其中最大的一笔交易是我们签下了胡尔克。

俱乐部陷入了绝望之中，我们需要一名大牌球员，但又指望不上阿萨莫阿。在很多人看来，买下阿萨莫阿是一个令人失望的错误。我曾经相信阿萨莫阿能帮助我们赢得联赛，如果他能保证健康的话，我依然相信他的能力，但天不遂人愿。

或许签下胡尔克也是个错误，我们太急于让他来拯救我们了。彼时他刚刚与巴西国家队征战了美洲杯，正在享受自己的假期。他可能还没有准备好立刻上场比赛，但我们需要他。当你在一名球员身上耗费巨资后，俱乐部的压力就转嫁到了球员头上。他说他准备好了，我们就派他上场比赛，紧接着他就受伤了。如今想来，我们真的不应该相信他的主观之词。

在亚冠1/4决赛的赛场上，面对全北现代，我们曾有很大机会晋级。但第一场比赛，胡尔克和孔卡都无法上场。在主场，我们收获了一个没有进球的平局，虽有些令人失望，但局面也掌握在我们的手中。我们还有晋级下一轮的机会。

终于我们盼来了胡尔克复出，可问题是，孔卡依旧躺在病床上，埃尔克森又添新伤而无法上场。这一场天王山之战中，我们在上半场咬住牙关，守成0：0的平局。然而在下半场时，问题浮现了。全北现代早早就两度破门。在比赛还有20分钟结束时，我们曾有一个扳回一球的机会，但我们的前锋陆文俊没能将比分改写，他在进攻中做出了抬脚过高的危险动作，被裁判直接红牌驱逐出场。在那之后，一切都结束了。全北现代后来又打进了3粒入球，将比分定格在了5：0。

比赛结果抹杀了我们之前的一切努力。俱乐部首次征战亚冠就打入四强，这理应是一个了不起的成绩。况且我们输给了亚洲顶尖的球队，全北现代在决赛中击败阿尔艾因拿下了杯赛冠军。但就算这样，过多的失球也让球队的老板很沮丧。

胡尔克的伤病问题依然严峻，他只能踢一场休一场，就算在场上，表现也乏善可陈。我不知道如何是好，但肯定也不会赶走他。纵观我的职业生涯，无论什么年龄或有无名气，各种各样的球员都和我关系很好。但现在看来，胡尔克属于那种和我很难相容的球员，除了伤病，我们在性格上的矛盾也是个大问题。

俱乐部在胡尔克身上做出了巨大的投资，根本不会允许失败的发生，如果我和胡尔克之间有一个人要为失利负责的话，首当其冲的肯定是我。

我和俱乐部的关系愈发微妙，尽管杯赛成绩还算不错，我依然发现失去了一些东西。我们在积分榜上正和同城对手上海申花竞争，俱乐部的官员却不再和我讨论关于未来的规划。我知道，我的声望已经岌岌可危。

事态每况愈下，中国球员们挺身而出，他们真的非常棒，不仅是武磊、蔡慧康这样的球星，其他人和我的关系也都非常好。在这个赛季中，队中的中国球员成长飞速，是他们的崛起让情况扭转，我们才开始重新赢球。我打心底里感谢他们。

我们用3场激动人心的胜利为这个赛季画上了句号，主场击败山东，紧接着客场挑落天津，最后又在收官战上主场击败河北。胡尔克在其中的两场比赛中也发挥出色（他在客场对阵天津泰达的比赛中受伤）。最后，我们取得了联赛的季军，领先上海申花4分，还拿到了亚冠的资格。看着我们的伤病员名单，我认为这比上一个赛季的成绩更了不起。这也是我在中国连续第三年率队夺得亚冠资格。

就算这样也无济于事，我确定的是，数月以前，让我离开的命令就已经下达。依旧没有人对我实话实说。最后一场比赛后的第二天，预备队也在进行他们的最后一场比赛。我当时一如既往地在场边观看，俱乐部的总经理也在场。在中场休息时，我直截了当地问他：

"联赛结束了,你们打算换教练吗?"

他的回答震惊了我:

"我们还不知道。"

不过第二天,俱乐部的秘书就致电给我,要在我的公寓里见面。他来的时候,还带来了一位律师。

"总经理让我给您带来他的问候,但遗憾的是,我们不打算继续聘用您了。"秘书对我说。

我问他为什么炒了我,但是他没法给我一个准确的原因。这让我想起了我曾将曼城带上了这个俱乐部 10 年间从未到达的高峰,他信却依然毫不留情地炒了我,与这次一样,他信也没有说明任何理由。

在那之后,我们谈了大概 5 分钟关于薪酬的问题,接着他们就告辞了。

第二天,俱乐部官方宣布,他们签下了前切尔西和托特纳姆热刺的教练——安德烈·比利亚斯－博阿斯。这名葡萄牙人曾在波尔图和泽尼特与胡尔克共事,或许这就是他们会选择他的原因吧。几周后,俱乐部又宣布他们以破纪录的 6000 万英镑转会费,从切尔西买来了巴西中场球员奥斯卡。

● ● ●

上海之旅结束后,我辗转来到了深圳,在中甲的球队担任教练。我对深圳俱乐部充满了敬意,可情况并不顺利。深圳是有着千万人口的大都市,理应拥有一支在顶级联赛拼杀的球队,我相信不久的将来,我们会看到那一天。

但似乎我并非能在此时率领这支球队的合适人选。在中超和中甲间有着天堑一样的鸿沟,同时也要解决低级别联赛中出现的组织管理和其他方面的许多问题。但我相信,中国足球事业会蒸蒸日上。如果有机会能在中超执教的话,我会毫不犹豫地接过教鞭。

很多人问我,在中国度过了 4 年的时光后,对足球在这个国度的未来持怎样的态度。在我看来,不曾到过中国的人完全无法领会这里的现状。足球曾经是一项欧洲的运动，但时代在变，足球也在变。正如我在这本书中所说的，中国人一旦下定决心，就没有不能逾越的高山。所以，我坚信中国队会有夺取世界杯的那一天。

过去的一年里，中国足球界发生了太多大事。中国足球发展得太快了，以至整个世界都认为中国将会是下一个足球强国。每周都有新的转会纪录诞生，大家都在猜测，下一个登陆中超的超级巨星会是谁。相信我，很多大牌经纪人每天都在等着来自中国的电话，迫不及待地想把他们的客户介绍给中国市场，其中不乏赫赫有名的大牌球星。

但中国人比所有人都明白，世上从不会有一夜开花结果的事。或许规则的制定者们觉得事态有些超出控制了，就对规则进行了一定的修改。如今，每支球队只允许保留 3 名外援；转会费要和对草根足球的贡献挂钩。但出乎我意料的是，高额签约依然如雨后春笋般不断出现。新规使得签下球员的花费翻倍，就算这些球员本来价格就高，翻倍后仍然有人为他们买单。

这是正确的吗？只有时间能揭晓答案。但是发展足球事业是一个长期的过程，其间不免会犯下种种错误，我们要做的，就是去不断修正，正如足球比赛中一样，可以用细节的变化影响整体进程。当中场运转不灵时，撤回前锋让他们帮助中场脱困。不过有的时候，需要更大的变动，可能要对整个体系进行大改革。无论如何改变，比赛依旧不变，我们的热爱，让足球世界丰富多彩。

● ● ●

中国足球经历着成长的阵痛。

中国足协比其他国家的足协更有权威。

中国足球还有很长的路要走。